Friedrich Wambsganz

Christentum ohne Traditionslast – vernünftiges Verständnis
von Glaube und Religion

Zur Notwendigkeit von zeitgerechten Glaubensreformen,
religiöser Toleranz, Sozialarbeit und weltweiter Friedensethik

Bibliographische Information der Deutlbibliothek

Die Deutsche Nationalbibliothek verzeic   blikation in der Deutschen
Nationalbibliographie. Detaillierte biblic   ten sind im Internet unter
http://dnb.d-nb.de abrufbar.

Christentum ohne Traditionslast – vernünftiges Verständnis von Glaube und Religion

Zur Notwendigkeit von zeitgerechten Glaubensreformen, Religionstoleranz, Sozialarbeit und weltweiter Friedensethik

Herstellung und Verlag: BoD - Books on Demand, Norderstedt
ISBN 978-3-7448-2841-3

Das Buch wurde erstmals ab 2013 bei BoD verlegt und erschien zwischenzeitlich anderweitig von 4/2014 bis 7/2017 unter dem Titel „Religion neu verstehen" in 2. Auflage.

Gliederung

I Einleitung

Die wirklich entscheidende Substanz des Christentums wird am Matthäus-Evangelium nachgewiesen, das ein ungenannter Apostelschüler (daher Pseudo-Matthäus) dem wirklichen Apostel Jesu zu Beginn der achtziger Jahre – also ein halbes Jahrhundert nach Jesu Tod – diesem Zeitgenossen des kämpferischen Religionsreformers zugeschrieben hat. Diese biblische Schrift, in griechischer Sprache auf syrischem Boden verfasst, enthält auch in der Auffassung der Urkirche den Kern von Jesu Lehre und seines Lebens und wurde daher schon bald als „Evangelium der Kirche" bezeichnet. Wenn man sich also auf die Spuren des jüdischen Religionskritikers Jesus von Nazaret begibt - im steten Bestreben, Tatsachen des Wirkens und Verkündigens von späteren Unterlegungen und Glorifizierungen zu unterscheiden – darf man diese große Darstellung des Neuen Testament zum Ausgangs- und Mittelpunkt einer religionswissenschaftlichen Erörterung über die Essenz des christlichen Glaubens nehmen. Der Judenchrist Pseudo-Mt kennt das ein Jahrzehnt vorher geschriebene Evangelium des paulinischen Apostelschülers Markus und orientiert sich auch an der etwas früher als das Markus-Evangelium zusammengestellten Spruchquelle, abgekürzt „Q" genannt, die einem weiteren Evangelium ähnelt, jedoch keinerlei Wunder, Leidens- und Ostergeschichten enthält. Der zum Christentum bekehrte ehemalige Glaubens-Jude Pseudo-Mt, der er nach wie vor ethnisch Jude ist, legt großen Wert darauf nachzuweisen, dass Jesus von Nazaret den „wahren Erben Abrahams" darstellt, also das Judentum in seiner Person den erhofften Messias, den gottgesandten Heilsbringer und Befreier zu sehen habe. Diese Sichtweise hat jedoch über 50 Jahre nach Jesu irdischem Wirken der zwar äußerlich unter Römerherrschaft stehende, aber religiös straff und konservativ organisierte israelitische „Gottesstaat" sich nicht zu eigen gemacht; was wiederum eine deutlich zutage tretende Feindseligkeit des Pseudo-Mt gegen die jüdische Bevölkerung und jüdische Religion erklärt. Einzukalkulieren ist gewiss auch die Exilsituation dieses Hagiographen, der nun von außen über seine frühere Heimatregion und seinen früheren Glauben schreibt. Er kämpft um die Verbindung zweier Glaubensrichtungen, die von den traditionsbewussten Juden nicht akzeptiert werden konnte und bereits seit Jahrzehnten, ja besonders deutlich in Form von Jesu Verurteilung zum Tod als Religionszersetzung angeprangert und brutal bestraft wurde. Jesus selbst, der sich zwar als von Gott geleiteten und inspirierten „Menschensohn" – nicht aber als den vom Himmel herabgestiegenen „Messias" – auffasste, verstand seine Verkündigung als Erneuerung des Judentums, wurde aber von den Offiziellen seiner Religion als Zerstörer und Verräter verstanden. Wenn man die Tendenz des Hagiographen zur Vereinigung des Getrennten und den Widerstand der Synagoge gegen die Verbindung des Unvereinbaren berücksichtigt, so vermag sich manche Verwirrung in der Rezeption des Neuen Testamentes zu klären. Die echte historische Person des Religionsreformers aus Galiläa tritt dann noch deutlicher hervor, wenn man diesen echten Abkömmling von Maria und Josef von den ihn nach 50 Jahren als „Gottessohn" verherrlichenden Wundererzählungen befreit oder wiederum deren Anliegen offenlegt. Zudem sind die vielen Erfüllungsaussagen, die aus den Erwartungen und erzählten Hoffnungen des Alten Testamentes stammen, als erzählerische Kunstgriffe der neutestamentlichen Schriftsteller zu enttarnen. Diese hatten die Absicht, Vermutungen und Hoffnungen – vor allem aus der Zeit der so gen. `Propheten´ - als inspiriertes Vorherwissen über Jesu Leben, Lehren und seine göttliche Bedeutung zu formulieren.

Eine zunächst durchaus sachlich-distanziert erscheinende, stark religionswissenschaftlich gehaltene Sicht auf das Neue Testament soll den Weg bereiten für heutige Leser und Hörer der Botschaft, die realistisches und eher naturwissenschaftliches Denken in den Schulen und Universitäten sowie durch die freien Medien erlernt haben. Die Aufdeckung der allegorischen Schreibweise biblischer Texte und der Hinweis auf legendenhafte und symbolische Darstellungen sollen vertretbare Spiritualität nicht verhindern, sondern diese wichtige Eigenschaft auch des modernen Glaubens auf tragfähigere Basis stellen als dies zurzeit auf Weise überholter Glaubensvermittlung geschieht. Es ist nicht mehr die geschichtliche Phase, in der nur wenige Leute Zugang zur Bildung hatten und die dann ihr Wissen in säkularen Arbeitsbereichen anwandten oder innerhalb kirchlicher Berufe oft nur systemimmanent gegen Vernunft und Gewissen lehrten und verkünden mussten. Dies hatte Folgen derart, dass die Bereiche Weltlichkeit und Religiosität streng getrennt und vielfach legalistisch kontrolliert nebeneinander existierten und freies Denken im Bereich der christlichen Religion straflos als Ketzertum, Glaubensabfall oder Libertinität diffamiert werden konnte. Die angeschuldigten Abweichler von den strengen traditionellen Normen des definierten Glaubens und der diktierten Moral mussten Denkfähigkeit, Gebrauch der Freiheit des Privatverhaltens und der Meinungsäußerung ausnahmslos durch Stellenverlust und folgende Mittellosigkeit büßen. Vom 12. Jhrd. an bis hinein ins 18. Jhrd. waren Ketzerprozesse und bestialische Strafmaßnahmen für Kritiker und Gegner der offiziellen kirchlichen Institution üblich und staatlich gebilligt. Noch ist nicht der Aufklärung im Sektor der Religion das Feld bereitet. Jahrtausende lang waren die Menschenmassen den Befehlen und egozentrischen Machenschaften ihrer Herrscher unterworfen, das Mitdenken war nur offiziellen Beratern in unmittelbarer Umgebung der weltlichen und kirchlichen Herrscher erlaubt, Kritik war nie und nirgends statthaft. Auch in unseren Tagen gibt es noch die tiefverwurzelte, kritiklose Anerkennung jener Meinungen, welche die Religionsführer als legitim vorgeben, so dass die Wissenschaftler auf Sektoren, in denen normgebende Instanzen – noch dazu in hierarchischer Struktur – vorherrschen, als Außenseiter und Störenfriede abgetan werden. Demokratie existiert seit dem erneuerten Grundgesetz von 1948 als gebräuchliche Errungenschaft für politische Wahlen, jedoch noch nicht – und dies sogar im naturwissenschaftlich-technischen Europa - als allgemeine Mitarbeit fachlich kompetenter Leute oder interessierter Bürger in Belangen von Staat und Kirche. Im außereuropäischen Raum und vor allem beim überwiegend streng geleiteten Islam herrschen hinsichtlich des Umgangs mit Reformern und Kritikern in vielen Ländern der Welt altertümliche bis mittelalterliche Lehr- und Strafverhältnisse. Modernste Mikroelektronik und neuesten Waffentechnik konnten überall Einzug halten, aber um das Recht auf Meinungsbildung und Meinungsäußerung in Wort und Schrift ist es vielfach noch schlecht bestellt. Textaufklärung im Sektor der Theologie, so dass das Zustandekommen der Grundlagen für die verschiedenen – und doch in der Grundsubstanz ähnlichen – Weltreligionen geklärt werden könnte, wird nach wie vor von den sich normativ und traditionell verpflichtet verstehenden Institutionen der Glaubensrichtungen (und der Moralauffassungen) nicht akzeptiert oder mit drakonischen Sanktionen abgewehrt und verfolgt. Leider und unverständlicherweise, weil widersprüchlich zu den behaupteten Grundintentionen der Religionen, ist die geistige und islamischerseits sogar die körperliche Gewalt Kernbestand von Glaubensrichtungen mit festgefahrenem Lehr- und Moralgebäude. Überall wird Religion offiziell als „Bindung zu Gott" und als „Lehre für Frieden und Freude" übersetzt, doch die Praxis sieht vielfach anders aus, obwohl es Gemeinden gibt, welche die wahren Werte praktizieren. An diesem Missverhältnis, das die Religionen teils zur Friedensbelastung macht, statt zur Friedens- und Freudebereitung, ist ernsthaft und hartnäckig zu arbeiten. Hier haben die Hardliner einer rigoros-brutalen Selbstbehauptung – wieso können solche Naturen überhaupt Religionen mit Behauptung der Milde vertreten? – zurückzustecken. Dafür sind internationale Anstrengungen der Selbstrücknahme, der Verständigung und des Ausgleichs nötig, damit Religionen nicht mehr dem Alleingeltungsanspruch frönen, sondern einem weltweit zu fordernden Friedensprozess mit Ächtung des Waffengebrauchs unter die Arme greifen. Geradezu absurd erscheint die Bereitschaft islamistischer Selbstmordattentäter, für die Aussicht auf Lohn im siebten Himmel (u.a. durch eine Vielzahl vom Glaubensfanatiker zu gebrauchenden Jungfrauen) sich selbst und schändlicherweise dazu noch möglichst viele unbeteiligte Menschen in die Luft zu sprengen. Dem Verhalten liegt ein Gemenge zwischen dumm-falsch anerzogener Religion und irrationalem Ausländerhass zugrunde. Getötet werden dann irgendwelche Fremden, entweder Amerikaner oder deren Verbündete oder Angehörige der als Glaubenslosigkeit betrachteten christlichen Religion. Angesichts solchen verbrecherischen Irrsinns muss gefragt werden, ob bei islamischer Glaubenserziehung nicht der Akzent zu stark auf Einziggültigkeit der mohammedanischen Religion gesetzt wird, statt toleranter gegenüber Judentum und Christentum aufzutreten und der unseligen, weit verbreiteten Gewalt und bösartigen Religionshetze gegen „die Fremden" und Thora und Bibel abzuschwören. Die Tatsache, dass den Massenmördern mit fehlgeleiteter Anschauung bisweilen auch Landsleute und Mohammedaner zum Opfer fallen, sollte selbst erzkonservative Islamgläubige zum Nachdenken über religiös verbrämten Radikalismus veranlassen. Im Westen darf überlegt werden, ob Gesellschaften, die geistig und emotional im tiefsten Altertum leben, überhaupt kurzfristig für Menschenrechte, Glaubensfreiheit und Demokratie umschulbar sind. Die Aufklärungszeit – begonnen Ende des 18. Jahrhunderts – ist auch innerhalb Amerikas und in den europäischen Ländern noch nicht voll angekommen. Deren evolutive und manchmal sogar revolutionäre Entwicklung dauerte leider auch über 200 Jahre und muss im Bewusstsein der Bürger moderner Staaten weiterbetrieben werden, so dass die Protegierung einer etablierten Religion durch die Regierung nicht mehr In Frage kommt. Erst recht besteht noch ein Nachholbedarf bezüglich der Praktizierung demokratischer

Möglichkeiten und dementsprechender Pflichten. Demagogie, Volksverhetzung und Aufrufe zum Gewaltgebrauch sind rechtlich und ethisch zu verurteilen. Staat und Kirchen aller Religionsgruppen müssen dafür unisono sprechen und baldigst gut überlegte Handlungskonzepte bereitstellen.

Geradezu als grotesk und allen wirklichen Glaubensintentionen zuwiderlaufend muss die tiefverwurzelte Feindschaft zwischen den staatlichen und oft auch institutionellen Vertretern von Islam und Judentum wahrgenommen werden. Neuerdings kommt es in Diktaturen, die von radikalislamischen Fanatikern beherrscht werden, auch zu Übergriffen gegen Christen (z. B. Kopten). Dass bei dieser Konfrontation so viel Hass und Gewalt auftritt, kann nur mit Empörung und Unverständnis in Ländern mit Grundgesetz und wissenschaftlicher Theologie zur Kenntnis genommen werden. Die drei Glaubensrichtungen, deren Entstehung zwar 1600 bis 2200 Jahre auseinanderliegt, haben schließlich den gleichen Ursprung bei Abraham und zunächst in der vorderorientalisch-arabischen Kultur. Die Schriftbasis, gleichermaßen als „Offenbarung" in Thora, Bibel und Koran begriffen, weist etliche Übereinstimmungen auf. Daher sollten die drei Religionen, die grundsätzlich in der moralischen und metaphysischen Konzeption zusammenhängen, sich des gemeinsamen Erbes und des gemeinsamen Anliegens, Gottes Willen in friedlichen Volksgemeinschaften zu leben, bewusst sein. Leider haben sich auch hier, jetzt zwischen Juden und Mohammedanern in Palästina – wie übrigens ebenso bei den vergangenen gewalttätigen Streitigkeiten zwischen christlichen Konfessionen – politische Machtansprüche, die wiederum auch territorial angelegt sind, eingeschlichen. So hindert oft gerade die enge Verbindung zwischen Regierungsgewalt und erreichter einseitiger Legitimation die Annäherung von ursprünglich verwandten Ideen- und Sittenlehren. Sogar militärische Rüstung wird mit Argumenten aus dem einseitig vertretenen religiösen Metier gerechtfertigt. Geradezu himmelschreiend mutet der Umstand an, dass Religionen trotz der Methode stark emotionalisierter Hassverbreitung sich als Wahrer echter Lehre und Hüter des Friedens ausgeben. Die Unvereinbarkeit von Feindschaft und Religiosität wird nahezu überhaupt nicht empfunden! Gewaltanwendung und Liebeslehre schließen sich eigentlich aus. Das in staatliche Vormundschaft gelangte Christentum war geschichtlich gesehen von denselben Irrtümern behaftet. Der schreckliche Dreißigjährige Krieg dokumentiert in all seinen Auswüchsen an Bestialität, Mord- und Raublust sowie den Brandschatzungen und folgenden Flucht-, Hunger- und Seuchenkatastrophen die Verkehrung von allgemein gültigen religiösen Grundanliegen in den Händen einseitiger, totalitärer Konfessionen und derer Verquickung mit staatlichen Besitz-, Macht- und Territorialansprüchen. Allerschlimmstes Vergessen der ursprünglich durchwegs vorherrschenden Friedens- und Glücksintention liegt angesichts des Bruderkampfs innerhalb der einzelnen Weltreligionen vor. Das Gefühl der großen Gemeinsamkeit war stets durch den Zerfall in feindselig abschottende Teilinstitutionen in militärisch und ideologisch sich abgrenzend behauptenden Hierarchien gefährdet. Der Weg zurück in Großgruppen mit gleicher Grundbasis wird schwierig sein, erst recht der Schritt über die verschiedenen Weltreligionen hinweg zur Entdeckung der gleichen Grundideen und der gleichen Moralauffassung. Ächtung von Gewalt, Toleranz und Offenheit für das Andere und vermeintlich Fremde und Nicht-Akzeptierbare mögen zunächst als Zwischenschritt genügen. Bald sollte den sechs großen Weltreligionen und den wohl über hundert Teilkonfessionen dieser Volksreligionen klar werden, dass ein Alleinvertretungsanspruch über Gottes Wille und das Heil der Menschen nicht möglich ist. Der Irrtum, über das allein seligmachende Programm zu verfügen, hat schlimmstes Unrecht und unermessliches Leid hervorgebracht. Nun muss man sich einigen, welch gleiche Gottesvorstellung und welch gleiche religiöse Ethik in allen Untergruppierungen von Religion vorhanden sind. Dabei ist unerlässlich, dass die offiziellen Vertreter der kirchlichen Institutionen sich zurücknehmen, auf singuläre Macht verzichten und am Weltfrieden ausgerichtete interreligiöse Theologie mit allen Kräften unterstützen.

II Kritische Analyse des Pseudo-Matthäus-Evangeliums als dem zentralen christlichen Text

1 Jesu fingierter Stammbaum und die angebliche Mordabsicht des Königs Herodes

Der namentlich nicht bekannte Autor des Evangeliums „Nach Matthäus", vielleicht informiert über das Leben und Wirken Jesu durch einen Apostelschüler, Gemeindemitglied einer syrischen Christengemeinde, die sich im außerjüdischen Exil festigen und die neue Lehre und den neuen Kult praktizieren konnte, beginnt seine Darstellung mit einem fingierten Stammbaum Jesu. Dieser beginnt mit dem Stammvater Abraham und den folgenden Patriarchen Isaak, Jakob und Juda als dem Begründer und Namensgeber des jüdischen Stammlandes. Nach den Namen in einer etwa 400-jährigen Zwischenphase folgen David und Salomon als die herausgehobenen Gestalten zur Zeit der Errichtung des Jerusalemer Tempels, dann werden wiederum etwa 400 Jahre mit männlichen Familienoberhäuptern überbrückt, bevor die Babylonische Gefangenschaft einen bedeutsamen Schwerpunkt bildet. Nach weiteren in der Religionsgeschichte unbekannten Generationenvertretern leitet der Stammbaum zu Josef über, der eigenartigerweise nur mehr als der „Mann Marias" bezeichnet wird, welche dann als „Mutter Christi" den Höhepunkt des prominenten Ahnennachweises darstellt. Der Vater Marias bleibt ungenannt (die Juden verehren besonders ihre Mutter Anna), als Vater Josefs kommt ein Jakob am Ende des Stammbaums vor. Die männliche Erbfolge bricht also unmittelbar vor Jesus ab, was zeigt, dass 80 Jahre nach Jesu Geburt zur Abfassungszeit des Pseudo-Mt bereits die legendenhafte Auffassung von Jesu wunderbarer Jungfrauengeburt in den Exilgemeinden des jungen Christentums gegriffen haben muss, auch wenn diese Bezeichnung noch vermieden und noch nicht zum bestimmenden Glaubenssatz erklärt wurde, weil es zu diesem Zeitpunkt keine doktrinär bestimmende Zentrale für die Glaubenslehre gegeben hat. Sehr bemerkenswert ist allerdings, dass Marias Kind 50 Jahre nach Jesu Martertod bereits als Christus (als der am Kreuz und in der Bedeutung erhöhte Gottessohn) und als Messias (als der übermenschlich gezeugte Gesandte Gottes) bezeichnet wurde. Die männliche Erbkette von je 14 Generationen zwischen den besonderen Fixpunkten Abraham, David und babylonischen Exil leitet symbolisch auf den neuen Höhepunkt Christus über. Damit deutet sich schon an, dass der Hagiograph beabsichtigt, Jesus als den gekommenen Erfüller altisraelitischer Heilserwartungen zu präsentieren, auf den das Kriterium der unmittelbaren Gesandtheit von Jahwe einzig zutrifft, dessen wirklicher „Vater" nur Gott und nicht ein Mensch sein kann. Damit überschreitet Pseudo-Mt die Eigendeutung Jesu, der sich ausdrücklich stets realistisch als „Menschensohn" definiert und nie den Messias-Titel für sich beansprucht hat. Pseudo-Mt, der ja 50 Jahre vor Beginn seiner Autorentätigkeit Jesus nur durch sekundäre Schilderungen „gekannt" hat, lässt in der Ahnengalerie die Phase der so gen. Propheten (=Verkünder), die ja in Wirklichkeit und in ihrer Selbstdeutung Königs- und Religionskritiker, Sozialreformer und Pazifisten waren, aus – genealogisch spielen sie ja keine Rolle – doch für Jesus selbst bilden sie eine viel wichtigere Referenz seines Lehrens als der von der jüdischen Tradition hochgehobene David als Bekämpfer der feindlichen Philister und als Rückführer der israelitischen Bundeslade aus Ägypten sowie als Begründer der israelitischen Hauptstadt im Zentrum der Provinz Juda. Im Anschluss an den fiktiven Ahnennachweis Jesu, der natürlich gemäß biologischer Naturgesetze vom Vater Josef gezeugt sein muss, folgt die Legende, dass ein dem Stiefvater Josef im Traum erschienener Engel den Eheaspiranten der Jungfrau Maria, der über die angeblich nicht von ihm herrührende Schwangerschaft seiner Verlobten beunruhigt war, mit dem Hinweis beschwichtigt, dass seine Maria vom Heiligen Geist heimgesucht worden sei, um den von den Juden sehnlichst erwarteten überirdischen Erlöser auszutragen. Josef begräbt seine zunächst angeblich aufkommende Trennungsabsicht und beugt sich den angeblichen Informationen eines angeblichen Engels. Man erkennt in heute nötiger kritischer Betrachtungsweise einer Zeugungslegende, dass hier eine nach Jahrzehnten nachgeschobene Dichtung, die sich auch bei den Apostelschülern Markus und Lukas findet (bei Letzterem noch weiter ausgestaltet und den Täufer Johannes einbeziehend) eine bereits vorhandene Glaubensvorstellung, dass Jesus der überirdisch schon existierende und in die Welt geschickte Gottessohn sei. Die erzählerische Ergänzung und Verbildlichung soll es den Menschen nach damaligem noch nicht naturwissenschaftlich exaktem Ablaufsverständnis leichter machen, den geschmähten Jesus als Sündenvergeber und erwarteten Heilsträger trotz Ablehnung durch das offizielle Judentum und trotz Vertreibung der ersten Christen aus Jerusalem zu akzeptieren. Die Verfahrensweise der Schriftsteller des Neuen Testaments wird neben der Tradierung und Neu-Erzeugung von Wunderlegenden im Sinne der

Festlegung auf zentrale neue Glaubensschwerpunkte auch insofern deutlich, als feststellbar ist – dies auch im freimütigen Nachsatz zur Legende -, dass schon der angebliche Prophet Jesaja vorhergesagt habe, dass eine Jungfrau zwecks Austragung eines späteren Messias einen Sohn ohne irdischen Vater bekommen werde, der den Namen „Immanuel" tragen solle. Die neutestamentlichen Schriftsteller legen also die in hebräischer Sprache vorliegenden Dichtungen, Hoffnungen und Erwartungen, die sich im Alten Testament in großer Zahl vor allem in den Texten der angeblichen Propheten Jesaja, Jeremia und Hosea u.a. finden, neben sich auf ihr Schreibpult und konstruieren eine Erfüllung dieser Andeutungen und Behauptungen durch eine entsprechende Legende und bestätigen diese meist noch durch Zitierung der alttestamentlichen Passage. Wegen eines solchen Verfahrens wird auch die Eigenschaft jüdischer Schriftsteller als Propheten ideologisch zementiert, jedoch für uns Heutige erst recht unglaubwürdig. Wichtig ist jetzt, nachdem uns der wirkliche Vorgang des Produktionsverfahrens durch logisches Nachdenken aufgeht, dass wir erstens unseren klaren und kritischen Verstand als erlaubt zu handhabendes wesentliches Gottesgeschenk verstehen, dass zweitens der Zweifel an nicht mehr haltbaren Vorgangsabläufen erlaubt ist, und dass drittens ein im Realismus verankerter Glaube an einen von Maria und Josef gezeugten Sohn gefordert ist. Dieser Glaube muss dann aber aufgeschlossen für seine Sendung und die von Gott stammende Kernbotschaft sein. Das kann für uns das Heil bedeuten, wenn wir die ebenso vom Gesandten Gottes herrührenden Gebote der Friedfertigkeit und Liebe beherzigen und in Aufgeschlossenheit für die kulturellen Verschiedenheiten der Welt einhalten.

Auch die Erzählung von den „Heiligen drei Königen", im Neuen Testament (jetzige Einheitsübersetzung) mit „Die Huldigung der Sterndeuter" überschrieben, arbeitet mit dem sehr oft anzutreffenden Stilmittel einer Erfüllungsaussage. Der so genannte Prophet Micha (einer der 12 kleinen Propheten) erhofft im 8. Jhrd. v. Chr. im Rahmen seiner Verehrung für den großen König David einen jenem entsprechenden späteren Nachfolger und situiert diesen in Davids Geburtsort Betlehem in der zentralen Provinz Juda. Demzufolge erfindet Pseudo-Mt – der 10 Jahre vorher schreibende Paulus-Schüler Markus lasst über Jesu Geburt nichts verlauten - noch eine spannende Kriminalgeschichte darüber, dass bereits der Jesus-Embryo vom bösen König Herodes rechtzeitig zu seiner bevorstehenden Geburt im angeblich prophezeiten Betlehem (Jesus ist selbstverständlich im Haus seiner Eltern in

Nazaret geboren) verfolgt wird. Betlehem wird als Geburtsort von König David, in dessen Erbfolge Jesus suggeriert wird, eingeflochten. Die Erzählmontage des Lukas bezieht die Volkszählung in Galiläa von 6 n. Chr. ein. Herodes ermittelt den Geburtsort, damit er seinen von den Sternkundigen aus dem Orient angekündigten Nachfolger, den neuen „König der Juden", rechtzeitig ermorden lassen kann. Der Hagiograph setzt zusätzlich einen geheimnisvollen Wanderstern ein, der den huldigenden Wahrsagern den Weg nach Betlehem zeigt und über dem Geburtshaus stehen bleibt. Dort bringen sie dem frisch geborenen Baby ihre wertvollen Gaben aus Gold, Weihrauch und Myrrhe dar. Da die heidnischen Schenker wegen ihrer von der jüdischen Staatsgewalt unerwünschten Jesus-Verehrung selbst um ihr Leben fürchten, wählen sie, einem Warnungs-Traum Folge leistend, einen anderen Rückweg nach dem Orient. Das bedrohte Baby wird in Pseudo-Matthäus´ Fiktion auf Geheiß eines Engels von Maria und Josef ins ägyptische Exil geschafft, wo sie einige Monate bis zum Tod des mörderischen Jerusalemer Machthabers Herodes ausharren (ein Ereignis eigentlich im Jahr 4 v. Chr., weshalb Jesu tatsächliche Geburt früher veranschlagt wird, als es die spätere christliche Zeitrechnung nahelegt). Wieder kommt mit Hosea ein Prophet aus dem vorchristlichen 8. Jhrd. zu Wort, der vermutet hatte, dass ein künftiger Messias „aus Ägypten gerufen" werde. Um den vom Ehepaar Josef und Maria nach ihrer heilen Rückkehr nach Palästina (in bewusster Vermeidung der von einem Sohn des Herodes beherrschten Hauptstadt Jerusalem) gewählten Wohnsitz in der Nähe des fernen Sees Gennesaret (Provinz Galiläa) religiös aufzuwerten, setzt Pseudo-Mt einen nicht explizit genannten Propheten aus dem alttestamentlichen Richterbuch ein, der vermutet hatte, dass ein erhoffter Messias „der Nazoräer" genannt werde. Während des ägyptischen Exils der so gen. „Heiligen Familie" lässt König Herodes angeblich alle Betlehemer Buben bis zum Alter von zwei Jahren töten, damit der schon im Vorhinein gehasste spätere Amtskonkurrent mit Sicherheit erledigt wäre. Selbst diese schreckliche Episode wird erzählerisch von einem Prophetenwort aus dem 7. Jhrd. v. Chr. abgeleitet. Jeremia habe die Trauer der Rahel um die getöteten Kinder einer Rahel vorausahnend vorweggenommen. Gewiss hat Pseudo-Mt mit dieser Verfolgungs-, Massenmord- und Fluchtgeschichte die für die Juden religionsgestaltend begriffene Flucht aus Ägypten zur Mose-Zeit im 13. vorchristlichen Jhrd. und die in diesem Rahmen motivgleichen Kindermorderzählungen (einerseits durch den Engel Gottes, andererseits durch den ägyptischen Pharao) aufgegriffen und neu verwertet. Damit werden sowohl die Gefahr für das Jesuskind und Skrupellosigkeit des jüdischen Königs anschaulich verdeutlicht. Freilich mussten erst Leben und Predigt des erwachsenen Jesus vorliegen, damit 80 Jahre nach der Geburt des „göttlichen Kindes" eine solch spannende Geburts- und Bedrohungslegende verfasst werden konnte. Die sich herumsprechende außergewöhnliche Gestalt des Religionsreformers Jesus und seine Ablehnung durch die Jerusalemer Machthaber und durch die konservativen Vertreter der Jerusalemer Tempelhierarchie, denen Herodes der Große durch die prunkvolle Restaurierung des Tempels 20 v. Chr. entgegengekommen war, sind in die Kindheitslegende eingegangen. Darüber hinaus wird auf die rettende Hand Jahwes hingewiesen, der im Verlauf der von ihm bewirkten Heilsgeschichte seinen Messias zu Beginn seines Lebens vor Unbilden jeder Art schützt, um über diese aus seinem eigenen Reich kommende Menschengestalt – daher unreflektierte Verwendung des Mythos von der Jungfrauengeburt – sein Vorhaben zur Erlösung des Menschengeschlechts unter seiner eigenen inkarnierten (=gottmenschlichen) Mitwirkung umzusetzen. Seelische Selbsterlösung war und ist unmöglich. Das Entgegenkommen an die vorhandene und so gegen Jesus sich sperrende israelitische Religion wird mit Hilfe des Anknüpfens an den hochgeschätzten König David und an die mahnenden und hoffenden Propheten in der Zeit zwischen Davids Glanzzeit und dem babylonischen Exil im 6. Jhrd. v. Chr. erzählerisch hochstilisiert und gedanklich als göttlichen Plan, niedergelegt vom berufenen Bibelautor, bewerkstelligt. Der Hagiograph will die zu seiner Schreibzeit bereits praktizierte Christlichkeit einer aus der Abgrenzung entstandenen neuen Religion, die zunächst das Judentum in eine vereinfachende Erneuerung führen wollte, mit dem Ringen mit der Ursprungsreligion und deren Verweigerung dokumentieren. Er selbst verharrt als Judenchrist außerhalb Israels bei seiner Überzeugung, dass das Christentum die von Jahwe in dessen Heilskonzept geplante Fortführung der wahren mosaischen Religion darstelle und sich über den Heilsbringer Jesus so angeboten habe.

2 Stilisierung des Wüstenpropheten Johannes zum Vorläufer des echten Messias Jesus

Als etwa gleichaltriger Zeitgenosse Jesu wird uns durch Pseudo-Mt der zur moralischen Umkehr und zur sündenvergebenden Taufe am Jordan aufrufende Asket Johannes vorgestellt. Er ernährt sich angeblich nur von Heuschrecken und Pflanzensekreten. Der Erzählung nach laufen die Bewohner Judäas in hellen Scharen zu ihm, seelisch angerührt durch seine Straf- und Höllenbotschaft, um nach dem öffentlichen Schuld- und Reuebekenntnis die Vergebungstaufe zu empfangen. Dieser idealistische Wüstenprophet, der primär mit der Drohung von ewiger Höllenstrafe seine Taufaspiranten zum Überdenken ihrer Lebensführung bringt und keine größere positive Lehre außer dem Neubeginn durch Befreiung von der Sünde anbietet, schließt ganz konform mit den bitteren Erfahrungen seines prophetischen Kollegen Jesus die saturierten und tückischen Sadduzäer und Pharisäer von der Vergebung durch seine Wassertaufe aus. Solche Anwärter sollten zuerst durch gute Werke beweisen, dass es ihnen ernst sei mit der Abwendung von Selbstherrlichkeit und Scheinheiligkeit; ansonsten ist für diese „Schlangenbrut" das ewige Feuer vorgesehen. Es ist wenig wahrscheinlich, dass sich die offiziellen Vertreter jüdischen Konservatismus´ und der Tempelhierarchie zu diesem Exzentriker begeben haben, um sich dessen sakramentalem Kult am Flussufer zu unterziehen. Aber es zeigt sich an der Gestaltungsweise des offensichtlich von größeren Menschengruppen in Anspruch genommenen Taufritus, dass sogar eine eigene Jüngerschar um diesen Wüstenpropheten entstanden war, die in einer Jesus-Biographie nicht unerwähnt bleiben konnte. Der judenchristliche Hagiograph reklamiert daher diesen strengen Asketen für seine höherwertig angesiedelte Jesus-Sicht und führt Johannes mit einem Zitat des Religions-, Staats- und Sozialkritikers Jesaja aus dem vorchristlichen 8. Jhrd. ein. Damit wählt er gerade diesen so gen. Propheten als Referenz für Johannes aus, den Jesus selbst neben Abraham und Mose am meisten geschätzt hat und mit dem der Wanderprediger aus Galiläa seine institutionskritische Gesinnung teilt. Johannes wird zurückgestutzt auf Ausrufer-Niveau: „Bereitet dem Herrn den Weg! Ebnet ihm die Straßen!", so schon die Hoffnung auf einen fernen Messias beim Propheten Jesaja. Dann erfolgt eine noch deutlichere Wertung der Rangstellung zwischen Bußtäufer und wirklichem Heilsbringer, so dass der Johannes des Pseudo-Mt-Textes devot sagen muss: „Ich bin es nicht wert, ihm die Schuhe auszuziehen." Und als Sprachrohr des zur Schreibzeit des Evangeliums nach bereits 50-jähriger Entwicklung des Jesuanismus zum Christentum darf er bewundernd und fordernd sagen: „Er wird euch mit dem Heiligen Geist und mit Feuer taufen." Da werden bereits als „Präsymbola" die christlich-dreifaltige Taufformel und das die Taufe erneuernde Firmsakrament sichtbar, wie es die Urgemeinde geistig weitergeformt und in frommer

Sonntagsliturgie schon etwa drei Jahrzehnte lang praktiziert hat. Auch der Mythos vom Weltenrichter Christus – wie er doch erst Anfang des 2. Jahrhunderts n. Chr. im Evangelium nach Johannes (auf der griechischen Insel Patmos lebend und schreibend) und in der Apokalypse (oft fälschlich demselben Johannes zugeschrieben) aufscheint – taucht in der schrecklichen Mahnung zur Umkehr auf: „Schon hält er die Schaufel in der Hand; er wird die Spreu vom Weizen trennen und den Weizen in seine Scheune bringen; die Spreu aber wird er in nie erlöschendem Feuer verbrennen." Da die Anhängerschar von Johannes dem Täufer nach dessen Enthauptung zur Regierungszeit des judäischen Königs Herodes Antipas im Jahre 29 n. Chr. sich der Jesus-Bewegung nach der Kreuzigung im Jahr 30 n. Chr. eingegliedert hat, legt Pseudo-Mt Wert auf die Zusammenführung der beiden Propheten, von denen der eine eher droht, aber doch Vergebung verspricht; der höhergestellte, aber auch droht, doch in großem Umfang positiv verkündigt und gemäß früh-christlicher Überzeugung kraft Gottessohnschaft selbständig Schuld vergibt. So akzeptiert der zum Jordan mit seiner Jüngerschar gewanderte Jesus die johanneische an ihm vollzogene Bußtaufe großzügig mit den Worten „Lass es nur zu. Denn nur so können wir die Gerechtigkeit (die Gott fordert) ganz erfüllen." Daran wird sichtbar, dass die junge Jesus-Gemeinde den Neubeginn in Gottes Gnade verheißenden Taufritus sofort nach Jesu Tod übernommen und mit noch tieferer Spiritualität gefüllt hat. Diese essenziellere Auffassung von Bekenntnis und Aufnahme in die Gotteskindschaft gemäß damaliger und heutiger Kirchenlehre gewinnt ergänzende Gestalt in dem erzählerischen Nachsatz, für den sich als Vorankündigung ausgelegte Hoffnungen bei Jesaja (aber auch schon im Buch Genesis und bei König Davids Psalmen) finden, in der Großszenerie des Geschehens, welches damit ins Mythologische gehoben wird und an mythologischer Bedeutungsschwere gewinnt: Der Himmel steht offen, der Heilige Geist (in Taubengestalt) kommt hernieder und Gottvater als Zentrum der personal auftretenden Trinität (vier Jahrhunderte vor dem Dogma über die hypostatische Union beim Konzil von Chalzedon 451 n. Chr.) spricht die den getauften Jesus als Heilsmittler konsekrierenden Worte: „Dies ist mein geliebter Sohn, an dem ich Gefallen gefunden habe." Der auf der Bischofskonferenz im 5. Jhrd. heiß ausdiskutierte, zum Dogma erhobene Glaubenssatz ließ trotz der biblischen Aussage über das enge Verhältnis zwischen Vater und Sohn lange auf sich warten. Von Präexistenz Christi konnte aber noch nicht die Rede sein.

3 Die Versuchung Jesu

Das Neue Testament setzt ein polares Weltbild voraus. Dem allmächtigen und einzigen Gott steht ein hartnäckiger Widersacher entgegen, der ihm keineswegs ebenbürtig ist, jedoch den Menschen auf die schiefe Bahn ziehen und demzufolge die ewige Seligkeit des Sünders zunichtemachen kann. In der Dichtung des Pseudo-Mt über Jesu Dialog mit dem raffinierten Verführer des Menschen werden dem vom reinigenden und zur Besinnung helfenden Fasten geschwächten Jesus (der Text stellt die Versuchung sogar als von Gott bewerkstelligt dar) drei Angebote gemacht, die ihn vom Gottesboten zum Teufelsjünger machen sollen. Zunächst wird Jesus aufgefordert, seine mit Gott identische Allmacht unter Beweis zu stellen, indem er Steine in Brot verwandle. Hier kontert der Prophet mit einer Stelle aus der jüdischen Thora, dass der Mensch nicht nur physische Zufuhr, sondern genauso seelische Nahrung brauche. Dann lockt der Teufel den heiligen Mann mit der Aufforderung, er möchte doch freiwillig von einer Zinne des Jerusalemer Tempels hinunterspringen; denn im alttestamentlichen Buch der Psalmen sei doch zu lesen, dass einem Gottessohn dabei nichts passieren könne. Jesus gibt mit der Stelle des Deuteronomiums heraus, in der es heißt, dass der kleine Mensch den großen Gott nicht auf die Probe stellen dürfe. Zuletzt gestattet der Satan, der selber mit beachtlicher Wunderkraft ausgestattet ist, Jesus den globalen Blick über alle Herrlichkeit der Welt und lockt mit der Gabe des Weltbesitzes, wenn Jesus die Front wechsle und als Teufelsanbeter ihm diene. Diesem Ansinnen gibt Jesus Paroli, indem er entgegnet, dass man sich allein vor Jahwe niederwerfen dürfe und ihm einzig Gehorsam schulde. Nun resigniert der Beelzebub vor so viel Unbeeinflussbarkeit und beendet seine aufdringlichen Abwerbungsversuche.

Die Episode zeigt dreierlei Kernelemente: Sowohl der jüdische Religionsreformer als auch der Teufel kennen die jüdische Thora und verstehen sie gemäß rabbinischer Konvention diskutierend einzusetzen. Jesus lehnt das Angebot ab, durch Wunder seine Gottessohnschaft unter Beweis zu stellen. Der galiläische Wanderprediger ist gefeit gegen jegliches Bestechungsangebot. Er lässt sich nicht von seiner geistig-seelischen Aufgabe durch noch so große Angebote abbringen, denen kaum ein Mensch (falls jene real wären) widerstehen könnte. Der Hagiograph unterliegt dem polaren metaphysischen Verständnis seiner Zeit, das dann – ähnlich wie in den übrigen Weltreligionen –

bis in die jetzigen Tage als Konflikt zwischen dem guten Gott und dem personalen schlauen und mächtigen Verführer transportiert wird. Der Glaube an die Existenz eines Herrn der Unterwelt ist verbunden mit der ungeheuer negativen Folge, dass religiöse Leute ihre persönlichen Fehler einem Verführer als dem die Schuld de facto verursachenden Sündenbock aufladen können. Der Mythos eines existierenden, meist unsichtbaren oder aber Gestalt annehmenden Verleiters zum Bösen schwächt die persönliche Anklage des Sünders ab und verhindert eine Denkweise, die allein dem handelnden Menschen die Schuld am Versagen in seiner Lebensführung und bei politischen Desastern zuspricht. Nur wenn die Bürger sich bei Verbrechen gegen die Menschlichkeit und bei alltäglichen Unrechtshandlungen selber belangen, sind präventive Maßnahmen gegen Krieg, Pogrome und Hass planbar und können gesellschaftliche Probleme rational den nötigen Lösungen zugeführt werden. Jesus betreffend muss gefragt werden, ob er selbst als eminent gründlicher Denker und Verkünder überhaupt an einen persönlichen, im metaphysischen Reich neben Gott existierenden Teufel geglaubt hat, so dass die Teufelsfigur – was dann auch die Erzählungen über dubiose Teufels- und Dämonenaustreibungen betrifft – die Fortführung einer altjüdischen und gemeinreligiösen abergläubischen, dualistischen Vorstellung durch Pseudo-Mt und alle biblischen Schriftsteller sowie durch die konventionell argumentierenden kirchlichen Amtsträger darstellt. Wir alle müssen uns kritisch vergegenwärtigen, welch hunderttausendfache Folter- und Mordtaten der christlich kolportierte, unselige Teufelsglaube während der Inquisitionszeit zwischen dem 13. Und 18. Jahrhundert in Europa, vorwiegend auf deutschem Boden, verursacht hat. Zudem muss man sich heutzutage die Frage stellen, ob die Allmacht eines jüdischen Religionsreformers mit dem Ehrentitel „Gottessohn" nicht ihrerseits eine mythologische Idee ist, so dass der historische Jesus selbstverständlich hätte keine Steine in Brotlaibe verwandeln und nicht unverletzt von einer zwanzig Meter hohen Mauer hätte springen können. Wir tun also gut daran, den von Gott zweifellos inspirierten Wanderprediger realistischer aufzufassen und die Würdeprädikate, die sämtlich nach seinem Tod in der kirchlichen Entwicklung und während der überhöhenden biblischen Niederlegung entstanden sind, in ihrem Symbolwert aufzunehmen und nicht als reales Übermenschentum eines allmächtigen Beherrschers der Naturgesetze.

4 Jesus in Galiläa

Durch die Festnahme und Hinrichtung von Johannes dem Täufers im Jahr 29. n. Chr. – Johannes hatte öffentlich angeprangert, dass Herodes Antipas seine Schwägerin geheiratet hatte – geschockt, zieht sich Jesus gemäß der kleinen Biographie des Evangeliums in seine Heimat Galiläa zurück und nimmt sich eine eigene Wohnung in Kafarnaum am Nordufer des Sees Gennesaret. Für Pseudo-Mt ist dies Anlass, auf eine Vermutung des Propheten Jesaja hinzuweisen (die er intentionsgemäß als Vorausschau manipuliert), dass das ersehnte Licht der Welt nicht in der Hauptstadt Jerusalem, sondern in der kultskeptischen Nordprovinz Galiläa erscheinen werde. Jesus greift die Sündenmahnung seines Prophetenfreundes Johannes auf und verkündet: „Kehret um! Denn das Himmelreich ist nahe." Da Jesus selbst als Täufer nicht dokumentiert ist, kann die Aufforderung als innerliche Reue und Vorsatz für ein gottgefälligeres Leben im Sinne der jüdischen Tradition, die aber in Galiläa (und Samaria) wesentlich laxer betrieben wurde als im streng traditionellen Stammland Juda, aufgefasst werden. Dabei ist die Begründung des moralischen Sinneswandels, welcher den Hörern nahegelegt wird, bemerkenswert, dass ein Weltuntergang in Bälde erwartet wird. Jesus ist also Vertreter einer als „Naherwartung" bezeichneten Haltung, die sofortige ethische Besinnung fordert, sonst versäume man die letzte Chance vor Chaos und Weltgericht. Sicher war damit die Auffassung aufs Engste verbunden, dass sich die Leute um die irdischen Dinge keine Sorge mehr machen sollten. So darf Jesus selbstredend keine stabile Kirchengründung zugeschrieben werden, das wäre ihm unstimmig erschienen kurz vor dem Aus im römisch besetzten jüdischen Palästina; Apostel und Jünger erschienen ihm unter diesen bedrohlichen Umständen als zureichende Mitstreiter für seine Mahnpredigt. Zwar galt der Zimmermannssohn in seinem Heimatgebiet wohl nicht sofort als `Prophet´ im eigentlichen Sinn, doch wird man ihn zuerst als Prediger im Sinne der mosaischen Religion akzeptiert haben und seine Provokationen gegen die Pharisäer und gegen den bombastischen Tempeldienst der Sadduzäer wegen allgemeiner Reserviertheit für allzu konforme und übertriebene Religiosität mit Wohlwollen zur Kenntnis genommen haben. Der judenchristliche Missionar Paulus stieß 15 Jahre nach Jesu Tod im griechischen und später römischen Ausland auf radikalreligiöse Judengemeinden, die zunächst Ansprachen des Paulus im Sinne ihrer strengen Gesetzesreligion erwarteten, dann aber durch Christus-zentrierte Predigten aufgebracht wurden und den falschen Freund verjagten und bekämpften. Am

See Gennesaret widmet sich Jesus also seinem gut vorbereiteten Lebensziel der Verbreitung eines intensivierten und stark reduzierten Judentums, nachdem er sich seiner Identität mit Jahwes Willen in der Selbstdeutung des prophetischen `Menschensohnes´ sicher geworden war. Dabei erzielt er den nötigen Bekanntheitsgrad und die überzeugende Wirkung seines Auftretens und seiner ernsten Mahnworte, dass ihm feste Anhänger folgen und zu Dienste sind, die ihre Fischerberufe bei ihren Vätern wohl zeitweise niederlegen und Jesus als ihrem „Herrn und Meister" im Alltag zur Hand gehen und ihn als eine Art Ministranten unterstützen konnten. Das Pseudo-Mt-Evangelium nennt als erste Apostel: die Brüder Simon (später Petrus) und Andreas sowie die Brüder Jakobus und Johannes. Jesus erweitert seine Prediger- und Reformertätigkeit vom Nordende des Sees auf ganz Galiläa und kündet – die Leute in großen Scharen interessierend - vom nahen Reich Gottes. In der Rückschau des Jahres 80 n. Chr. ist die Vertiefung in die Christus-Mystik eines `Gottessohnes´ durch eine merklich stabilisierte Kirche, die sich vom Judentum unfreiwillig abnabeln musste, weil die Reformforderungen Jesu von der Jerusalemer Tempelhierarchie nicht angenommen wurden, so weit fortgeschritten, dass Pseudo-Mt bereits leichthin behaupten konnte, dass Jesus „alle Krankheiten und Leiden" geheilt habe (Besessene und Mondsüchtige werden extra aufgezählt, weil bei diesen Symptomen von den alten Religionen Geister-Hintergrund diagnostiziert wurde). Der Hagiograph zieht, selbst heilsbegeistert, noch weitere Kreise in Sachen von Jesu Erfolgsspur und legt die Linie der Anhänger und Gesundgemachten bis nach Juda, Dekapolis und das Ostjordanland. In der glorifizierenden Geschichtsschreibung gemäß eigener Perspektive des Pseudo-Mt hat Jesus sogar viele Bewohner der Hauptstadt für sich eingenommen, obwohl dort im Zusammenhang mit der Steinigung des Gemeindesvorstehers Stephanus die Christengemeinde schon 30 Jahre vor Abfassung des Evangeliums – vergleiche diesbezügliche Information der Apostelgeschichte des Lukas - zerschlagen war (was dem Hagiographen in Syrien nicht bekannt ist).

5 Die Bergpredigt

Gewiss hat Pseudo-Mt aus den ihm vorliegenden Unterlagen des 10 Jahre vor seiner schriftlichen Arbeit entstandenen Evangeliums des Paulus- und späteren Petrus-Begleiters Markus, unterstützt durch die ebenso Anfang der siebziger Jahre fertiggestellte Redenquelle Q, eine durchorganisierte Zusammenfassung von Jesu wichtigsten Anliegen erstellt im Anklang an die 10 Gebote des Alten Bundes, wie sie Mose nach der von Jahwe bewerkstelligten Rettung des israelitischen Volksteiles aus der Ägyptischen Gefangenschaft im 13. Jhrd. v. Chr. am Berg Sinai innerlich erhalten hat. In dieser eminent wichtigen Verdichtung mehrerer Predigten des Religionsreformers Jesus findet sich die gesamte Essenz seiner moralischen Forderungen. Am Anfang stehen „Seligpreisungen", in denen Situationen, in welchen sich leidende, aber auch wehrhafte Christgläubige befinden, den vielfältigen positiven Lohnerwartungen im Himmelreich gegenübergestellt werden. Den bescheidenen Leuten wird Fülle verheißen, den Trauernden wird Trost versprochen, die ungerecht Behandelten werden Wiedergutmachung erlangen, die Schuldlosen erwartet Lob, die Gewaltlosen erfahren Anerkennung, die Barmherzigen dürfen Geborgenheit spüren, die Friedensstifter erhalten das Prädikat der Gottebenbildlichkeit („Söhne Gottes") und jene, die wegen ihrer Zivilcourage im Aufbegehren gegen Missstände oder beim Einsatz für Bedrängte Schaden erlitten haben, werden „Anteilseigner des Reiches Gottes". Jesus versichert auch seine Anhänger des jenseitigen Glücks und des Ausgleichs wegen der irdischen Misshandlungen, weil er schon festgestellt hat, dass sie im gesetzesfrommen jüdischen Gottesstaat nicht mit Anerkennung für seine vom festgefügten Lehrgehalt und Synagogenbetrieb abweichende Haltung rechnen dürfen. Selbstredend muss auch bei einem solchen Zusatz die Vermutung Platz greifen, dass der Verfasser des Evangeliums diesen Nachsatz über die Bedrängung der neuen Christen durch Glaubensgegner – es können nur traditionstreue Juden gewesen sein – hinzugefügt hat, weil er als judenchristlicher Exilant diese Ablehnung selbst erfahren hat. Jesus wurde zum Zeitpunkt seiner Predigten im Jahr 29 im fernen Galiläa gewiss noch nicht verfolgt, höchstens von Traditionalisten mit Argwohn beobachtet und dann erst im fernen Jerusalem als möglicher Glaubenszersetzer denunziert. Im Anschluss an die Notierung der späteren Bedrängnisse findet sich der Hinweis auf jene Propheten, auf die sich Jesus immer wieder als seine Vorbilder bezieht, weil diese schon weit vor seinem Auftreten (durch adäquate Staats- und Sozialkritik sowie ihren Pazifismus) Verfolgung und Verleumdung erleiden mussten.

a) Ermahnung der Anhänger

Jesus wird bei seinen Belehrungen gewiss an die Beharrlichkeit seiner Anhänger appelliert und sie bestärkt haben, die durch ihn vermittelten neuen

Anschauungen von selbständiger Frömmigkeit und reduzierter Gesetzesmoral – vom Kennen und Einhalten der 613 Vorschriften, wie es die Pharisäer zu tun pflegten, hielt er nichts – beizubehalten. Dann würde auch von seinen Jüngern, wie von ihm vorgelebt, gewaltige Wirkung zum Heil der Welt ausgehen. Sollte auch in diese Aufforderung der Standhaftigkeit die Widerstandshaltung gegen die Traditionalisten eingeflossen sein, so ist diese Wiedergabe von höherer Bestärkung durchaus im Sinne des Propheten aus Nazaret. Die Lobesworte an seine Hörer oder an die Christgläubigen nach Entstehen des Christusglaubens aus dem anfänglichen Jesuanismus (etwa von Jesu Tod bis zum Beginn der Mission des Völkerapostels Paulus, der dann den zunächst zurückgezogenen Petrus mitriss) vermochten Kraft zu geben, selber die Botschaft weiterzusagen oder gar, mutiger noch, verkündigend zu wirken: „Ihr seid das Salz der Erde, ihr seid das Licht der Welt". Solch ausgezeichnetes Publikum darf sich von Gegnern nicht unterkriegen lassen und muss durch gute Werke der Mitmenschlichkeit beweisen, dass Gottes Wille bei ihnen ist. Freilich ist bei solchen Berichtspassagen ein gewisser Widerspruch anzutreffen. Einerseits reduziert Jesus erheblich (an vielen Episoden eindeutig als historisches Faktum nachweisbar) die unüberschaubare Fülle von jüdischen Kult- und Reinheitsvorschriften, andererseits betont der judenchristliche Exilant Pseudo-Mt die Konformität des Wanderpredigers aus Galiläa mit dem orthodoxen (=streng rechtgläubig) Judentum, um die Volksangehörigen Jesu nicht zu verprellen und das inzwischen entstandene Christentum nicht als neue Religion erscheinen zu lassen. Er stellt das Christentum als von Jahwe bewirkte Weiterentwicklung und Erfüllung der prophetischen Erwartungen dar, nachdem in der Jesusgestalt endlich der erhoffte Messias aufgetreten sei. Im Jahr 80 n. Chr. ist dies keinesfalls mehr ein politischer Erlöser, nachdem die Römer im Jahr 70 n. Chr. den Zelotenaufstand endgültig niedergeschlagen und den wuchtigen, großdimensionierten Tempel dem Erdboden gleichgemacht hatten. So kommt es zum angeblichen Jesuswort „Ich bin nicht gekommen das Gesetz aufzuheben, sondern zu erfüllen". Diese Brücke zu den Judenchristen soll die Verbindung von altem und reformiertem Glauben hervorheben. Ohnehin ist in der erzählten Predigtstelle der Gegensatz zu den Erzfrommen in der Hauptstadt betont: „Wenn eure Gerechtigkeit nicht größer ist als die der Schriftgelehrten und Pharisäer, werdet ihr nicht in das Himmelreich eingehen". Darin sticht klar die stets in Jesu historischen Worten wiederkehrende Absage an buchstabengetreue Vorschriftenerfüllung hervor. Insgesamt versteht sich

Jesus durchgehend als Erfüller des Ideenguts der Propheten Jesaja, Jeremia und Hosea, die allesamt als Jahwes Willen Redlichkeit, Barmherzigkeit und Friedfertigkeit betont haben und nie mit einem synagogen- und königstreuen Mitläufertum einverstanden waren. Auf diese Weise war es wohl Jesus selbst möglich, keine unüberwindbare Mauer zwischen sich und den Konservativen aufzurichten, sondern er konnte von der werkgerechten und kultgetreuen Frömmigkeit abweichen, indem er seine zentralen Anliegen von althergebrachter und neuer Frömmigkeit als Verdichtung und Zentrierung der im Thora- und Talmudgesetz gemeinten Andachts- und Moralvorstellungen interpretierte. Jesu vielfältige Provokationen gegen die Scheinfrömmigkeit und äußerliche Pflichtreligiosität der Pharisäer sind also nicht als totaler Gegensatz zum traditionellen Jahwe-Kult auszulegen, sondern nur als Offenlegung von Fehlformen, als Mangel echter Gesinnung, als Versinken des Eigentlichen im Vielerlei des äußerlichen Tuns um Reinheit und offener Zur-Schau-Stellung der Linientreue der Frommen. Jesus verinnerlicht, macht übersichtlich und vereinfacht, präsentiert eine privat vollziehbare Frömmigkeit, unverstellte Gottesverehrung und direkte Menschenfreundlichkeit ohne priesterliche Vermittlung. Das wurde in der Nordprovinz Palästinas gut verstanden, in der Kernprovinz Juda eckte der schroffe Religionskritiker aus Galiläa an. Nicht verwunderlich, dass man dort über die Beseitigung dieses störenden Propheten nachsann, sollt man seiner beim Übergriff auf das religiöse Gebaren in der Hauptstadt einmal habhaft werden.

b) Jesus und die bisherigen 10 Gebote

Selbstverständlich spricht sich der Religionsreformer aus Nazaret für die strengste Strafbarkeit von Mord aus. Er ist für unbedingte Achtung vor dem menschlichen Leben. Er beantragt keinerlei Gesetzesveränderung bei Totschlag. Doch er treibt das moralische Denken seiner Zeit über die Orientierung an physischen Fakten hinaus. Seine Sensibilität in Sachen Lebensschutz umgreift auch die Gefühlswelt der Leute. Nicht nur das Töten von Menschen ist in den Augen Jesu ein allerschlimmster Verstoß gegen die Schöpfungsordnung, sondern bereits Abneigung, Feindschaft, Hass und Rachedurst. Sogar eine tückisch-ausgrenzende Gesinnung gegen als unsympathisch empfundene Mitbürger, die heutzutage Mobbing genannt wird, zählt zu seinem Sünden-Repertoire gegen Mitmenschlichkeit. Auch Beleidigungen, ob gezielt oder unbedacht, sollen unterbleiben. Jegliches aggressive Verhalten werde einmal von Jahwe beim persönlichen Gericht geahndet. Die Menschen täten gut daran, ihr Spontanverhalten in den Griff zu kriegen und ihre Emotionalität zu kontrollieren. Wer in einen Streit hineingeraten ist, solle sich schleunigst mit seinem Gegner versöhnen. Jahwe akzeptiere nur kultische Gaben für die Rechtfertigung vor ihm, wenn Feindschaften beendigt und Frieden unter den Kontrahenten geschlossen sei.

Die gleiche intensivierte Gesinnungsethik des 5. Gebotes kommt bei Jesu Radikalisierung in den Fußstapfen der Propheten des Alten Testaments hinsichtlich des 6. Gebotes zum Tragen. Auch hier zählt nicht bloß das physische Tun eines verheirateten Menschen als Schuld, sondern bereits das Lustgefühl auf ein erotisches Abenteuer mit einem nicht-angetrauten Partner. So gilt hierbei derselbe Grundsatz, dass ein wirklich rechtschaffener Gläubiger seine Gefühlswelt stets im Zaum zu halten habe. Als Interpretament für die Forderung nach Bedachtsamkeit und Selbstbeherrschung mag Jesu allegorische radikale Empfehlung eine abschreckende Aussagekraft haben, dass man eher auf einen Körperteil, der zur Sünde Anlass gibt, verzichten solle, bevor die Seele Schaden erleide und letztlich beim ewigen Gericht der ganze Leib der Höllenstrafe verfalle.

Eine Weiterentwicklung der Verurteilung des Ehebruchs, den Jesus – absolut ungewöhnlich in der orientalischen Denkweise – nicht im Vollzug von einem Mann oder einer Frau unterscheidet, ist in seiner Ablehnung der eigenmächtig vorgenommenen Scheidung durch Männer zu sehen, die ihre Frau willkürlich (sie umgehen ja damit die Ehebruchsproblematik) aus der Ehe mittels Scheidebrief entlassen. Hier hat sich offensichtlich seit der rechtlichen Festlegung im Deuteronomium des 13. Jhrds. v. Chr. (= 5. Buch Mose) ein Missbrauch entwickelt, die einschränkende Bedingung – Erlaubnis der offiziellen Trennung nur nach Ehebruch der Frau – einfach zu übersehen. So konnten sich die jüdischen Männer sehr einfach einer neuen Partnerin zuwenden. Jesus macht auf das Schicksal dieser entlassenen Frauen aufmerksam, die ja wiederum einen neuen Versorger bräuchten, also ihrerseits unfreiwillig zu Ehebrecherinnen würden. Jesus lehnt in seiner gegenüber der wohl in Juda, wo man spitzfindiger als in Galiläa dachte, weitverbreiteten Scheidungspraxis diese für Männer bequeme Methode ab, sich ein jüngeres und folgsameres Weib zu nehmen, und verbietet sogar für jene (wohl seltener anzutreffenden) Männer, die eine geschiedene Frau heiraten wollen, diese neue Verbindung. Das katholische Verbot der Wiederverheiratung von Geschiedenen steht also durchaus auf gesicherter Basis von Jesu strengeren Auffassungen von Treue und lebenslanger Gültigkeit, wie es zu seiner Lebenszeit und heutzutage nicht der Fall war und ist. Der geschichtlich in der Bergpredigt ganz deutlich fassbare Jesus spricht sich also für eine eminent partnerschaftliche Ehebeziehung aus, die vor Gott geschlossen, auf Dauer angelegt und bis auf den einzigen Ausnahmefall von erwiesenem Ehebruch unverbrüchlich zu sein habe. Sein Verständnis über die Menschengeschlechter ist emanzipiert. Die Frau gehört nicht zum Besitz, mit dem Männer beliebig verfahren können; dem weiblichen Geschlecht gebührt volle Achtung und Gleichwertigkeit in Eheangelegenheiten. Schon immer wollten Menschen sowohl ihren innewohnenden Versuchungen nachgehen und gleichzeitig sich wohlanständig fühlen. Der Mensch möchte nach Herzenslust seine Triebe befriedigen und sich zugleich der Anerkennung Gottes und seiner Mitmenschen versichern. Dieses Doppelinteresse für Unmoral und moralischer Reputation fiel Jesus bei Schriftgelehrten und Pharisäern als Widerspruch und untragbar auf. Dem entgegen stand die Leugnung niederer Getriebenheit bei den öffentlichen Tugendwächtern selbst. Es ist zu fragen, ob nicht auch das klare durchwegs angemahnte Auflösungsverbot der Haus- und Sexualgemeinschaft von verheirateten Leuten den angesehenen und machtbewussten Vertretern der Jerusalemer Synagoge Anlass gab, diesen missliebigen, sich prophetisch sittenstreng gebärdenden Mann aus Nazaret mit Argusaugen zu beobachten.

Interessant ist auch Jesu Radikalisierung des 8. Gebotes. Die Menschen sollen gemäß den Rechtsvorschriften aus den Mose-Büchern keinen Meineid schwören und besonders den Schwur, dem man Jahwe geleistet hat, ohne Abstriche und ohne Bruch einhalten. Auch bei dieser Vorschrift ist es in der jahrhundertelangen Religionspraxis gewiss zu raffinierten Trixereien und Missbräuchen gekommen. Man schwor bei allem Möglichen, am liebsten bei himmlischen Bezugspersonen und bei Lieblingsgegenständen, und brach demzufolge immer wieder die geleisteten Zusicherungen oder suchte listig, seine Versprechungen umzudeuten. Wäre dieses Verhalten ganz selten gewesen, hätte Jesus bei seinen Mahnpredigten gar nicht darauf einzugehen brauchen. So muss er beim Thema fester Versprechungen für unmissverständliche Klarheit sorgen: nicht Ungewisses unter Missbrauch des Heiligen fest und dauerhaft zusagen, überhaupt das leichtfertige Schwören bleiben lassen und das einfache Ja oder Nein bevorzugen! Jesus erweist sich auch bei dieser Lebenspraxis nicht als ein konventioneller Orientale, er wendet sich gegen eingeschliffenes Brauchtum, er scheut dabei nicht den Unmut der Alten und Verstockten. Er zwingt zum Überdenken. Wo Jesus als mutiger Kritiker dargestellt wird, der jüdische Traditionen und eingeschliffenes Verhalten anprangert, welches von den erzfrommen Pharisäern überhaupt nicht als Problembereich betrachtet wird, da wird er historisch vollkommen echt präsentiert. Sinnentleerte religiöse Routine, ja der bloße gedankenlose Gebrauch heiliger Begriffe, eine formelhaft gewordene Ehrfurchtslosigkeit, dies alles bringt Jesus in hellen Zorn. Da die Hagiographen des Neuen Testaments (ohnehin Paulus) sämtlich Jesus nicht persönlich kannten und nur über mittelbare Informationen verfügten und zusätzlich von ihren Exilorten aus um die Kohärenz des neuen Christentums mit dem Judentum rangen, würden sie nie die Konfliktsituationen des Religionsreformers mit Schriftgelehrten, Pharisäern und den Sadduzäern selbst erfunden haben, da diese Anstoß erregt hätten. Der den Juden unangenehme und lästige Jesus, der selbst ernannte Prophet aus dem unfrommen nördlichen Randgebiet, der in Frage stellt und Veränderungen fordert, der sogar die anerkannt Gott Wohlgefälligen in den Ruch von Oberflächlichkeit, Inkonsequenz und gar Sünde bringt, ist zweifellos original historisch.

Sehr befremdend an Jesu aufrührendem ethischen Rigorismus wird die Aussage damals gewirkt haben (als nicht praktizierbar wird sie heute noch empfunden), dass man eine Ohrfeige nicht mit einer ebensolchen quittieren solle, sondern zusätzlich freiwillig die andere Backe zum Schlag anzubieten habe. Böses soll nicht mit Bösem, Gleiches nicht mit Gleichem beantwortet werden. Mit solchen Umkehrungen des Rechts- und Vergeltungsbewusstseins hat der Religionsreformer sicher Erstaunen hervorgerufen und zumindest Ablehnung bei diesem Beispiel erfahren. Dass man sich nicht einmal wehren dürfe, widersprach damals und widerspricht auch heute dem gängigen Naturrechtsempfinden. Verteidigung mit denselben oder verhältnismäßigen Mitteln ist erlaubt; dies gilt für den Einzelnen und für die Verteidigungspolitik ganzer Staaten. Was also könnte sich der keinen Ärger mit den geistlichen Führern seines jüdischen Gottesstaates scheuende Provokateur dabei gedacht haben? Entweder wollte er damit das konventionelle Verhalten hinterfragen, das gewiss auch in dieser kleinasiatischen Region des Römerreiches zu lange dauernden Feindschaften (in abgelegenen Gebirgslandschaften wohl auch zu Blutrache) oder Endlos-Konflikten zwischen den Stämmen geführt haben wird.

Jesus denkt weiter als die Amtsinhaber des Rechts- und Moralwesens. Er sagt sich, dass das Übel des Hasses nur gestoppt werden kann, wenn eine Seite der feindlichen Bastionen Friedensbereitschaft signalisiert und den Waffen- und Aggressionsstillstand einleitet. Insofern bietet Jesus ein übertragen zu verstehendes Modell eines harmonischen Gesellschaftslebens und einer friedfertigen politischen Koexistenz an. Bei wörtlich-direkter Auffassung, die bei dem radikal unkonventionell redenden Jesus einzukalkulieren ist, bleibt nur die empfohlene Verhaltensweise eines konsequenten Pazifismus übrig. Dann gehört das Gewaltmonopol ausschließlich den Gewalttätern selber und die Geschädigten verzichten auf jede Gegenwehr. Die dann entstehenden Folgen, dass sich böse Leute geradezu ermuntert sehen, ihr übles Spiel mit den bewusst Schwachen und Wehrlosen beliebig bis zur Versklavung der Unterlegenen fortzusetzen, lässt Jesus allerdings beiseite. Wer die moderne Anti-Konfliktforschung zur Klärung der Bedeutung des Ohrfeigen-Bildes heranzieht, wird Jesu Grundsatz, von Rache abzusehen, eher etwas abgewinnen, weil jetzt die Aufklärung des Täters, Gespräche der Kontrahenten und eine Vereinbarung über Entschädigung des Opfers anvisiert werden. Endlose Konflikte, die bis zur völligen Niederlage und zum Auslöschen einer Kampfpartei gingen und gehen, werden dadurch vermieden. Nicht zuletzt beschreiten seit entsprechend funktionierender Praxis der Vereinten Nationen die Völker der Welt in ihren Diskussionsforen und dann im Sicherheitsrat den Weg eines Anti-Gewaltprogramms und stellen sich schlichtend zwischen die streitenden Volksgruppen, führen die gegnerischen Seiten zusammen und empfehlen ein demokratisch organisiertes, friedliches Miteinander mit geordneten und überwachten Strukturen von Militär und Polizei. Natürlich ist das waffenlose Miteinander von Volksgruppen und Staaten längst nicht erreicht, aber man ist auf höherer Ebene bereit, die beschämenden Phänomene des Völkermordes (oft rassisch, religiös und rechtlich-strukturell motiviert) einzudämmen und ein Miteinander erträglich zu organisieren. Leider kommt die ordnende Gewalt nicht ohne Waffen aus, jedoch ist es schon ein Fortschritt, wenn es bei Drohungen bleibt oder wenn mittels Drohung die aggressivere Gruppe – eigene Vernichtung fürchtend – die Waffen streckt. Um auf Jesus zurückzukommen, der tendenziell weltpolitisch denkt, aber seine Beispielswelt aus dem Alltagsbereich wählt, so ist zweifellos beachtlich, dass er nicht einfach die Gewohnheiten der Thora und des heutigen Naturrechtsempfindens mit „Auge um Auge, Zahn um Zahn" weitertradiert, sondern das alte Gesetzbuch der mosaischen Zeit punktuell verwirft und eine allgemein greifende Friedensethik ins Feld bringt, für die seine Zeit weder privat noch völkerrechtlich reif war. Jesus hat sich keineswegs zugunsten eines Aggressors ausgesprochen und dessen Erstschlag auf keinen Fall gerechtfertigt. Das schwierige Problem der Beendigung von Streit, Körperverletzung und Mord ist mit seiner radikalen These der Duldung jedenfalls auf dem Tisch und uns bleibt die ungemein anspruchsvolle Hausaufgabe im alltäglichen Rahmen gestellt, wie schlimmes Handeln beendet, Konfliktfreiheit hergestellt oder gar Versöhnung bewirkt werden kann. Die Richtung ist im Kleinen und im Großen in knapper These vorgegeben, die staatlichen und kirchlichen Institutionen müssen weiterarbeiten. Freilich um die Finanzierung von Spendenfreudigkeit, wenn sie nicht bloß über private Gutwilligkeit ausgeübt wird, sondern staatlicherseits (z. B. für Asylbewerber) großflächig ins Werk gesetzt werden muss, oder gar über Missbrauch von Hilfsgeldern auf Grund von Arbeitsscheu und mutwilligem Alkohol- oder Drogenkonsum, macht sich der Gesellschaftskritiker Jesus keine Gedanken. Mangels Allwissenheit als bloßer, aber kluger und sensitiv auf Nöte regierender Mensch, fordert er, dass alle denken und dass jeder in seinem Einflussbereich das maximal Nötige selbst tut oder organisatorisch veranlasst. Rassenhass und Völkermord sowie sich die daraus ergebenden Flüchtlingswellen waren zu seiner Zeit noch nicht gang und gäbe, die Lösung dieser Probleme bei Berücksichtigung der wirtschaftlichen Möglichkeiten für die Bewältigung der weltweiten Versorgungs- und Soziallasten ist uns jetzigen Menschen auferlegt. Wir können uns der geistig-willensmäßigen Unterstützung durch den fortlebenden Christus sicher sein, der seinen Jesus-Impuls, ausgerufen vor 2000 Jahren, weiterhin die hilfsbereiten Menschen innerlich begleitend, von oben her unterstützt. Wir müssen uns nicht umsonst in seinem Sinne anstrengen. Wir vertreten ihn auf Erden mit den Mitteln unserer Tage und dürfen dann auch einmal den ewigen Lohn erhoffen.

c) Die Forderung der Feindesliebe

Absolut ungewöhnlich war es ganz sicher für die Religionsgelehrten eines orientalischen Gottesstaates, positiv von Ausländern zu denken, die in der Sicht der Juden allesamt entweder götzengläubig oder gänzlich gottlos waren. Wenn die Institutionen von Staat und Synagoge ein anderes Volk als feindlich definiert hatten oder dies im Zuge widriger außenpolitischer Verhältnisse tun mussten, so sprang man mit solchen Leuten überaus grob um (wir Deutschen fügen uns in unserer jüngsten Geschichte zwischen 1914 bis 1945 nahtlos ein in die Reihe von Kriegsverursachern und Völkermördern), und die meisten Bürger, ungewohnt des Mitdenkens und ungeübt in Institutionenkritik, fanden alles in Ordnung und sahen sich im Mittun durch traditionelles Verhalten in Volks- und Stammesgeschichte bestätigt. Dem Feind mit Misstrauen und eigener Aggressivität zu begegnen, war ohnehin im Privatleben Usus und manchmal dauerhaft ein Leben lang oder gar durch mehrere Generationen hindurch das Übliche. Nun attackiert dieser unangenehme, selbst ernannte Störenfried der Konventionen und der antrainierten Moral plötzlich Verhaltensweisen, die durch das mosaische Buch Levitikus abgesichert waren und der einheimischen Adelskaste und der Priesterschaft selbstverständlich und nützlich zur Erhaltung von Staat, Moral und ihrer selbst erschienen. Jesus setzt die bisherige Praxis der Verwandten- und Volksliebe mit denselben Verhaltensweisen in Beziehung, wie sie doch auch bei heidnischen Völkern üblich seien. Damit zieht er natürlich neben der Tradition und den tierisch-menschlichen Instinkten die heilige Thora vom Sockel, weil deren Vorschriften eben noch nicht für alle Menschen galten und die Gewalt gegen Fremde billigten. Jesus bringt damit auch das immer schon in Sachen Stammesschutz und Landesverteidigung wichtige Militär und die zur Revolution gegen die Okkupatoren bereiten Zeloten (in der Besatzungszeit durch die imperialistischen Römer) gegen sich auf. Seine Predigt, dass die konventionelle Ethik doch zu eng und kleinräumig sei, stößt auf helle Empörung. Den Gedanken absoluter Friedfertigkeit zu verbreiten, muss ihm selbst unter seinen gefügigsten Jüngern nicht leicht von der Hand gegangen sein. Unbeeindruckt von weiteren Gegnern seiner Umwertungen bisher gültiger Ethik setzt er die bloße Gefühlsliebe unter Verwandten und Volk als nichts Besonderes herab und plädiert für die Ausweitung von Wohlwollen, Friedfertigkeit und Hilfsbereitschaft über die Bluts- und Landesgrenzen hinaus. Erst seit die Völker für das Podium Vereinter Nationen nach den furchtbaren Personen- und Sachschäden der zwei europäischen Weltkriege sensibel genug geworden sind, ist zu ermessen, welchen grundlegenden Wert Jesu zunächst irreal erscheinende Forderung der Feindesliebe darstellt. Nicht sofort und nicht jedem Gegner im Privatleben und in der Außenpolitik wird man gleich in echter Gefühlsteilnahme um den Hals fallen können und wollen. Doch die sprachliche Hyperbel, bisher vorwiegend nur karitativ, noch nicht im nötigen Umfang therapeutisch und politisch in die Tat umgesetzt, setzt einen höchstmöglichen Anspruch für uns Menschen, die noch oft genug den tierischen Instinkten und einem impulsiven Aggressionsverhalten unterliegen und daher auch in Sachen Gewaltanwendung gegen wirkliche und angebliche Feinde leicht manipulierbar waren und wohl noch sind. Das harmonische Auskommen von Mensch zu Mensch im kleinen wie im großen Rahmen stellt den Gipfel an Moral dar. In unserer Zeit mit den Möglichkeiten zur Auslöschung und tödlichen Verstrahlung ganzer Völker und Erdteile gewinnt der Appell, vollkommener zu werden, weiteres Gewicht. Feindesliebe ist nicht die Forderung eines kriegsscheuen, unmännlichen Idealisten. In anscheinender Harmlosigkeit und Unpraktizierbarkeit verbirgt sich das notwendige Programm des Friedens! Wir benötigen ein solches bei unserer privaten und beruflichen Zwietracht und Konkurrenz. Wir brauchen diese Zielidee zur Erhaltung der Zivilisation. Jesus war deutlich, weit vor Karl Marx und Bertolt Brecht, dass ein glaubwürdiges ethisches Konzept über Friedfertigkeit die sozio-ökonomischen und militärischen Verhältnisse bestimmen muss. Ein Umdenken und neues Fühlen, das harmonische und globale fürsorgliche Menschenentwicklung sowie nachhaltige Welterhaltung anstrebt, ist zukunftsnotwendig.

d) Spendenfreudigkeit

Bestimmt hat Jesus während seiner Mahnung großzügig für arme Leute zu spenden, die von ihm als scheinheilig beurteilten Pharisäer vor Augen, wenn er fordert, unauffällig und ohne den Spendernamen zu betonen, Geld- oder Sachalmosen zu geben. Gott werde es dem Spender im irdischen oder im ewigen Leben vergelten, wenn Menschen zugunsten Notleidender etwas von ihrem Vermögen abgeben oder gar selbst wegen einer Hilfeleistung auf etwas verzichten. Jesu Bild für Großherzigkeit lautet „Deine linke Hand soll nicht wissen, was die rechte tut"; also dass der rechnende Sparwille durchaus einmal abgeschaltet bleiben dürfe, wenn es gilt, einen guten Zweck zu unterstützen und anderen bei einem Notfall finanziell unter die Arme zu greifen. Auch hier trug seine appellative Ethik gute Früchte. Im Laufe der Jahrhunderte hat sich der karitative Blick geweitet. Man spendet sowohl national als auch international. Die Kirchen sammeln beispielsweise bei ihren Aktionen „Misereor" und „Adveniat" Millionen Euros ein, um Hilfsprojekte in den Hungerländern über ihre Missionsstationen zu unterstützen. Private Hilfsbereitschaft blieb erhalten, die Ländergrenzen wurden überschritten, einschränkende Bedingungen fielen weg, und eine meist straff organisierte und weitgehend kontrollierte Verteilungsregelung sorgt dafür, dass die Gelder und

Hilfsgüter noch rechtzeitig und am richtigen Ort ankommen. Weitschauend war Jesus klar, dass Not nie sofort und überall zu beheben sei, aber dass ein im Gottesbild fundierter, uneigennütziger Helferwille die nötige Solidarität unter den verschiedenen Rassen und Nationen auslösen werde.

e) Das Vaterunser-Gebet

Genauso wie Jesus die Pharisäer beim Thema `Gutes-Tun´ als Heuchler bezeichnet, so macht er es auch beim religiösen Vorgang des Betens, weil die offiziell Frommen das öffentliche Zur-Schau-Stellen bei der Kontaktaufnahme mit Jahwe bevorzugten. Jesus äußert sein Missfallen an falscher Motivation. Wer bei solch intimen Strebungen auf den Beifall der Gläubigen schiele, dem mangele es an Demut und an Bescheidenheit. Jesu fromme, kultferne Gesinnung geht so weit, dass er sogar das Beten im „stillen Kämmerlein" für Gott wohlgefälliger hält als die offene Demonstration von Frömmigkeit, die dann nur eine scheinbare sein könne. Jesu Identitäts-Bewusstsein mit Gott als seinem geistig-seelischen „Vater" – ohne deshalb seinen biologisch-irdischen Vater Josef kränken zu wollen – ist 29 n. Chr. fortgeschritten genug, um behaupten zu können, dass Gott die Kontaktaufnahme des Beters mit ihm in der Stille höher schätze als den lauten Anruf vor Zeugen. Die Scheinheiligen und Heuchler würden sich selber richten, da sie nur aus Selbstgefälligkeit heraus die gelernten Gebetstexte sprächen. Jesus hat auch die einfachen Menschen im Sinn, die mangels sprachlicher Schulung nicht viele Sätze zugunsten ihres Anliegens bilden können. Seelische Aufrichtigkeit und ein kurzes Skizzieren der Probleme machten die Defizite in der Formulierungskunst wett. Überhaupt könne sich Gott ohnehin alles gut vorstellen, was die bedürftigen Menschen, die sich im Bittgebet an ihn wenden, benötigten. Die existenzielle Not des unverstellten Gläubigen sei dem Herrn der Welten klar, noch bevor zu die geeigneten Worte fallen. Hier wird wieder einmal die lautere Gesinnungsethik Jesu deutlich, der Unwahrhaftigkeit streng verurteilt, sich dabei provokativ gerade die offiziellen Vertreter des mosaischen Glaubens als Negativ-Beispiel auswählt und die private Initiative für die Verbindung mit Jahwe nahelegt. Zu den in der Synagoge - also im damaligen kirchlichen Gebetsraum - gepflegten und den Juden im Sabbat-Unterricht angelernten Gebetsformeln sagt Jesus kein Wort. Man kann sich vorstellen, welchen Grimm die Rabbiner und Sadduzäer (=mit unseren Bischöfen vergleichbare Schicht höherer Kleriker) gegen einen so gearteten Religionsreformer gehegt haben müssen, wenn er ihre Art von Religion entweder keiner lobenden Bemerkung für Wert erachtet oder das offene Murmeln frommer Formeln sogar als Betrug vor Gott und den Menschen brandmarkt. Da die Gläubigen damals wie heute unter bemerkten oder unbewussten Schuldgefühlen laborierten und Vergebung vor Gott erheischten, um Glück im Irdischen und Weiterleben im Ewigen zu erfahren, sollten die Bittenden nach Jesu Vorstellung selber mit Vergebung in ihren streitigen Belangen und Feindschaften vorangehen. Gott verzeihe nur den selbst Verzeihenden. Als Beispiel für eine Gebetsweise und einen substanziellen Gebetsinhalt präsentiert dieser autodidaktisch gebildete und doch von vielen Leuten als „Rabbi" (= Pfarrer) anerkannte Redner in einer seiner Predigten auf den Hügeln um den See Gennesaret das Vaterunser-Gebet, das er offensichtlich selbst demütig als „Sohn" (=Beauftragter) des allmächtigen, ewigen „Vaters" praktiziert. Der „Menschensohn" als erleuchteter, von Gott inspirierter Mensch mit seinem heiligen Reformbewusstsein und seinem gerechten Zornesmut gegen religiöse Gedankenlosigkeit und bequeme Routine legt den Schwerpunkt beim Beten auf die Bitte um Heilung dieser gewalttätigen und sich in Veräußerlichung und seelischer Verdunkelung befindenden Menschenwelt. Der überirdische Herr der Welten, alle Grenzen menschlicher Vorstellungskraft sprengende Person, gefühlsmäßig den Menschen wohlgesonnenes zentriertes Sein, so dass wir „Vater" sagen dürfen, möge den misslichen Zustand des Irdischen doch dem friedvollen Glücksdasein im Ewigen annähern! Es solle ein Optimum durch Gottes Tat bewirkt werden, wie es Menschenkraft allein nicht bewerkstelligen könne, dass auf der Erde endlich Zustände wie im Himmel herrschten. Jesus ist sich bewusst, dass der Herr des Universums auch der Herr der Naturkräfte ist, auf die wir organische Lebewesen stets angewiesen sind. Daher drückt sich in der Bitte um das „tägliche Brot", eigentlich im Stilmittel einer umfassenden Metonymie, das Wissen aus, das wir auf die Erfüllung aller unserer Lebens- und Triebbedürfnisse auf eine intakte Pflanzen- und Tierwelt angewiesen sind. Noch sind zur Jesuszeit die technischen Zerstörungsmöglichkeiten der Menschen nicht so entwickelt, dass er hierbei an die mäßigende und gestaltende Vernunft der Leute selbst appellieren müsste. So ist der den Menschen in allen Belangen des äußeren und innerlichen Lebens überlegene Gott des Alls, der Natur, des Geistes und der Seelen der erhoffte Retter aus den schuldhaft verursachten öffentlichen und privaten Desastern, wozu im Rahmen der Gebetsempfehlung gesagt wird, dass die Vergebung der Leute untereinander der Vergebung durch den, der einzig zu entscheidender Gewissens-Entlastung befähigt und berechtigt ist, vorangehen solle. Im Zuge der Vorstellung seiner Zeit, jedoch nicht verbal auf die Existenz eines Teufels bezogen – was bemerkenswert ist, weil der Denker Jesus die Figuration einer fast allmächtigen Teufelsperson in der Form eines Widerparts zum wirklich allmächtigen Weltenherrscher Jahwe als Mythos durchschaut –, verweist der Prediger auf die Fernhaltung des Bösen, damit die Menschen nicht erst zu üblen Handlungen und all den Möglichkeiten verleitet werden, mit denen Übeltäter ihren Mitmenschen oder ihren Konkurrenten und definierten Feinden das Leben schwer machen. Das Vaterunser enthält den Bittruf nach Friede und Glück und den Bannwunsch gegen Unheil und Zwietracht! Die Sehnsucht gewährt Raum unserer entwickelten Vorstellung, dass aus dem Glauben an ein höheres Wesen heraus die Menschen selbst das in ihnen kraft Freiheit enthaltene Böse bekämpfen können. Die Frömmigkeit der Gebetssätze baut auf das Vertrauen in Gott, der mittragen solle, was der Mensch unternehmen muss, doch allein nicht schafft.

f) Mahnungen zu Innerlichkeit und Achtsamkeit

Als Prediger, der das seelische Leben seiner Zuhörer zum Gegenstand seiner Sorge gemacht hat, sieht sich Jesus veranlasst – immer wieder die betont „frommen" Pharisäer als Negativ-Beispiel vor Augen -, zu Echtheit bei religiösen Bräuchen aufzufordern. Er erinnert die Juden in Galiläa daran, dass es um ein demütiges und reines Verhältnis des Einzelnen zu Gott geht und nicht darum, wie man vor neugierigen Nachbarn oder vor dem überwachenden Blick eines Rabbiners wirkt. Daher dürfe ein Gläubiger, obwohl er die Vorschriften einer Fastenzeit beherzige, durchaus frisch und gepflegt aussehen. Es genüge, wenn der himmlische Vater den Willen zu Verzicht und Willensbeherrschung bemerke. Die Anpassung des sich Kasteienden an andere, etwa trübsinnig und verwahrlost daherkommende Fastende, sei wirklich nicht vonnöten.

Mit dem Sprachbild vom „Schatz im Himmel" gemahnt der Prediger an die Unterscheidung zwischen irdischem, vergänglichem Reichtum und überirdischem Ewigkeitsbesitz. Die Menschen müssen sich einerseits im Leben erträglich oder gar gut durch beruflichen Gelderwerb einrichten – es geht ja auch um Zufriedenheit von Familienmitgliedern und um deren aufwendige Versorgung -, andererseits zähle bei aller Notwendigkeit nicht das Materielle allein. Also macht Jesus die Leute auf ihr Inneres aufmerksam, das sie häufig im Kampf ums Dasein und im Rennen nach Wohlstandsmehrung vernachlässigten.

Jesus misst den irdischen Sorgen und Strebungen die zweite Rangstelle zu. Für ihn hat das oberste Ziel, das Erlangen der ewigen Seligkeit, Präferenz. Er kennt die materiellen Nöte der Menschen und auch ihre oberflächliche Eitelkeit und will daher Werte in den Mittelpunkt rücken, welche die Leute gar zu leicht vergessen. Die irdische Existenz des Menschen ist vergleichsweise kurz, wenn man die Dauer von Ewigkeit danebenhält. Die materiellen Dinge verführten die Menschen oft so, dass ihr gesamtes Sinnen und Trachten davon in Anspruch genommen werde. Dem hält Jesus dagegen, dass alles Irdische dem Verfall und der Vergänglichkeit preisgegeben sei, während das himmlische Glück den einzig dauerhaften Wert darstelle. Gewiss hat es zu Jesu Lebzeiten schon ausgesprochene Positivisten gegeben, die an der Behauptung von noch nicht sichtbarer Ewigkeit nicht nur gezweifelt, sondern diese für eine Unmöglichkeit gehalten haben. Die Hörer Jesu sprechen aber als prinzipiell Gläubige auf Jesu Unterscheidung und ideelle Neugewichtung der Werte an und sind sicherlich von seiner krassen moralischen Parole betroffen, dass man nicht zwei so unterschiedlichen Herren dienen könne wie es „Gott und der Mammon" seien. Da gelte es ernsthaft die wichtigere vertikale Perspektive hinauf zu Gott und dessen Vorstellung von „Wohlgefälligkeit" wieder ins Denken und Tun einzubeziehen. In diesem Zusammenhang ist der Seitenblick zur Barocklyrik (gerade in den Werken von Andreas Gryphius) berechtigt, die im vielfach bearbeiteten „Vanitas-Motiv" (=alles Irdische ist letztlich vergeblich) ganz auf der Linie von Jesu Betrachtungsweise liegt. Freilich ist auch bei dieser Mahnung des Propheten aus Nazaret das extreme Sprachbild zunächst befremdlich und macht die latente Drohung mit `hie Verdammnis´ und `dort ewige Rettung´ doch sehr betroffen. Dabei sind Zweifel vorhanden, ob Jesus eben die Notwendigkeiten hiesiger Existenz als Wanderprediger, der von Spenden lebt, nicht viel zu gering einschätze. Man wird wohl zu Recht annehmen können, dass Jesu Radikalismen „Macht euch keine Sorgen und fragt nicht, was sollen wir essen, was sollen wir anziehen? Euer himmlischer Vater weiß, dass ihr das alles braucht" auf alle Fälle als Denkanstöße ihre Berechtigung haben. Die Stilmittel der Bergpredigt, die im Gebrauch von extremen Gegensätzen bestehen, dienen der Absicht, die oft im Lebenskampf verschütteten und verlorenen Aspekte des Geistig-Seelischen wieder aufleben zu lassen und das innere Auge für die entscheidenden Wertsetzungen zu öffnen. Daher fehlt bei Jesu Appellen nicht der aktivistische Gesichtspunkt, in welchem die Mühe um die notwendigen irdischen Dinge indirekt enthalten ist, nämlich dass wir uns primär um „das Reich Gottes und seine Gerechtigkeit" kümmern sollen. Jesu Gefolgsleute liegen ja nicht tatenlos da und warten auf den baldigen Weltuntergang, sie pflegen gerade aus der gläubigen Verpflichtung heraus, Gott wohlgefällig und damit mit überirdischer Ausrichtung zu handeln, die Gestaltung sanftmütigen und sozial engagierten Zusammenlebens. So ist die Folge des radikalen Kontrasts, der dem messbaren materiellen Wert die höhere unsichtbare Werthaftigkeit gegenüberstellt, durchaus ein neues Einordnen der Alltagsprobleme und Lebensziele, was dann unmittelbar ein bedachtsames Arbeiten, Streben, Denken und Beten nach sich ziehen kann.

g) Selbstkritik

Das häufig zitierte Bibelwort, dass der Mensch zuerst den „Balken" aus seinem eigenen Auge entfernen möge, bevor er den „Splitter" aus dem Auge seines Nachbarn ziehe, meint beim Urheber dieser sprachlichen Allegorie, dass man gegenüber sich selbst viel kritischer zu sein habe, bevor man einen Mitmenschen mit seiner Sünden-Vermutung überziehe. Schon immer ist es Leuten leichter gefallen, andere eines fehlerhaften Verhaltens zu zeihen, statt sich selber am Schlafittchen zu packen. Vor Gericht war und ist vor der zerknirschten Selbstbeschuldigung, die erst nach unwiderlegbarem Tatnachweis erfolgt, die Schuldzuweisung an andere Beteiligte oder möglicherweise Verantwortliche das Übliche. Das eigene Fehlverhalten bleibt sowohl aus Angst vor Strafe bewusst im Geheimen, oder im Unterbewusstsein der meisten Leute existiert aus Selbstschutz eine Sperre, die ein ehrliches Zugeben von Fehlern unterdrückt. Außerdem möchte man vor Zeugen oder neugierigen Nachbarn sauber dastehen. Meist helfen einem die eigenen Verwandten und Bekannten bei der Abwehr von Anklagen und unterstützen die entlastende Schuldzuweisung an andere; da kommen fremde oder unsympathische Leute gerade recht. In dieses Gemenge von eigenem Nicht-Gestehen und empörter Anschuldigung Unbeteiligter stößt Jesus mit seinem Aufruf zu unverstellter Selbstbeobachtung; wiederum eine Eigenschaft, die nach der Erfahrung Jesu gerade den scheinfrommen Pharisäern abgeht. So macht Jesus auf den Gott zugeschriebenen Grundsatz aufmerksam, dass jeder Verstorbene einmal genau nach demselben Maß beurteilt werde, nach welchem er seinen Nachbarn oder einen Mittäter gemessen hat. Das gibt den Zuhörern der Bergpredigt zu denken, wenn ihnen klargemacht wird, dass die eigene Leugnung und die Beschuldigung anderer auf sie selber zurückschlägt und sie diese weitere Schuld vor dem Richter in der Ewigkeit zu büßen haben. Die Bewusstmachung des soziopsychischen Verhaltens von Übergewichtung der Fehler anderer bei Vertuschung eigenen Versagens fügt sich zu einer weiteren Mahnung, die Jesus innerhalb der Erklärung seines Sprachbildes vorbringt, nämlich dass jeder Mensch gut daran täte, seinen Nachbarn als „Bruder" zu betrachten, gleich mit einem selbst im Sündersein oder in prinzipieller Ehrenwertigkeit. Überall scheint in Jesu Weisheit und Lehrhaftigkeit sein globaler Grundsatz der Aufrichtigkeit und Offenheit gegenüber dem Nächsten durch. Die einzelnen Segmente seiner Ethik stehen in Verbindung auf dem Boden der Wahrheits- und Nächstenliebe.

h) Menschenwürde

Der predigende Jesus nimmt sich im Anliegen der neuen Intensivierung jüdischer Religion auch das Menschenbild vor, in dessen Rahmen die klargemachten bedachten Verhaltensweisen zu praktizieren sind. Jeder Gläubige darf und soll Selbstachtung pflegen, man könne „seine Perlen nicht vor die Säue werfen". Diese wiederum sprachlich überdeutliche Allegorie möchte die Hörer der Bergpredigt gemahnen, sich von sündigem Verhalten, das gegen die Menschenwürde verstoße, fernzuhalten. Jesus kennt den wichtigen Grundrechtsbegriff `Menschenwürde´ als Fixpunkt aller Bürgerrechte explizit noch nicht, doch der Sinn dieser Errungenschaft von Darlegungen der Humanisten der Renaissance und der philosophischen Aufklärung sowie der amerikanischen Bürgerrechtsbewegung und der Französischen Revolution ist in klarem Umriss in Jesu zentrierter Ethik vorhanden. Der Mensch solle auf die Wertigkeit seines Denkens und Tuns achten, sich nicht gemein machen mit Leuten, die Verachtenswertes und Schädliches vollführen, und hohen Geist und die nach oben zu orientierende Seele pflegen! Dies schließt die Tätigkeit in einfachen, aber stets benötigten Berufen nicht aus. Es geht um das menschliche Schaffen aus einer Grundhaltung heraus, dass man unter den Augen Jahwes für sich und die Seinen sowie die Umgebung in Anstand und Rechtschaffenheit sorge. Jesu Gewichtung wertet stets nach der Ausrichtung auf Gott und das Ewige. Wenn eine Tätigkeit schmutzig macht, so ist sie trotzdem ehrbar, wenn sie aus dem Wissen der Notwendigkeit durchgeführt wird. Jesus warnt mit krassen Sprachmitteln vor Beschädigung der Seele.

i) Gottvertrauen

Die Sentenz „bittet, dann wird euch gegeben" wirkt beruhigend, gerade wenn man meint, dass ein `Deus ex Machina´ (=automatisch helfende Theatermaschine) alles genauso bewirkt, wie man es in seiner Einfalt wünscht. Zu Jesu Zeiten gab es noch keine Staatliche Lotterie, wohl aber das kleine Würfel- und Glücksspiel in den örtlichen Gasthäusern des Vorderen Orients. Manch einer der Spieler hätte sich gewiss von Jahwe durch wunderbaren Eingriff sein Geld zurückgewünscht und von vornherein eine anhaltende Glückssträhne erhofft. Doch Jesus ist kein Phantast im Bereich des materiellen Erfolgs oder auf dem Gebiet des geschäftlichen und persönlichen Status. Seine Rede greift den Hintergrund des Bezuges zum allmächtigen Gott auf. Wer eine persönliche Verbindung zu Jahwe hält, die primär im individuellen Gebet besteht, der legt den wichtigen Grundstein zum Gottvertrauen, aus dem heraus dann Selbstvertrauen wachsen kann. Es handelt sich dabei nicht um einen nur psychologischen Vorgang, obwohl dieser Teil des göttlichen Hilfsprozesses ist. Die Unterstützung verläuft auch nicht auf einer bloß positivistischen (=realistisch-glaubenslos) Schiene in der Art des banalen Sprichwortes „hilf dir selbst, dann hilft dir Gott", obwohl darin ein Teil der Selbstkonstituierung besteht. Ein „Menschensohn", der sich weitgehend mit Gottes Erlösungswillen identisch versteht, sieht im Hilferuf des auf Gott setzenden Menschen ein bergendes Grundverhältnis hergestellt, aus dem der Betende nicht herausfallen kann. Der Gläubige, im Bewusstsein seiner Endlichkeit und Hilfsbedürftigkeit, wirft sein Anliegen zu Gott hin, und dieser reagiert, weil er liebender „Vater" aller betenden Gläubigen ist, wohlwollend und hilfsbereit. Er unterstützt auf alle Fälle; wirkliche physische und psychische Not sind ihm keineswegs gleichgültig. Er zeigt keinem echt frommen Menschen die kalte Schulter, er weist keinen Betenden schroff zurück. Er steht bei, er trägt die Last mit, er fördert, er reagiert aus seiner größeren Übersicht über Sein und Zeit heraus. Wer auf ihn setzt, den lässt er – Endlichkeit und Unendlichkeit umgreifend – nicht im Stich! Der gottvertrauende Mensch erfährt Ausdauer, Kraft, Beruhigung und oftmals auch den direkten Erfolg und die erwünschte Problemlösung. Aber der Mensch muss mitarbeiten. Gott nimmt uns irdischen und geschaffenen Wesen die eigene Anstrengung und leider zuletzt auch das Leiden in hiesiger Rettungslosigkeit nicht ab. Jesus selbst wird sein Desaster geahnt haben, weil er die lebensgefährliche Ablehnung durch die mächtige jüdische Synagoge in Jerusalem in der Reaktion der Amtsträger auf seine kultfernen Predigten und auf seine Tiraden gegen die Pharisäer und Sadduzäer schon im Jahr vor seinem Gang in die Hauptstadt erfahren hat. Jesus akzeptierte selbst innerhalb seines Auftragsbewusstseins die momentanen und die kommenden Schwierigkeiten. Er vollführte seine innere Mission, in welcher er sich mit seinem himmlischen Vater im Einklang fühlte, unverdrossen weiter, obwohl er sich in bedrohter Lage befand. Er hielt im Bewusstsein, eine für das Judentum notwendige Botschaft zu verbreiten, durch und sah sich getragen im Gottvertrauen zum auftragserteilenden „Vater". Dieses Vertrauen, dass ein Allmächtiger und ein Überblickender die Dinge letztlich ins Lot bringen werde, kennzeichnet Jesus selbst und seinen Rat an die Hörer. Irdisches Leben verläuft in der Natur, so auch in der aus der Natur kommenden Menschenwelt nie glatt. Es gibt die Fehlanläufe der Evolution, das Versagen, den Verfall, den Tod, doch auch den Sieg der stärksten, der klügsten, der angepassten oder auch der winzigsten und schwächsten Varianten. Der Mensch ist Element einer riesenhaften Entwicklung, die Milliarden Jahre vor seiner Existenz begonnen hat und weiter andauert. Er unterliegt den biologischen, physikalischen und ebenso den gesellschaftlichen Bedingungen des Irdischen. Jesus macht auf den Konnex mit dem geistig-seelischen Ursprung aufmerksam. Darin liegt der Beistand für die Eigenaktivität des hoffenden Menschen und die letztgültige, dann dauerhafte Rettung der bedrängten und sorgenden Einzelseele. Das Theodizee-Problem (=menschliches Unglück bei Existenz eines barmherzigen Schöpfers) ist damit nicht glatt gelöst, doch im Beistandsgedanken und im bergenden Urvertrauen zur liebenden Person eines väterlichen Gottes ist tragfähiger Halt gegeben. Es wird uns ein gewisses Kreuz nicht abgenommen. Wir müssen Anstrengung beitragen, manchmal auch Duldung, sogar Verzweiflung. Die irdische Situation ist begrenzt, sowohl für den Glücklichen als auch für den Unglücklichen. Jesus macht auf die helfende Hand eines persönlichen Gottes aufmerksam. Er ist überzeugt von der Tragfähigkeit des Gottvertrauens im weltlichen Bereich. Auch er kämpfte am Kreuz mit dem Zweifel. Sein Glaube trug, er trägt auch uns. Wenn die Wunscherfüllung anders erfolgt als vom Beter beabsichtigt, so greift Jesu Trost in seinen Worten, dass der himmlische Vater dem hoffend Gläubigen letztlich Gutes erweise.

j) Die Goldene Regel

Dieser moralische Grundsatz stellt einen einfachen Merksatz dar, eine generelle Richtschnur für Entscheidungen, von denen andere Menschen

betroffen sind: „Alles, was ihr von anderen erwartet, das tut auch ihnen!"
Damit wird das subjektive Streben, das sich natürlicherweise zunächst auf das
eigene Wohl ausrichtet, geschickt umgelenkt auf den Nutzen für andere. In
leicht anderer Formulierung findet sich diese kluge und soziale Verknüpfung
von Eigenwohl und Rücksichtnahme im ältesten moralischen Grundsatz der
Welt, der noch vor der Formulierung einer ethischen Gesamtformel durch eine
gesellschaftliche Institution bereits zurzeit kleiner Stammesverbände am
Ursprung der Gattung `Mensch´ innerhalb der Großfamilie praktiziert wurde:
„Was du nicht willst, das man dir tu, das füg auch keinem andern zu!" Der
Umgriff vom Ich zum Du war Notwendigkeit und zugleich Erfolgsmodell, nicht
nur im Einzelkampf sich durch das kurze, harte Leben zu bewegen, sondern
Nahrung und Wohnraum zu teilen und sich in Bedrängnis durch Naturunbilden
oder bei Bedrohung durch Raubtiere und Stammesfeinde zur Seite zu stehen.
Auf Grund von langer und erfolgreicher Bewährung setzte sich zunächst das
Prinzip der Solidarität durch, bevor es zur Lehre innerhalb der
zusammengehörenden Gemeinschaft wurde und sich danach auf nicht-
verwandte Gruppierungen aller Art (Vereine, Interessengemeinschaften) bezog
und dann sogar auf Pakte zwischen Staaten ausgeweitet wurde. Beim religiösen
Moralmodell kommt freilich noch Entscheidendes hinzu: Hier wird Hilfe für
andere zum göttlichen Soll erhoben und reine Egozentrik zur Schuld erklärt.
Erst angesichts der Verpflichtung vor dem richtenden Gott gewinnt
Erfahrungsklugheit die entscheidende Schubkraft für Mitmenschlichkeit und
Barmherzigkeit. Die Aufforderung, daran zu denken, dass man einmal auf
andere angewiesen sein könnte, wird erweitert dadurch, dass man stets die
Folgen des subjektiven Handelns auf den Nachbarn und auf die Gesellschaft
einzukalkulieren habe. So kann durch einen formalen Grundsatz, der zunächst
noch ohne die Erwähnung von Einzelwerten auskommt, das Schädigende und
Zerstörerische vermieden werden. Jesu Predigt kalkuliert ein, dass
Rücksichtnahme anstrengender ist als schnell und blind den eigenen Vorteil zu
suchen. Er weiß, dass Leute mit eingeschränkter physischer, psychischer und
sozialer Ausgangsbasis stets die Unterlegenen wären. Das lässt sein
Menschenbild, das jedes starke und schwache Individuum umfasst, nicht zu.
Also fügt er in seiner Predigt als Mahnung, umfassender und bedachter zu
denken, im gewählten Sprachbild an: „Geht durch das enge Tor! Denn das Tor
ist weit, das ins Verderben führt." Den natürlichen Egoismus zu bändigen, die
verführerischen Lockungen von Besitz- Ansehens- und Erfolgsmehrungen auf

Kosten des Mitmenschen zu meiden, ist in Jesu allgemeinem Grundsatz impliziert, Ich und Du nie getrennt zu belassen. Noch nicht in der Anlage der Kompilation von Jesu Bergpredigt durch den Pseudo-Mt ist der später im Evangelium zu Wort kommende noch weiterreichende Grundsatz der Nächsten- und sogar Feindesliebe zu sehen, der jedoch vom System und der Intention her bereits in der Goldenen Regel impliziert ist. Jesus predigt zwar nur auf palästinensischem Gebiet, innerhalb des semitischen Volksstamms und im Rahmen seiner hebräischen Religion, doch zielt seine ethische Kurzformel ins Internationale und Allgemein-Menschliche, ohnehin ins Überzeitliche.

k) Das Haus auf dem Felsen

Wer den Willen des himmlischen Vaters erfüllt, hat festen Untergrund, auf dem ein Gebäude unbesorgt errichtet werden kann. Die Allegorie des selbsternannten Rabbis aus Nazaret greift zum Symbol des Felsens, um zu bekräftigen, dass der Glaube an Gott und die Beherzigung der von Jesus intensivierten 10 Gebote des mosaischen Exodus-Buches die gesicherte Basis bilden, auf der ein gelingendes und gutes Leben geführt werden kann. Ein Haus auf Felsboden könne allen Unbilden der Natur, wie Wolkenbruch, Wasserfluten und Sturm standhalten. Die Einzelsymbole der Allegorie bedeuten aber auch die Gefahren, die dem Menschen drohen in der Art und Weise von Glaubensgefährdung oder moralischem Fehlverhalten. Jesus appelliert durchaus unter Hinweis auf den menschlichen Verstand, den er wie selbstverständlich ohne eigene Problematisierung ins Feld führt; denn ein kluger Mann errichte sein Wohnhaus unter Berücksichtigung der Standfestigkeit, während ein unvernünftiger Mensch demgegenüber seine Behausung unbedacht auf Sand hochziehen würde, so dass es bei der nächsten Widrigkeit der Natur oder des Lebensverlaufes ins Wanken oder zum Einstürzen käme. Einen weiteren Seitenhieb gegen die veräußerlichte Frömmigkeit der Schriftgelehrten und Pharisäer kann sich der wie Mose auf dem Sinai predigende Jesus nicht verkneifen: „Nur wer den Willen meines Vaters im Himmel erfüllt, wird in das Himmelreich kommen." Jesu Glaube an den in seinem Inneren wahrgenommenen Gott ist untrennbar mit einer ehrlich-frommen Gebets- und Moralpraxis verbunden. Die vielen Kult- und Liturgievorschriften der Bücher Exodus, Levitikus und Deuteronomium sowie die ausufernden Reinheitsforderungen des offiziellen israelitischen Glaubens interessieren diesen verwegenen und unvorsichtigen Religionsreformer und bald von seinen engsten Anhängern als „Prophet" wahrgenommenen Mann aus Nazaret nicht. Er legt das Wesentliche nahe. Sein Denken, Drohen und Anbieten kreist um das Konzentrat von individueller Religion und um eine einfache und freie Gesinnungsethik! Die Hörer seiner Ansprachen auf den Hügeln am Nordufer des galiläischen Sees sind von diesem Laien-Rabbi stark beeindruckt, sie hören aus seinen sicheren Worten „Gottes Vollmacht" heraus. Mit Recht kann sich der leidenschaftliche Vortragende als „Menschensohn", d.h. als inspirierter Träger und Verkünder eines noch schlichteren, wahrhaftigeren, existenziell greifenden Glaubens betrachten. Da ist nichts zu finden von einer später erst aus lauter Respekt vor der Besonderheit dieses „Propheten" (und der Auszeichnung der Mutter eines solchen) von einer Überhöhung zur Gottgleichheit. Er konnte wie jeder sinnende Mensch nur die nächsten Monate seines Lebens vorhersehen. Die Lehre einer Jungfrauengeburt und der Zeugung durch Gottes Geist waren ihm fremd. Jesu Selbstbild ist identisch mit seiner Funktion! Er spricht zu seinen Gefolgsleuten als authentischer Herold seines durch ihn sich äußernden Gottes. Jahwe ist ihm der innerlich nahestehende „Vater". Jesus stellt sich gewiss nach jahrelangem Lern- und Überlegungsprozess, bei dem er den drängenden Ruf eines ihn erwählenden Gottes immer deutlicher vernahm, seiner höchst schwierigen und lebensgefährlichen Aufgabe der Änderung und Verdichtung einer älteren, nunmehr im Opferkult und Verbotswirrwarr verstrickten Religion, die von einer ihm feindlich gegenüber stehenden Priesterschaft geleitet wurde und in routinierter Amtspraxis erstarrt war, zur Verfügung. Seine Verpflichtung begreift er im kritischen Wort und demütigen Beugen vor der Abstoßungsreaktion der Reformresistenten und Rachsüchtigen. Im Nachhinein erst konstruieren die Verfasser der Evangelien das Messias- und Erlöserbild! Die Perspektive der biblischen Schriftsteller will den langfristigen Heilsplan für die Menschheit, der in ihrer Sicht bei den Israeliten ansetzt, mit einfangen. Daher werden die meisten Berichte und erst recht die Fülle der Erzählungen, Wundergeschichten und Legenden mit dem Jahrzehnte nach Jesu Tod entstandenen Christus-Bild aufgeladen und ins Metaphysische gesteigert. Der Jesus der Bergpredigt ist der von Gottes Heilswillen geleitete besondere Mensch, der sich nicht in der Welt einrichtet und ohne Bindung ins Zeitliche für das Heilsangebot an die Juden bereit ist. Es ist nicht allein sein Wille als Mensch, der sich ein Ziel gesetzt hat. Gott selbst hat den geeigneten Idealisten, der sein Lebensrezept und seine Liebesbotschaft bündig zu Gehör bringen kann, auserwählt - und der Erwählte ist sich Gottes tragender Führung bewusst. Höheres Gnadenbewusstsein und die zeitenumgreifende Übersicht eines Gottes, der zur Umkehr und Besinnung mahnt, konzentrieren sich im Menschen Jesus. Er setzt aus Überzeugung hingabebereit um, was er als Ruf in sich wahrnimmt. Die Bergpredigt bildet den ersten Samen für ein Christentum, das im Zentrum die Erlösungskraft in sich trug. Vor Rückschlägen waren die Kirche und ihre Amtsträger nicht gefeit. Die Machthaber, Ehrgeizlinge und Gewaltnaturen der Hierarchie sorgten später für Verkehrungen des Glaubens und der Moral. Doch immer wieder keimte der ursprüngliche Reform- und Liebeswille durch. Im Konzentrat der Botschaft liegt nach wie vor das Heil!

6 Die Wundererzählungen

Mit den Wundergeschichten setzt bereits jene Erzählschicht über den geschichtlichen Jesus aus Nazaret ein, den selbsternannten Religionskritiker, die voraussetzt, dass dieser weiter denkende und mutige Glaubensreformer in Jahwes Auftrag ein Übermensch gewesen sei, der wie Gott selbst den Naturgesetzen überlegen wäre. Besonders naheliegend ist bei diesen Legenden, die durchaus anknüpfen könnten bei der ungewöhnlichen Ausstrahlung einer imponierenden, mit sich identischen Persönlichkeit, dass die plötzliche und zauberhafte Heilung von Krankheiten im Vordergrund steht. Man kann als historisches Faktum auch mit in Anschlag bringen, dass etliche Kranke, deren Leiden psychische Wurzeln hatte, allein schon durch die Begegnung mit einem als neuem Propheten geltenden Wanderprediger, in dessen Worten offensichtlich überzeugend der göttliche Wille zu vernehmen war, in der Art von psychologischer Spontanheilung Schockstarren, Bewegungsbeeinträchtigungen und Psychosen schlagartig verschwanden. Pseudo-Mt „berichtet" von der unerklärbaren Beseitigung von Fieber, Aussatz, Totallähmungen, Scheidenblutung, Blindheit, Stummheit, Dämonenaustreibung (= Heilung von Besessenen) und sogar einer Totenerweckung. Dazu kommen die beiden Speisungswunder und seine Bändigungskraft gegen die Naturgewalten. Die im 9. Jahrzehnt nach Jesu Tod bereits vorherrschende Vorstellung eines überirdischen Gottessohnes und vom Himmel gezeugten Messias bemächtigt den Hagiographen, dem geschichtlichen Menschen Jesus göttliche Fähigkeiten aufzulagern. Die philosophische Diskussion im Verlauf der weiteren Geistesgeschichte, ob die Natur eine beliebig geschaffene Gestaltung der Wirklichkeit sei, in der sich Gott ausdrücke (Pantheismus), oder ob die

Natur adäquates Abbild der einzigen und vollen Art Gottes sei (Panentheismus) bleibt von der Darstellung des Pseudo-Mt unberührt. Für ihn ist fünf Jahrzehnte nach Jesu Tod ein Gottgleicher selbstverständlich Sieger über alle physischen und psychischen Widerfährnisse, die dem Menschen sein Leben schwer machen und ihn in die Situation ohnmächtigen Leidens zwingen. Dann kann ein solcher Gottmensch ohne Weiteres auch den Tod besiegen und die normalerweise irreparabel ablaufenden Vergiftungs- und Verwesungsprozesse nach Herzstillstand und Gehirntod rückgängig verlaufen lassen. Des Öfteren werden die Sofortheilungen mit Jesu angeblichem Rat an die Betroffenen versehen, nichts weiterzusagen. Manchmal findet sich der Hinweis, dass der Glaube an Jesus als Messias das entscheidende Verdienst des Geheilten oder eines Angehörigen war und dass dann der allmächtige auf Erden tätige Gottessohn die Gesundung oder Rückkehr ins Leben bewirkt habe. Dieser Umstand wird bei Erklärungen für die Wunder Jesu von solchen Exegeten herangezogen, die noch bemerken, dass eine Allmacht beim historischen Jesus heutzutage gegenüber naturwissenschaftlich geschulten Menschen schwer zu vermitteln ist. Daher betont man aufrichtig, dass es sich nicht um Wunder-Protokolle handele, sondern in erster Linie um Glaubenswirkungs- und Bekehrungsgeschichten, bei denen Jesu angebliche Wundertat nur Fiktionsbestand sei für den entscheidenden Faktor des Vorhandenseins oder des Zustandekommens von Glauben an den Messias. Bei dieser Erklärungsvariante bleibt das Phänomen des verkündenden Gottmenschen bestehen – Theologen fürchten sich, bei der Amtskirche anzuecken -, doch der Vorgang der medizinischen und psychologischen Sofortheilung wird vorsichtig als Dichtungselement angedeutet. Man muss sich außerdem fragen, warum alle biblischen Evangelisten den Glaubensreformer als Wundertäter schildern? Warum sind sie über den vielleicht real vorhandenen Ansatz der stärkenden Ausstrahlung dieses radikalen Predigers hinausgegangen? Man wird neben der Haupterklärung, dass der Jesuanismus des Anfangs sich in der Diaspora (=Exilsituation) und unter dem Einfluss des Missionars Paulus, der die griechische Religionsmythologie in den Jesusglauben als Faktum integrierte, zum Christentum entwickelt hat, durchaus daran denken müssen, dass ein Erlöser in der Erwartung der Hörer nicht nur die Seelen heilt, sondern auch die oft noch stärker bedrängenden körperlichen und geistigen Leiden. Nicht abwegig ist auch der Aspekt der frühen und noch heutigen Glaubenswerbung: Ein Gottessohn, den man flehentlich um Rettung bittet, kann einfach alles. Wer will hier klipp und klar nein sagen? Höchstens ist die Differenzierung möglich, dass zwar Gott selbst nach seinem Gutdünken über die von ihm gemachten Naturgesetze verfügen kann und konnte, nicht aber der Menschensohn Jesus, auch wenn dieser in seinem Denken und Reden von Gott begnadet war. Die reine Menschennatur setzte auch dem Religionsreformer die für alle Menschen geltenden Grenzen. Erinnert sei in diesem Zusammenhang an Jesu Unwillen, wenn seine Jünger meinten – der „Teufel" der Versuchungserzählung fragte nur, aber er glaubte nicht an Wunder -, er könne und solle sich beweisen. Von diesem Unvermögen des historischen Jesus und seiner Weigerung, als Wundertäter angesehen zu werden, nehmen die Evangelisten Abstand – es sei daran erinnert, dass kein Einziger der biblischen Schriftsteller Apostel war und damit Jesus persönlich gekannt hätte. Sie tragen die Errungenschaft des Christusglaubens, der die Identität des Menschen Jesus mit Gottvater sogar in physisch-geistiger Hinsicht voraussetzt, weiter. Hinzu kommt noch die eminent bedeutsame Errungenschaft der heiligen Eucharistiefeier, in welcher nicht mehr allein das jüdische Abendmahl als Erinnerung an die Rettung aus der Ägyptischen Gefangenschaft zelebriert wird, sondern das Hingabe-Opfer einer göttlichen Person zum Zweck der Erlösung der Menschen aus ihrer innerlichen Finsternis. Die Vorstellung einer Real-Mythologie, religionsgeschichtlich herrührend vom Eleusinischen Mahl (=Stärkungsritus) der Griechen, befugte die Evangelisten zur Darstellung einer Selbstzelebration des geschichtlichen Jesus beim letzten Abendmahl nach israelitischem Brauch. In dessen späterer sakramentaler Umsetzung in das Vergegenwärtigungsbestreben der Apostel und Jünger nach Jesu irdischem Tod wurden die Hilfe und die überirdische Lebendigkeit dieses Christus in den neuen Sonntagsgottesdiensten der jungen Kirche gepriesen und demütig gefeiert. Für die Evangelisten, besonders seit dem Beginn der Missionsreisen des Paulus nach Kleinasien und Griechenland und dem begeisterten Aufnehmen seiner ermutigenden Briefbotschaften, lebte der verstorbene Jesus als zu Gottvater rückgekehrter Sohn und nunmehriger Christus fort und leistete den Verkündern und der jungen Kirche als weiter unsichtbar Gegenwärtiger Beistand! Die schändliche und demotivierende Kreuzestod war in einen Sieg verwandelt – ein selbstverständliches „Wunder" also, dass Tausende von Gläubigen bei einer von Jesu Predigten mit nur wenigen Broten und Fischen angeblich organisch satt geworden sind, wo doch Brot und Fisch bereits als heilige Insignien für Jesu göttliche Substanz während der fromm praktizierten Eucharistiefeiern begriffen wurden. Was die ersten

Christen dankbar als Jesu Kommen, Wirken und Hingabe erlebt und erfahren hatten, ging in die ergriffen mitvollzogene heilige Feier ein und wurde bei der Kommunion als substanziell durchgeführte Aufnahme von Christi Fleisch und Blut interpretiert und als gnadenvolle Teilhabe an der gottmenschlichen Substanz des Messias angenommen. Weil Jesus als Christus den Tod besiegt hatte und sein Fortleben in der gläubigen und liturgischen Vorstellungswelt gelobt und miterlebt werden konnte, sahen sich die Evangelisten berechtigt, dann bereits den historischen Jesus als Befreier der Verstorbenen aus dem Totenreich zu preisen. Die Glaubenserrungenschaft der fünf Jahrzehnte seit Jesu irdischem Tod geht im rückschauenden Blick der Evangelisten, im Bewusstsein den Heilsplan Gottes aufzugreifen, in ihre Wundererzählungen ein. Die Tatsächlichkeit der Vorgänge wird dem glaubensmäßig Vorgestellten und fromm existenziell Erlebten untergeordnet! Die Bibel legt kein Gleichzeitigkeits-Protokoll nieder, sondern stellt auch Gottes langfristige Erlösungsgeschichte dar. Später Errungenes und mystisch Durchdachtes dringt ins Frühere ein.

7 Die Berufung des Matthäus

In dieser Textstelle will der Verfasser des Evangeliums „nach Matthäus" nachweisen, dass einer der Apostel ein Zöllner namens Matthäus wäre, isoliert von Jesus berufen als einer der übel beleumundeten Zolleinnehmer, die als Betrüger, also als Sünder, verschrien waren. Der Hagiograph identifiziert sich selber nicht als `ich´ mit diesem neuen Apostel; doch auf den Umstand, dass nicht nur Leute mit guten Referenzen zum engeren Jüngerkreis Jesu zählen, wird besonderer Wert gelegt. Also informiert der Evangelist die Leser durch ein Jesus-Wort, das für alle Menschen gilt, nämlich die allegorische Formulierung: „Nicht die Gesunden brauchen den Arzt, sondern die Kranken." Damit bekräftigt er, dass der predigende Jesus niemanden ausgrenzt, sein Umkehrruf im Gefolge von Johannes dem Täufer gilt für alle Sünder, die bereuen.

8 Vergebungs- und Austreibungsvollmacht Jesu

Es ergeben sich Zweifel, ob ein Wanderprediger, der sich zwar engstens mit seinem himmlischen Vater identisch sah, aber jenen doch als den eigentlichen Rufer, Beschützer und Forderer weit über sich einordnete und natürlich als gläubiger Jude in der Art der alttestamentlichen Propheten allein Jahwe als Urheber allen Lebens und aller guten Gedanken betrachtet hat, sich wirklich dazu erdreistet hat, selbsttätig einem reuigen Sünder zu vergeben. Dies wird den Lesern des Pseudo-Mt-Evangeliums in der Wundergeschichte über die Heilung eines vollständig Gelähmten vorgeführt. Völlig überraschend zieht Jesus den Erwartungsbogen der ein medizinisches Heilungswunder erhoffenden Verwandtenschar des Schwerbehinderten hinüber auf das seelische Feld, indem er dem Betroffenen die Sünden vergibt, was der Kranke ja gar nicht erbeten hat. Hingegen der Text benutzt die Wundererzählung, um die Überordnung der göttlichen Vergebungsberechtigung Jesu vor seiner Heilungsbefähigung hervorzuheben. Darum lässt der Hagiograph den Wanderprediger selbst dieses Problem des Vorhandenseins einer zweiten überirdischen Eigenschaft empfinden und führt es über die Messias-Eigenschaft Jesu, der singulärer inspirierter Heilsbringer war, in die Wundererzählung ein: „Der Menschensohn hat die Vollmacht, hier auf Erden Sünden zu vergeben." Über die Göttlichkeit Jesu, die doch erst in den Jahrzehnten nach Jesu Tod der jungen, sich bildenden Kirche offenkundig wurde, leitet der Erzähler auf den Zusammenhang der Heilungsbegabung Jesu mit der Vergebungsvollmacht über. Diese Koppelung zweier verliehener Eigenschaften, wie sie sonst keinem irdischen Menschen zuteil geworden sind, findet sich sonst bei keiner Heilungsgeschichte. Erst am Schluss des Pseudo-Johannes-Evangeliums, das frühestens gegen Ende des ersten Jhrds. n. Chr. entstanden ist, stößt man wieder auf die Vergebungsvollmacht Jesu, der sie nun als Auferstandener und als solcher seinen Aposteln Erscheinender den Jüngern weiter überträgt. Man kann anhand solcher Kirchenentwicklung sehen, dass die Christusgläubigkeit der ersten Christen so weit fortgeschritten war, dass der fortlebende Christus seine Kirche mit Eigenschaften ausgestattet habe, die der noch lebende Jesus in seiner frommen Demut nie an seine Jünger weiterzugeben gewagt hätte. Die allermeisten Erzählungen, welche die überirdischen Befähigungen Jesu demonstrieren sollen, bescheiden sich mit dem Jesus- und durchaus dann auch Christus-Auftrag, seine Lehre, sein Vaterbild und sein Liebesgebot weiter zu tradieren und dann auch möglichst in seine idealistische Weise des Lebens und Wirkens einzutreten. Die junge Kirche sah sich also zur Abfassungszeit von Pseudo-Mt bereits vom Religionsreformer, der unfreiwillig zum Gründer einer neuen Religion geworden war, dazu befugt, Schuld im Auftrag Jesu und damit mittelbar im Auftrag des allwissenden Gottes zu vergeben. Man wird dem Zustandekommen eines bereits im Jahre 80 n. Chr. praktizierten Bußsakraments zugute halten dürfen, dass nur reuigen Sündern, die auch den Vorsatz zur Vermeidung ihrer Sünden hatten, segnend verziehen wurde. Sollte an der Berechtigung dieser wichtigen Eigenheit der katholischen Kirche grundsätzlich gezweifelt werden, so wird man sagen können, dass von allen gläubigen und betenden Menschen auf dem ganzen Erdenrund die Vergebung durch Gott selbst erwartet wird, wenn aufrichtig das eigene Vergehen bedauert und die Lebensführung verbessert wird. Die evangelische Kirche beschreitet einen Mittelweg, indem Martin Luther die Sakramentalität der Buße aufgehoben hat, und die reuigen Gläubigen Christus und Gott selbst in eigenständiger Weise um Vergebung bitten und diese dann erlangen können.

Die erzählerische Überleitung zur angeblich von Gott an Jesus verliehenen Vergebungsvollmacht – die allerdings erst nach Hinweis auf die „Menschensohn"-Titulierung erfolgt – steht in gewisser Verbindung mit der Jesus zusätzlich zugeschriebenen Fähigkeit, Dämonen auszutreiben. Ein Gottesmann hat selbstverständlich keinerlei Furcht vor den kleinen Helfern des Teufels und ist jederzeit in der Lage, diese durch ein rasches Wort – ohne ausführlichen Austreibungsritus – aus dem Geist des befallenen Kranken (=Besessenen) zu verjagen. Es sind auch dabei Bedenken angebracht, ob der geschichtliche Jesus, der den Mythos vom Teufel als fast gleichwertigem Widersacher Jahwes durchschaute und diesen keiner längeren Erwähnung für wert erachtete, sondern sein eigenes positives Weltbild betonte, ohne einen metaphysischen Dualismus von Gut und Böse aufzubauen, solche Dämonen, die er angeblich in eine Schweineherde verbannen konnte (welch naive Groteske!), für existent hielt und also solche Beseitigungen überhaupt durchführte. Im Judentum war man von der Existenz von Teufelshelfern überzeugt und hatte offensichtlich den Wunsch, dass solche bösartigen Verführer oder Verursacher von verstörenden Geisteskrankheiten (Schizophrenie, Demenzen, Zwangshandlungen, Schreikrämpfe, Verwirrungen) beseitigt wurden. Der Menschensohn ist also wie der erwartete Messias in der Lage, in solchen Fällen wirksam für Befreiung und Gesundung zu sorgen. Die Dämonen müssen für ihre Bosheit gemäß alter Glaubenswelt entsprechend büßen und singen ihr Klagelied über die Verbannungsmaßnahme des überlegenen Gottesmannes. Übrigens wird auch diese Jesus zugeschriebene metaphysische Eigenschaft, genauso wie die Fähigkeit Wunder aller Art zu wirken (wozu sogar Totenerweckungen zählen!) von Jesus auf die mit allen Vollmachten ausgestatteten Apostel übertragen. Das Neue Testament lässt in Sachen metaphysischer Ausstattung kein Defizit der Kirche im Vergleich zu ihrer eigenen Darstellung eines fortlebenden Christus aufkommen.

44

Manchmal tritt der Gegensatz zwischen dem stilisierten Gottessohn der Kirche zur Schreibzeit der vier Evangelien (zwischen 70 und 100 n. Chr.) und dem historisch offen geschilderten Religionsreformer aus Nazaret sehr krass zutage. Dies ist der Fall, als Jesus, den man zunächst für einen frommen jüdischen Wanderprediger hält, in der Synagoge seiner Heimatstadt die Ansprache am Sabbat übernommen hat. Da muss der Hagiograph selber in der Rückschau enttäuscht zugeben, dass „ein Prophet nirgends so wenig Ansehen hat wie in seiner Heimat". Da kann er auch keine Wundererzählungen einschieben, weil einfach zu wenige Leute ihm diese Fähigkeit zugetraut haben. Erstaunlich also, dass die Jesus im Nachhinein zugeschobene Wunderkraft so Knall auf Fall überhaupt nur wirken könne, wenn die Leute von seiner Gottessohnschaft überzeugt sind. So zitiert der Verfasser historisch glaubhaft, dass den Nazarenern Jesu Weisheit und das Gerücht über seine Wundertaten sonderbar erscheine, da er doch schlichtweg als der natürliche, nun erwachsene Sohn des Zimmermannsehepaars Josef und Maria sei und ihnen seine in Nazaret lebenden Brüder Jakobus, Josef, Simon und Judas doch gut bekannt wären. Biblische Szenen, die den späteren Gottesmann ins gewöhnlich Menschliche ohne Beschönigung herabziehen, sind auf alle Fälle als zeitgeschichtliche Kurzdokumente zu betrachten, weil sie des kirchlich-theologischen Überbaus entbehren und ein Kolorit aus der gesellschaftlichen Ebene liefern, die wir aufgeklärte Menschen mit Schulbildung als real und nachvollziehbar betrachten. Dagegen erscheint es völlig unhistorisch, wenn dieser Jesus (Kap. 10) zu seinen Lebzeiten die Städte seines Heimatgebietes verflucht und den Einwohnern den Hinabwurf in die Unterwelt prophezeit, weil die dortigen Menschen trotz seiner Wunder – dem Verfasser fällt dieser Widerspruch zur vorherigen Behauptung des Versagens der Wunderkraft nicht auf – sich nicht im Sinne seiner Predigten bekehrt hätten. Hier geht die betrübliche Festellung der neuen Christenheit mitten im Lager des Judentums, auch wenn es sich im Norden des Gottesstaates nur um laschere Jahwe-Gläubige handelt, in die Darstellung ein, dass der mosaische Glaube in Israel das etwa ab den Reisen des Missionars Paulus (45 n. Chr.) entstandene Christentum von sich gestoßen hat. Solche von der Synagoge in Jerusalem insgesamt in Sachen `Rechtgläubigkeit´ infiltrierten Jahwe-Verehrer konnten sich nicht mit der Wendung dieser nach Jesu Kreuzestod doch noch auftretenden Sekte vom Jesuanismus zum Christusglauben abfinden. In ihren Augen war Jesus bereits Religionszersetzer, und dies war auch der Hauptgrund für die Genehmigung der

Kreuzigung, die überdies nur mündlich erfolgte und in den offiziellen Hinrichtungsprotokollen des römischen Statthalters nicht erfasst ist. Die Evangelisten litten selbst – ohnehin unter ihrer Exilsituation als Judenchristen – unter der Weigerung des Judentums, Jesus als Messias und gar als gottgleichen, allwissenden Sohn des Allerhöchsten zu akzeptieren. Die Juden lehnten seine Reformlehren vehement ab. Sie akzeptierten die neue Sekte keinesfalls als Untergruppe eines abrahamitischen, mosaischen und davidischen Glaubens an Jahwe. Jesu Reformversuch scheiterte im Ursprungsland und griff erst außerhalb Israels. Hellenistische Philosophie und Mythologie ermöglichten erst den Siegeszug des Christentums von Griechenland und Kleinasien aus. Jesu Konfrontation mit den traditionellen Schriftgelehrten und Pharisäern (u.a. auch die Verweigerung von Fastenbräuchen, die er selbstbewusst als unnötig bezeichnete, weil seine Anwesenheit unter den Jüngern eher Anlass zu Feiern gäbe) hatte ohnehin eine Rezeption seiner Lehren im Inland und erst recht eine Akzeptanz durch die Jerusalemer Synagoge verhindert.

9 Die Aussendung der 12 Apostel

Der 33-jährige Wanderprediger Jesus hat offensichtlich seine wichtigsten Anhänger mit dem Gedanken vertraut gemacht, dass diese im Falle seiner Beseitigung durch die Fundamentalisten seiner eigenen Religion – man sieht daran, dass einschneidende Reformen innerhalb eines traditionalistischen Gottesstaates unmöglich sind – seine Lehre weitererhalten und verbreiten sollten. Er wollte eigentlich noch nicht den großen Wurf in die Welt des Griechentums und ins Römische Weltreich hinaus. Diese Grenzüberschreitung in die ihm absonderlich erscheinende Welt der Göttervielfalt und der damit verbundenen Götzenkulte sowie die Mysterien-Praktiken und der ausschweifende Eudämonismus (=Luststreben) bei den Griechen waren ihm gewiss nicht geheuer. Dazu kamen noch die grausamen „Spiele" im römischen Kolosseum, ferner der Militarismus bei den imperialistischen Römern. Dies alles dünkte ihm nicht das rechte Feld für seine doch insgesamt im Judentum stark verwurzelten Ansichten zu sein. Die Apostel sollten sich daher von den fremdartigen Heidenländern fernhalten. Erst 15 Jahre später unternimmt der Christus-begeisterte Jude Paulus, römischer Bürger aus der Stadt Tarsus im äußersten Nordzipfel Israels, ein ehemaliger Gegner der jüdischen Christen, Kenner der griechischen und lateinischen Sprache sowie hochinteressiert an den Eleusinischen Mysterien, als mutiger Missionar den ersten Schritt in die gefahrvolle Hemisphäre des weiten Mittelmeerraumes. Sogar von den als nur lasch gläubig geltenden Bewohnern Samarias hatte der zurückhaltende Jesus abgeraten. Er traute dem Ausland keine monotheistische Religiosität mit dem moralischen Grundsatz reiner Menschenliebe zu. Dass die Heiden ohnehin nichts von den Propheten der jüdischen Thora wissen und nichts von Pazifisten und Königskritikern hielten, war ihm klar. Also weist er die 12 wichtigsten Schüler seines Gedankenguts noch nach Juda, ohne zu diesem Zeitpunkt ermessen zu können, dass die bestimmenden Leute in Synagoge und Staat nicht nur ihm bald nach dem Leben trachten würden, sondern ebenso die Ausbreitung von stark verändernden Ideen (was zum Zeitpunkt seines Einzuges in Jerusalem ein Jahr später als Religionszersetzung gebrandmarkt wurde) durch seine Mitstreiter zu verhindern wussten. Jesus gab ihnen das Motto mit: „Geht zu den verlorenen Schafen des Hauses Israel. Geht und verkündet `das Himmelreich ist nahe´". Für diese bereits hochriskante Aufgabe im Vollzug seiner frühen Nachfolge hatte Jesus gemäß dem Namenskatalog von Pseudo-Mt zwölf herausragende jüdische Männer ausgewählt: Simon (=Petrus, der Fels), dessen Bruder Andreas, Jakobus (Vater Zebedäus), dessen Bruder Johannes, Philippus, Bartholomäus, Thomas, Matthäus (=der Zöllner), Jakobus (Vater Alphäus), Thaddäus, Simon (=Kananäus) und Judas (=Iskariot). Bei Letzterem ergänzt der Evangelist, im Jahre 80 n. Chr. bereits im Besitz der Verratslegende (schon als vorformuliert beim Propheten Sacharja im 6. Jhrd. v. Chr., ebenso zu finden als Andeutung bei Jeremia und im Buche Exodus – alles verwendet als Erfüllungsaussage und damit als „Beweis" für Prophetie), dass es sich um den späteren Verräter Jesu am Ölberg handele. Diese geschulten und entschlossenen Mitstreiter des Religionsreformers aus Nazaret werden nach der heute (bei nachdenkenden Menschen schon immer) unglaubhaften Darstellung des Pseudo-Mt mit den übernatürlichen Eigenschaften versehen, wie sie im Neuen Testament schon Jesus (in rückwirkender Sicht des späteren Gottessohn-Glaubens) zugeschrieben wurden; also: Geister- und Dämonenaustreibung, Heilung aller Krankheiten und Leiden, Reinmachen der Aussätzigen, dazu Totenerweckung. Zweifellos ist die Sicht des Hagiographen bei diesen von Jesus an seine Stellvertreter weitergereichten göttlichen Wunderkräfte vom Anliegen der Werbung für ein Christentum getragen, das alle körperlichen und geistigen Gebrechen heilen und die Gesetzmäßigkeiten der Welt besiegen könne, weil Gott unmittelbar – ohnehin mit Christus – in seinen ersten Missionaren wunderbar und allmächtig tätig sei. Die ursprünglich metaphysische Idee der inneren Anwesenheit Jahwes in seinem neuen Propheten Jesus wurde ein halbes Jahrhundert nach dessen Kreuzestod ins Physische und Historische abgewandelt und sollte damit an Überzeugungskraft und Motivation für weitere Gemeindegründer gewinnen. Mit der etwa gleichzeitig mit Paulus beginnenden, vorsichtigen Glaubenswerbung unter der Führung von Petrus und Stephanus für das Christentum in Israel – zu berücksichtigen ist, dass selbstverständlich nicht nur der Religionsreformer selbst stillgelegt, sondern auch seine Jünger mundtot gemacht werden sollten – ging es nicht vorwärts. Der Christianisierungsversuch scheiterte kläglich im Stammland der neuen Glaubensrichtung! Daher äußern die Evangelisten üble Tiraden gegen die reform- und übertrittsresistenten Juden, gegen das erzfromme Juda, sogar gegen das liberale Samaria und auch gegen Jesu Heimatregion Galiläa. So lässt Pseudo-Mt in dichtender Rückverlagerung des vergeblichen Missionierungsunternehmens bei den unter strenger Kontrolle durch Schriftgelehrte, Pharisäer und Sadduzäer stehenden Juden den aussendenden Jesus zornig und pauschal gegen nicht hören wollende Städter sagen: „Dem Gebiet von Sodom und Gomorra wird es am Tage des Gerichts nicht so schlimm ergehen wie dieser Stadt." Zudem wird in die Ankündigung Jesu über die Gefahren für die christlichen Jünger die Szenerie bei Verhör und Verurteilung eingeschoben in Form von Hinweisen auf Verrat, Gefangennahme, Folterung und Todesstrafe. Es wurde also von den Hagiographen die gesamte Bedrängnis und Ablehnung durch die Synagoge eingearbeitet, wie es das sich generierende Christentum etwa ab 45 n. Chr. bis zum Wegschaffen des Paulus, der Steinigung des Stephanus in Jerusalem und dem Weggang des Petrus nach Rom weitere 15 Jahre später erfahren hat. Die Ausstoßungserfahrung der ersten Apostel und Glaubenswerber geht ein in die fiktionale Redengestaltung des lebenden Jesus durch die Hagiographen. Der historische Jesus kann vor seinem vermutlich leichtsinnigen und verwegenen Einzug ins österliche Jerusalem im Jahr 30 des ersten Jahrhunderts christlicher Zeitrechnung zwar an Ablehnung und Lebensgefahr wegen seiner Reformforderungen gedacht haben, jedoch nicht konkret an sofortig beim römischen Stadthalter Pilatus durch den jüdischen Hohenpriester Kajaphas geregelte brutale Kreuzigung und rigorose Zerstreuung seiner galiläischen Gefolgsleute und der spontan mitgezogenen Jerusalemer Anhänger. So finden sich weitere Ratschläge aus der Bedrängniszeit zwischen Jesu Tod und dem aufgenötigten Exil der Jünger und Evangelisten aus dem israelitischen Stammland wie: „Fürchtet euch nicht vor denen, die den Leib töten, die Seele aber nicht töten können. Fürchtet euch vor dem, der Seele und Leib ins Verderben der Hölle stürzen kann." Auf diese Erzählweise hin, die strukturell durchwegs deutlich, das zurückliegende eigene Erleben der Schriftsteller mit Jesu angeblicher Gegenwart in den Monaten vor seinem Jerusalem-Abenteuer verbindet, soll der Mut neuer Gemeindevorsteher und weiterer Christenmissionare in Griechenland und Kleinasien gestärkt werden. Lohn und Drohung, angesiedelt im Diesseits und gleichermaßen im Jenseits, dienen der Einschwörung auf das Eigene und der Abschreckung vor dem nun feindlich und fremd gewordenen Judentum. Die Römer werden im religiösen Text nicht primär als politische und militärische Übermacht dargestellt, sie sind figuriert als juristisch notwendige Organe der Jerusalemer Glaubenswächter, die Jesus und seine engsten Anhänger der Gotteslästerung bezichtigen und schließlich der von ihnen allein während der Besatzungslage nicht durchführbaren Todesstrafe zuführen wollen.

Nicht leicht zu entscheiden ist die Frage, ob Jesus, der sich selbst zwar nicht als „Messias" und „Gottessohn", jedoch als „Menschensohn" definierte, an seine eigene baldige Wiederkehr im Falle seiner Verurteilung zum Tod geglaubt hat. Sein Realismus (Ablehnung des Wunderglaubens, kein ausgeführtes Reden vom Teufel und dessen Dämonen) und seine im Prinzip antimythologische Denkweise sowie die Zurückweisung der Vermutung seiner Messianität – er glaubte schlicht: Es gibt Gott im Himmel und die ins eigene Innere und auf Gottes Stimme hörenden frommen Menschen auf Erden – sprechen dagegen. Die Vorstellung von Wiederkunft, verbunden mit dem „Jüngsten Tag", und damit dem „Weltgericht" über alle Lebenden und noch dazu über alle Toten, und einem friedvollen Leben auf Erden nach Ausrottung aller Defekte und aller Bosheit wäre mit der Wiederkunfts-Vorstellung untrennbar verzahnt. So mythologisch hat sich der geschichtliche Mensch Jesus von Nazaret, Hauptvertreter eines neuen Glaubens, der als Reformvorhaben angelegt war, keineswegs gesehen. Es bietet sich als Ergebnis der dialektischen Überlegung also nur an, dass die altjüdische Vorstellung von Rückkehr des ohnehin rein göttlichen Übermenschen „Messias" ins Irdische von den Evangelisten in die Gestaltung des historischen Jesus aufgenommen wurde. Derlei Jesusworte, die sowieso den Originalton seiner Bergpredigt wegen absolut fernliegender Hochstilisierung der eigenen Person übersteigen, sind nicht als authentisch zu übernehmen. Solche Aussagen über eine Naherwartung der eigenen Person, ins Mythologische gehoben, widersprechen dem Ich-Bild des Laienpredigers aus Nazaret. Die Hagiographen, selber überzeugte Christen geworden, vollziehen in sich und in ihren Darstellungsinhalten die Integration der wichtigsten jüdischen Glaubensgehalte und der neuen Errungenschaften des aus dem allerersten Jesuanismus hervorgegangenen neuen Christentums. Es erscheint ihnen legitim, den historischen Jesus als Messias und damit eben als Erfüller aller Erwartungen von Thora und Propheten sprechen zu lassen. Die Enttäuschung, dass die Juden sich beharrlich weigerten, Christen zu werden, tut ihrem Unternehmen, jüdische Vorstellungen zu belassen, keinen Abbruch!

Die junge Kirche ermuntert – erzähltechnisch eingebaut in die Aussendungsrede Jesu – ihre neuen Missionare auch bestärkend für ihre Anwerbungsarbeit aus der ebionitischen Urgemeinde im äußersten Norden Palästinas und aus einer kleinen Jerusalemer Zelle sowie aus den anfänglichen Exilzentren heraus durch die Aufforderung an aufgeschlossene Bürger, die Glaubensverbreiter durch kostenlose Übernachtungsmöglichkeiten und Versorgung zu unterstützen. Dafür wird den Helfern der Jünger wegen ihrer notwendige Förderung der christlichen Mission himmlischer Lohn verheißen. Die werbenden Christen – die Apostel gelten gar als Propheten – dürfen sich des Wohlwollens des weiterwirkenden Christus und des Vatergottes gewiss sein: „Wer euch aufnimmt, nimmt den auf, der mich gesandt hat." Gelegentlich wird von den ehemaligen Anhängern des Täufers Johannes nach dessen Hinrichtung gefragt, ob denn nun sein Mit-Prophet Jesus bereits der vom Judentum immer wieder erhoffte Messias sei, was von Pseudo-Mt, der Jesus zumeist als den kirchlichen Christus figuriert, mit der Jesus unterlegten Wunderkraft und mit dem stark sozial konnotierten Evangelium (s. Bergpredigt) bejahend beantwortet wird. Im Subtext soll damit indirekt als unterschobene Selbstaussage Jesu die Identität des Religionsreformers mit dem befreienden Messias bestätigt werden. Noch weitergehend hebt die Jesus-Gestalt des Hagiographen den geschätzten Täufer hervor, indem er ihn im Sinne der Bücher Exodus und Maleachi als jenen Propheten bezeichnet, der unmittelbar vor dem Messias auftreten würde. Dieser besondere Künder dürfe von solchen Frommen, die unbedingt an Wiedergeburt glauben wollten, durchaus als wiedergekommener Elias (dem schon eine Himmelfahrt nachgesagt worden war) angesehen werden. Als Hintergrund kann konstatiert werden, dass Jesus Johannes den Täufer als charakterstarken Bußprediger lobend anerkannt hat und es billigte, dass die von jenem eingeführte Wassertaufe von seinen Aposteln als Ursakrament für Buße und Bekenntnis weiter praktiziert wurde.

10 Jesu Vorwürfe gegen die Amtsträger des Judentums

Die in Israel als die vorbildlichen Träger des mosaischen Glaubens angesehenen Schriftgelehrten, Pharisäer und Sadduzäer sind hellauf empört, wie Jesus und seine Jünger viele der überall in Juda streng eingehaltenen Gebote, Reinheits- und Kultvorschriften, von denen es sage und schreibe 613 gegeben hat, missachteten. Sie essen auf den Märschen der Wanderpredigten Jesu teils mit ungewaschenen Händen und halten sich wie ihr Meister nicht an das absolute Ruhegebot für den Sabbat. Jesus provoziert nicht nur durch Abweichung von der Regulierung des religiösen Lebens, sondern zusätzlich durch Anprangern von Vergessen der von Mose noch als Umsetzen von Gesinnungsethik gemeinten Verhaltensweisen. So drückten sich die offiziell Frommen von der tatsächlichen und körpernahen Unterstützung ihrer alten Eltern, indem sie die Tempelsteuer als Pauschalhilfe für alle Hilfsbedürftigen interpretierten und so eigener Betreuungs-Tätigkeit aus dem Wege gingen. Jesus greift die alte Klage des Propheten Jesaja auf, dass vielen Amtsträgern der Synagoge das Lippenbekenntnis für die gute Tat und das Schauen auf eigenes Renommee mehr zählten als handfeste Hilfsmaßnahmen, die eigentlich aus dem natürlichen Barmherzigkeitsgefühl resultieren müssten. Dem geschichtlichen Jesus geht es im Rahmen seiner lautstarken Kirchenkritik um Authentizität des Redens und Tuns! Anspruch an andere und eigenes Verhalten haben übereinzustimmen. Jesus sieht sich konform mit den jüdischen Propheten. Die ehrliche, egoismusferne Gesinnung sei dem rituellen Akt, dem Gehabe, der Scheinfrömmigkeit diametral entgegengesetzt. Der Erzähler dieser Dispute Jesu mit den frommen Laien und Würdenträgern des althergebrachten Judentums setzt über die geschichtliche Einordnung hinweg den konsequenten und vehementen Laienrabbi aus Nazaret als göttlichen Messias an, der für seine eigene bescheidenere Selbstdeutung dann gar zu selbstbewusst sagen darf (Kap. 12): „Der Menschensohn ist Herr über den Sabbat." Der Hagiograph stellt Jesus durchwegs dem Gottessohn gleich; der geschichtliche Jesus war in dieser Frage realistischer und zurückhaltender. Dennoch war sein Verurteilungs- und Durchsetzungsvermögen in der Spur seines Auftragsbewusstseins so stark entwickelt, dass er sich bei seiner ausgeprägten Kritik religiöser Machthaber und Amtsträger kein Blatt vor dem Mund nahm und jene selber der sündhaften Abkehr von ursprünglich innerlich und äußerlich gemeinten ethischen Prinzipien bezichtigte. Man kann sich vorstellen, welche Wut sich bei den honorigen und plötzlich so klug entlarvten Amtsträgern aufstaute, die sich im

Vorwurf ungeheuerlicher Gotteslästerung und dann in einem tödlichen Racheakt entladen musste.

11 Jesus widerlegt die Pharisäer

Als die anerkannt Frommen des israelitischen Gottesstaates den Geistheiler Jesus (setzen wir als möglicherweise historisch voraus, dass Jesus mittels seiner starken Persönlichkeit geistige Störungen und Verwirrungen zumindest zeitweise eindämmen konnte) wieder einmal kränkten mit der Unterstellung, er verjage die Geister höchstens mit dem Beelzebul (=Teufel), gibt er zurück, dass er genauso wie die kirchlichen Dämonenaustreiber ganz auf Gottes größere Kraft setze. Doch auch bei diesem Erzählelement des Pseudo-Mt-Evangeliums ist erkennbar, dass die junge Kirche, die am tradierten Bild vom personifiziert Bösen und seinen Helfergeistern festhält, den lehrenden Propheten Jesus bereits als Erlöser und Übermittler eines neu aufzubauenden seelischen Staates der Gerechten betrachtet hat: „Wenn ich aber die Dämonen durch den Geist Gottes austreibe, dann ist das Reich Gottes schon zu euch gekommen." Und: „Wer nicht für mich ist, der ist gegen mich." Dieses globale Erlöserbewusstsein und diese elitäre Opposition zur Bevölkerungsmehrheit und zu den religiös Verantwortlichen war dem historischen Religionsreformer keineswegs zu eigen. Da schlägt die kirchliche Position, gedemütigt von der Abstoßung durch das Judentum, nicht mehr nur anbietend und werbend, sondern beleidigt und aggressiv durch! Im Zusammenhang mit dieser Auseinandersetzung mit seinen Gegnern wird Jesus der verhängnisvolle Satz unterlegt, der zu Inquisitionszeiten zu vielen Folterungen und verordneten Mordtaten führte, dass „jede Sünde und Lästerung den Menschen vergeben wird, aber die Lästerung gegen den Geist wird nicht vergeben." Zu seiner Lebenszeit hat Jesus den Geist noch nicht in der sieben Jahrhunderte später als eigenständige göttliche Person dogmatisierten Form gebraucht, sondern als Kraft Gottes, die selbstverständlich auf Erden wirken könne, wenn der Schöpfer dies wolle. Jesus hätte gewiss nicht zwischen vergebbaren und nicht vergebbaren Sünden unterschieden. Die Textstelle setzt also einen Entwicklungsstatus der christlichen Exilkirche voraus, in welchem bereits über ein Bußsakrament in Händen kirchlicher Vollmacht verfügt wurde. Ebenso gab es offensichtlich bereits eine ausgeprägte Vorstellung von einem übernatürlichem Gnadenraum, dem „Reich Gottes", in dem sich die nun schon linientreuen Gläubigen wähnen durften. Und rückschauend war der geschichtliche Jesus vom Religionskritiker zum Träger eines metaphysischen Friedensreiches geworden, das dann in den kleinen Gemeinden auch sichtbar und sozial zutage treten sollte und konnte. Natürlich war der geschichtliche Jesus als zwar streitbarer, doch ebenso ernsthaft frommer Jude der Ansicht, dass es die Ehrfurcht vor Jahwe und seinen Attributen und Äußerungsmöglichkeiten gebiete, nie lästerliche Worte gegen den Allerhöchsten zu gebrauchen; dies wäre ihm – wie den Pharisäern – als gewaltiges Vergehen gegen die ersten zwei Gebote des mosaischen Dekalogs erschienen. Jesus legt den Juden bedachtsames Reden nahe, weshalb er auch die leichtfertige üble Nachrede, ein bis heute gern gebrauchtes unterhaltsames Denunziationsmittel, verurteilt.

Gerne möchten die jüdischen Theologen und Frommen diesen selbstbewussten und ihre Kreise störenden Reformprediger Jesus entweder als ganz gewöhnlichen Laien entlarven oder sie erwarten tückischerweise Wunder als Beweis für seine Messianität. Selbst bei vielen Christen unserer Tage, bei Klerikern und Klosterleuten ohnehin, bei den Hagiographen des Neuen Testaments durchgehend, ist diese Kluft anzutreffen: Entweder ist jemand nichts Besonderes oder er ist ein hiesig zwar auftretender, doch durch Wunderkraft betätigter Gottesbote. Der historische Jesus weist ein Ansinnen, durch Probewunder seine Person und Lehre als Gotteswort zu beweisen, einerseits natürlich zurück, weil er wie alle Menschen aus Fleisch und Blut selbstverständlich nicht die Naturgesetze außer Kraft setzen kann, andererseits weil Zweifler und Anhänger ihn und seine Reden durch eigene Überlegung und Gewissensregung für genügend ausgewiesen zu halten haben, Gottes Bote als „Menschensohn" zu sein. Wer nicht aus sich heraus Jesu Metaphysik und seine vereinfachte und intensivierte Moral der Nächstenliebe annehmen kann, gilt ihm als Teil einer „bösen und treulosen Generation". Der gemäß Auftrag aus seiner eigenen inneren Tiefe umherziehende, predigende Jesus möchte unmittelbar überzeugen, da dürfen nicht äußerliche Zeichen einer Weltenthobenheit erst den Schlüssel zum Lehrinhalt öffnen müssen. Man sollte an einer solchen Episode, in welcher der dargestellte Jesus angeblich bewusst auf Wunder verzichtet, weil er eine solches Gottesurteil für unangebracht hält, erkennen, dass wir erst recht heutzutage auf den Glaubenszugang über Wundernachweise verzichten sollten. Nicht nur bei Heiligsprechungen der katholischen Kirche treibt der Aberglaube Blüten und trägt zur Fortführung von verkehrter Rechtgläubigkeit bei. Man wird wohl dem Schöpfergott zugestehen müssen, mit Ausnahmehandlungen in sein gewachsenes Gefüge der physikalischen, chemischen und biologischen Naturgesetze einzugreifen, aber hinsichtlich Jesus sollten Wundererzählungen nur Stilmittel einer nachträglichen Figuration des geschichtlichen Jesus bleiben. Die Evangelisten schreiben sowohl weit rückschauend als auch auf dem Boden der ab den Paulusbriefen und dem Markus-Evangelium gewachsenen Überzeugung, dass ein nunmehr angebeteter „Gottessohn" bereits als Mensch seine göttliche Herrschaft über die Natur demonstriert hat und dies noch umfangreicher hätte tun können. Die Episode in Kap. 12 widerspricht eigentlich dem Anliegen der vier Evangelisten, die immer wieder den Glauben von Neugläubigen nach Wunderbeobachtung plötzlich aufkommen lassen, doch dann nicht darauf achten, dass ihre scheinbar realistische Darstellung von solcherlei Demonstrationen Jesu explizitem Willen entgegenläuft – und Jesus natürlich nicht in der Lage zum Wundertun gewesen ist. Die Episode der Ablehnung des Wunderwirkens ist erzählerisch verbunden mit dem Hinweis auf die vom Propheten Jonas durch Gott selbst bewirkte Wundertat, dass dieser drei Tage im Bauch des Seeungeheuers (religionsgeschichtlich wohl der Stadtgötze von Babylon=Ninive) verbrachte und dann die Hörer von Jonas´ Bußpredigt allein durch dessen überzeugende Worte gläubig geworden seien. Genauso möchte der geschichtliche Jesus von den Israeliten begriffen werden – Person, Programm und rhetorische Übermittlung sollen Umkehr und Neubeginn auslösen! Pseudo-Mt kann sich nicht zurückhalten, in die vom Wunder abratende Erzählung doch noch ein zentrales Wunder einzuflechten, nämlich den Hinweis auf den ebenso wie bei Jonas drei Tage während Aufenthalt des verstorbenen Jesus in der Unterwelt vor seiner Auferstehung – und dies als (unglaubwürdige) Selbstaussage des hier bereits als vorherwissend charakterisierten Jesus. Es handelt sich also um ein Geflecht von unfreiwilliger Entmythologisierung Jesu bei gleichzeitiger Mythologisierung! Eine für damals und heute überzeugende Deutung der vielfach geschilderten Wunder als Stilmittel fehlt, weil man aus der Sicht der Evangelisten Gott stets am Werke sieht und dann seinem „Sohn" im Vollzug von dessen Messias-Auftrag durchwegs Wunderkraft beimisst. Die Evangelisten tradieren die schon in jüdischen Texten dem Messias zugeschriebene Wunderfähigkeit weiter. Für uns Menschen des 21. Jhrds. sollte doch notwendigerweise die symbolische Erklärung Platz greifen, dass die drei Tage von Jonas und Jesus in der Dunkelheit eine Phase der Umstellung für die kommenden Aufgaben bedeuten.

Aufschlussreich hinsichtlich Jesu Auftragsbewusstsein als Menschensohn, der sich von der Umsetzung einer innerlich wahrgenommenen Aufforderung Gottes getragen weiß, ist die ziemlich schroffe Abgrenzung von seinen Blutsverwandten (was diese gewiss verstört hat – doch sie mussten dieses abtrünnige Familienmitglied verstehen lernen), die aber mit Eingrenzung aller Neugläubigen zusammenhängt. Was die einen emotional unangenehm traf, war für die anderen Ankündigung höherer Geborgenheit: „Denn wer den Willen meines himmlischen Vaters erfüllt, der ist für mich Bruder, Schwester und Mutter." Nicht nur die namentlich bekannten vier Brüder Jesu (also die weiteren Söhne der Maria und des Josef), Jakobus (es ist völlig unwahrscheinlich, dass dieser auch Apostel mit dem Namen „Herrenbruder" geworden ist), Joses, Judas und Simon und die ungenannten Schwestern werden gekränkt gewesen sein, sondern auch die historische Mutter des gewiss Erstgeborenen, durch den sie nun eine solch entfremdende Distanzierung erfahren musste. Man sollte also den Text als einen jener Belege für Historizität annehmen, in welchen Jesus seine erkannte, vehement und konsequent in Aktion umgesetzte Sendung als seine höchste Bindung betrachtet hat. Somit schien es ihm erlaubt, seine Jüngerschar als eigentliche `Familie´ zu bezeichnen.

12 Die gottgleiche Positionierung Jesu durch die Evangelisten

Jesus definiert sich auf Grund etlicher Nachfragen über seine Stellung zu Gott und Mensch als „Menschensohn", d.h. als gänzlich normalen irdischen Menschen, gezeugt von Mann und Frau, doch mit übernatürlicher Sendung. Mit dem ersten Evangelium nach Markus (=Apostelschüler) – so dann fortgeführt von Pseudo-Matthäus 10 Jahre später im Jahre 80 n. Chr. - durchwirkt aber bereits ein Jesus-Verständnis, das voll vom jüdischen Messias-Begriff geprägt ist, die durchgängige Schilderung der Person Jesu. Infolgedessen lässt der Hagiograph den lebenden Jesus unhistorisch auf die Frage der Apostel nach seiner Identität erfreut antworten, als Petrus das höchste Prädikat „Messias", also `Gottmensch´ von übernatürlicher Zeugung, ausspricht, dass diesem solche Zuordnung nur Gott selber geoffenbart haben könne. In engster Verbindung dieser Identitätspreisgabe, die im gesamten Neuen Testament immer nur mittelbar gebraucht wird, nie als persönliche Selbstaussage Jesu – was auf eine gewisse Unsicherheit der schreibenden Judenchristen hindeutet, den am Kreuz verschiedenen Religionsreformer als rein metaphysisch zu definierenden Übermenschen zu präsentieren – steht nun im 16. Kapitel des Pseudo-Mt-

Evangeliums die Regelung des um seine kommende Misshandlung und seinen baldigen Tod sowie um seine „Auferstehung nach drei Tagen" vorherwissenden Jesus. In der Rückübertragung späterer Glaubenserkenntnisse und eingeführter Buß- und Vergebungspraktiken nach individuellem Schuldbekenntnis auf den geschichtlichen Jesus kann dieser, nun mit dem allmächtigen Gott erzählerisch gleichgesetzt, mit allen Erwartungen an den jüdischen Messias, Retter, Vergeber und Erlöser ausgestattet, seine eigene (unterlegte) Vollmacht über Heil und Verdammnis an den wichtigsten Gefolgsmann Simon Petrus, nun „der Fels", weitergeben zu dessen Gebrauch nach eigener Einschätzung von Vergehensschwere und Reue: „Ich werde dir die Schlüssel des Himmelreiches geben; was du auf Erden binden wirst, das wird auch im Himmel gebunden sein, und was du auf Erden lösen wirst, das wird auch im Himmel gelöst sein." Eine solche Generalvollmacht über Schuldvergebung und noch dazu über die Entscheidung in allen theologischen und philosophischen Fragen kann in ihrer Tragweite gar nicht überschätzt werden. Damit berechtigt sich die in einem solchen Satz mitschreibende junge Kirche in Gestalt ihres jeweiligen höchsten Amtsinhabers als Papst zu universeller Heils- und Wahrheitskompetenz! Ungeheuer schnell muss, ein halbes Jahrhundert nach der katastrophal auf die Jünger wirkenden Verurteilung ihres „Meisters", das Selbstbewusstsein der Auslandschristen gestiegen sein, damit ihr Evangelist sich zur Unterlegung von solchen als historisch ausgegebenen Totalbefugnissen, von Jesus an seinen Amtsnachfolger weitergereicht, bemächtigt sehen durfte! Die gute Organisation, das fromme Gemeindeleben, zentriert im Sonntagsgottesdienst, der enge Zusammenhalt der neuen Christen in der fremden „Diaspora" (=isolierte Situation unter anderen angestammten Religionen) und nicht zuletzt der notwendige Aufbau einer stark ideologisierten Gegenposition zu den weiter umworbenen, doch sich zu Glaubensfeinden entwickelten Juden, werden hier insgesamt zu dieser kulminierenden Aussage für alle Zukunft beigetragen haben. Dass sogar alleinige Verfügung über die Berechtigung zum Eintritt in das ewige Leben ausgesprochen wurde, stellt den Gipfel an eigener Legitimierung zur Handhabung göttlicher Rechte und Möglichkeiten dar. Das Papsttum der katholischen Kirche wurde durch diese angeblichen Jesusworte, die an sich nur selbstrechtfertigende Worte einer jungen, von sich absolut überzeugten Heilskirche waren, auf alle Zeiten fast unwiderlegbar abgesichert. Nur hätte der demütig-fromme, aber radikal und verwegen auftretende Prediger Jesus ein solches Motto niemals für sich selbst und erst recht nicht als zu verleihende

Gabe an bekannte und unbekannte spätere „Nachfolger im Amt" gebraucht. Der Pseudo-Mt-Text ermöglicht freilich noch keinen Ausblick auf eine Kirchenleitung im rechtlichen und machtmäßigen Gleichgewicht mit dem römischen Kaiser, wie es sich erst nach langer Verfolgungs- und Bedrängnissituation mit der „Konstantinischen Wende" im Jahr 313 n. Chr. glücklicher- und gleichermaßen unglücklicherweise eingestellt hat. Der Jesus der erzählten Vollmachts-Passage ahnt als Realist, der die Gegenmaßnahmen der Jerusalemer Synagogen-Gewaltigen in der Folge seiner harschen Kritik und seiner abgelehnten Vereinfachungen der Glaubensinhalte, der Ethik und der Riten kommen sieht (der Exilchrist Pseudo-Mt spricht allerdings fälschlicherweise von den gegnerischen Hohenpriestern, wo es jeweils nur einen Hohenpriester gegeben hat), die Verfolgungslage seiner Jünger in der nächsten Zukunft in der Hemisphäre der Hauptstadtregion Juda. Daher ist gewiss die Aussage Jesu, dass seine Anhänger bestimmt nach seiner Verurteilung eine Leidenszeit, wohl auf der Flucht und in Verstecken oder in Form von offenen Anschuldigungen der konservativen Bevölkerung, dazu bei Verhören und Festnahmen durch Justiz- und Religionsbehörden, durchmachen müssen, als historisch echt zu bezeichnen: „Wer mein Jünger sein will, der verleugne sich selbst, nehme sein Kreuz auf sich und folge mir nach." Dieses Jesuswort stellt sowohl eine klare Aussage über die Bedrängnis einer von Juden und demzufolge auch von den Römern zerstreuten, abgelehnten, der Revolutionierung von Religion und Staat verdächtigten Sektenbewegung dar als auch eine tragende Aussage zu allen, auch den natürlichen Strapazen der Missionsarbeit. Nicht zuletzt ist mit solchen Worten die heroische Leistung von Idealisten, Pazifisten, Kritikern und Märtyrern des Glaubens durch Einbindung und Mitwirkung in ein Heilmachen der Welt transzendiert (=ins Jenseitige gehoben) und als wertvoll vor Gott abgesichert. Ebenso wird Zuversicht und Zuflucht mitgegeben für die schlimmen Lebensphasen jedes Menschen in Krankheit, Misserfolg, Not, ungerechter Behandlung und beim Sterbeprozess. Die heiligmäßig lebenden und verkündenden Glaubenszeugen konnten die Qualen und die Ablehnung durch die offiziellen Institutionen abschwächen durch Jesu Verweis auf jenseitige Rettung und Erhöhung, verbunden mit der Bestärkung, dass das Gewicht von Geld, Ansehen und Erfolg im Endeffekt weniger zähle als der seelische, unverlierbare „Besitz" und die Standhaftigkeit im Glauben: „Denn wer sein Leben retten will, wird es verlieren, wer aber sein Leben um meinetwillen verliert, wird es gewinnen." Diese Aussage, deren

Tenor wieder primär dem figurierten Messias zuzuschreiben ist, bringt die kirchliche Position des Autors mit der Kernidee des geschichtlichen Jesus, alles auf Gottes Willen und das seelische und letztlich dann zeitlose ewige Glück zu setzen, zur Deckung. Freilich hätte Jesus zu seiner irdischen Lebenszeit statt „um meinetwillen" sich durch „um meines Vaters willen" zurückhaltender ausgedrückt. Niemals pflegte er seine eigene Person aufs Podest anstelle des ewigen Gottes zu heben. Die Gleichsetzung des Vaters mit dem Sohn entsprach dann erst der anbetenden jungen Kirche.

13 Jesus und der himmlische Vater

Der historische Jesus tut sich offenbar schwer, bei den jüdischen Schriftgelehrten und der als „gebildet" zu bezeichnenden israelitischen Oberschicht auf positive Resonanz zu stoßen. Die Theologen der Synagoge reklamieren auf Grund ihrer jahrelangen Ausbildung an ihren religiösen Texten Thora und Talmud (=Ausführungsbestimmungen und Erklärungen zum Alten Testament) das Recht der Auslegung von Überlieferung für sich allein. Verdichtungen der traditionellen Lehre und Verknappung der Riten oder gar Verzicht auf die akribischen Reinheitsvorschriften waren mit den Ältesten der Synagogen in allen Provinzen des Judenreiches nicht zu machen. Alles Gewohnte war sakrosankt. Es ging um das Aufsagen und um das Eintrichtern und Bestätigen. Die Oberschicht aus den Laienberufen in Jerusalem stand diesem eigenartigen Wanderprediger aus dem weitab liegenden Galiläa ohnehin reserviert gegenüber, konnte mit so einem Religionsreformer, der sich durch Selbststudium und Nachdenken qualifiziert hatte, nichts anfangen. So nimmt es nicht wunder, dass Jesus selber von den ausgewiesenen Fachleuten der jüdischen Religionsschulen Abstand nimmt und betet: „Ich preise dich, Vater, Herr des Himmels und der Erde, weil du all das den Weisen und Klugen verborgen, den Unmündigen aber offenbart hast." Jesus weiß aus seiner Predigterfahrung, welche Bevölkerungsschicht er als resistent und welche er als aufgeschlossen einzustufen hat. So finden sich unter seinen Anhängern überwiegend Fischer, Bauern und Handwerker, die alle keine theologischen Studien absolviert haben. Die Berufstheologen und die erzfrommen Pharisäer muss er abschreiben. Die verschärfende Aussage über sein engstes Verhältnis zu Jahwe dürfte allerdings eine erhöhende Allegorie seines Hagiographen im Jahr 80 n. Chr. sein, weil hier vollste Identität und Exklusivität mit Gott behauptet wird; was Jesus trotz Auftragsbewusstsein in fromm unterordnender

Demut nie so gesagt hätte, wie es im 16. Kapitel von Pseudo-Mt zu lesen ist: „Niemand kennt den Sohn, nur der Vater, und niemand kennt den Vater, nur der Sohn und der, dem der Sohn es offenbaren will." In diesem Wortspiel über höchstmögliche Übereinstimmung zwischen Gott und seinem Botschafter klingt bereits die erst im fünften nachchristlichen Jhrd. lehramtlich definierte „hypostatische Union" (= Wesensgleichheit zwischen Vater und schon ewig existierendem Sohn) an, noch dazu verstärkt über die Behauptung absoluter Alleinvertretung des höchsten Gottes bereits durch den selbstbewussten provokativen Propheten Jesus aus Nazaret. Der historische Jesus muss im Ansatz zu diesen 50 Jahre nach seinem Tod durch Glaubensentwicklung entstandenen transzendierenden Status-Aussagen aber bereits die besonders enge Verbindung zu Jahwe sowohl in sich als tragend empfunden als auch als inhaltliches Element seiner religiösen Pädagogik verwendet haben. Pseudo-Mt kann im offenen und stillen Verweis auf Jesu „Vater im Himmel" voraussetzen, dass die Beherzigung von Jesu Worten durch die Anhänger aus den einfacheren Gesellschaftsschichten die erhoffte Zuversicht vor den kommenden schweren Zeiten nach dem Zelotenaufstand und der Tempelzerstörung durch die Römer im Jahre 70 n. Chr. erzeugen würde. Wer ihm nachfolge, könne sich seiner Hilfe und der Wertschätzung durch seinen eigenen himmlischen Herrn gewiss sein: „Nehmt mein Joch auf euch und lernt von mir, denn ich bin gütig und von Herzen demütig; so werdet ihr Ruhe finden für eure Seele. Denn mein Joch drückt nicht, und meine Last ist leicht." Der keinen Konflikt mit den Machthabern der Jerusalemer Synagoge scheuende Vereinfacher des kompliziert und routiniert gewordenen jüdischen Glaubens bestärkt seine Jünger in der Praktizierung seiner komprimierenden und vom Einzelnen ohne bombastischen Opferkult einfach umzusetzenden Lehrgehalte. Jahwe wird durch Jesu Botschaft bei den schlichten und aufnahmebereiten Gläubigen unmittelbarer erlebbar als je zuvor. Die Lebensbewältigung geht leichter von Hand. Man darf sich beschützt und getragen empfinden. Die ersehnte höhere Perspektive wird zur entscheidenden Stütze in privaten und politischen Schwierigkeiten. Existenzielle Angst wird eingedämmt durch das neu offenbar gemachte Wissen um Gottes Anwesenheit und bergende Nähe! Ein Ausblick auf persönliches Glück in der Ewigkeit, das die Lähmung und Furcht vor dem Tod und dem unbekannten Danach überwindet, ist mit der Bereitschaft, seiner Reduzierung und Intensivierung der 10 Gebote zu folgen, gegeben. Moralische Gesinnung und metaphysische Einordnung in ein überzeitliches Seinsgefüge festigen die Menschen neu und tiefer als vorher. Hoffnung wird im Glauben erlebbar. Die Gläubigen möchten Jesus nicht missen, sie sind sich aber auch nach seinem schmählichen Hinrichtungstod, der den Anhängern das große Problem über innerweltliches Scheitern und überweltliches Siegen aufwarf, sicher, in der Ewigkeit wieder mit Jesus zusammenzutreffen und gemeinsam mit ihm das höchstmögliche Glück unter Gottes Scharen zu erleben. Der Hagiograph formuliert daher in der Sorge um die bangenden lebenden Christen einen Kompromiss bezüglich des jüdischen Wiederkehr-Gedankens, der sich vor allem als Hoffnung im Anschluss an den David-Psalm 52 rankt und auf Mose und Elias richtet, und der christlichen Fortlebens-Hoffnung im Jenseits. So lässt Pseudo-Mt bereits den geschichtlichen Jesus seine Wiederkehr auf die Erde ankündigen, womit eben auch die jüdische Messias-Vorstellung aufgegriffen wird! Jesus selbst hätte sich nicht zu solchen Spekulationen verstiegen, doch die Evangelisten gestalten den inzwischen als Christus geglaubten Erlöser so, dass sowohl der Seligkeitsgedanke und die jüdischen Hoffnungsbilder in eins fließen. Die Behauptung von Wiederkehr Christi auf die Erde soll den Trost durch persönliche Begegnung der Gläubigen mit dem nunmehrigen „Sohn Gottes" innerhalb dieser irdischen Welt verstärken! Wir jetzigen Menschen werden in der Zeit nach der Aufklärung diese durchaus essenzielle Zusammenführung von Einzelseele und Gottes Botschafter wohl nicht mehr als Neuankunft eines überirdischen, herabschwebenden Erretters annehmen können. Uns Heutige vermag die Aussicht auf Wiederbegegnung außerhalb unseres glühenden und umweltbelasteten Planeten in einem herrlichen, jenseitigen Himmelreich allein genügend zu befriedigen. Gewiss gehören dazu die erkennbaren Gestalten von geliebten Menschen und von Jesus. Das erfüllende Treffen an sich ist entscheidend, nicht der formelhaft beschworene Ort der Zusammenführung. Im Wesentlichen geht es um die Glückserfüllung der erlösten Personen. In den religiösen Hoffnungsgemälden schlägt sich das Wissen nieder, dass die dauerhafte Erfüllung der Einzelseele nur in Gemeinschaft mit Gott, den religiösen Leitgestalten und mit den geliebten Verwandten und Weggefährten möglich ist. Die Relativierung der Art und Weise des zeitlosen Wiedertreffens ist nicht gleichbedeutend der Leugnung einer solchen Begegnung oder der Minderung ihrer Notwendigkeit für die Befreiung von allen Bedrängnissen und Bedürfnissen im Reich der ewigen Seligkeit. Beständiges transzendentes Glücklich-Sein und das persönliche Umarmen der Lieben gehören zusammen und sind sicher zu erwarten.

14 Jesu Gleichnisse vom Himmelreich

Im 13. Kapitel des Evangeliums von Pseudo-Mt finden sich sechs „Gleichnisse", in denen jeweils der geistig-seelische Wert in einem knappen und einfach verständlichen Erzählbild als höherwertig im Vergleich zum Nur-Irdischen und Materiellen hingestellt wird. Natürlich lässt sich auch bei diesen symbolischen Redeweisen Jesu der nachträgliche Gestaltungs- und Intentionseinfluss des Hagiographen 50 Jahre nach den Wanderpredigten des Nazareners nachweisen. Es handelt sich in der Hauptsache um die Erbitterung des exilierten Evangelisten über das Beharren der ablehnenden Juden in ihrem althergebrachten Glauben, so dass Pseudo-Mt seine Jesus-Gestalt die Enttäuschung des ebenso über die Unbelehrbarkeit seines Volkes erzürnten Propheten Jesaja aufgreifen lässt, der formuliert hatte: „Hören sollt ihr, doch nicht verstehen". Die „Gleichnisse vom Himmelreich" setzen also voraus, dass nur Bekehrungswillige und Neuchristen, so eben gerade die ersten Jünger, das allegorische Reden Jesu entschlüsseln können; alle anderen können nicht verstehen, weil sie die Aussage, dass der vereinfachte jüdische Glaube und das spätere Christentum besser seien, nicht mitvollziehen wollen. Bei Leuten, die sich ganz dem Unrecht, dem Materialismus und der Sünde verschrieben haben, sei eh Hopfen und Malz verloren. Das Bild vom „Sämann" läuft darauf hinaus, dass nur aus „gutem Boden" eine „vielfältige Frucht" hervorgehen werde; was bedeutet, dass idealistisch gesonnene Anhänger Jesu weitere Jünger gewinnen und viele Menschen zum Nachdenken über sich und die Endlichkeit des Irdischen bringen können. Deshalb müssten im Wachstums- und Erziehungsprozess die „erstickenden Dornen" beseitigt und der „steinige Weg" geebnet werden. Es handelt sich letztlich um die Aufforderung zu umsorgter religiöser Ausbildung der Jugend und um das Fernhalten von noch ungefestigten Charakteren von den oberflächlichen irdischen Verlockungen und von bösen Taten. In einer angehängten Selbstdeutung weist Jesus darauf hin, dass eine reine und zu guten Taten befähigte Gesinnung „Wurzeln" haben müsse. Dieser Blick auf feste Verankerung von geistigen Werten und dem Bewusstsein, dass es innerhalb der Spanne irdischen Lebens um moralische Bewährung und Festhalten einer ewigen Heilsperspektive gehe, ist typisch für ein reifes und bis heute bewährtes Erziehungskonzept. Es zeichnet alle diese Vergleiche aus: das „Gleichnis vom Unkraut", das nach abgeschlossenem Wachstum eine klare Unterscheidung von guten und schlechten Menschen ermöglicht; das „Gleichnis vom Senfkorn", das nachweist, dass in der Jugend eine riesige Potenz zum Guten – zunächst nicht erkennbar - vorhanden ist; das „Gleichnis vom Sauerteig", das zeigt, dass das praktizierte Gute eine sich rasch verbreitende Wirkung entfaltet; das „Gleichnis von Schatz und Perle", das vorführt, wie kluge Leute jeden irdischen Wert hingeben, um den ungleich gewichtigeren ewigen „Schatz" zu erlangen; das „Gleichnis vom Fischnetz", das ankündigt, dass beim „Jüngsten Gericht" (=jüdische Vorstellung von der endgültigen Aburteilung aller Lebenden und aus der Unterwelt kommenden Toten) für immer die guten Menschen belohnt und die bösen Menschen von Gott entfernt werden. Die einfachen und prinzipiell leicht deutbaren Erzählbilder - trotz des gekränkten Hinweises, dass auch Prädestination (=problematische Vorstellung über die Vorherbestimmung für das Gut- oder Bösesein mancher Menschen) beim Verstehen dieses allegorischen Redens eine Rolle spielt - enthalten über das Anlocken, Einsichtig-Machen und Mahnen des historischen Jesus hinaus die hochentwickelte Hyperbolisierung (=Grenzüberschreitung zum Metaphysischen hin) des Christusbildes einer jungen Kirche, die im Vollzug der Gleichsetzung Jesu mit Gottvater dann den im Himmel fortlebenden Christus mit dem allmächtigen, strafenden Weltenrichter identifiziert. Da sich die störrischen Juden sowie die griechischen und römischen göttergläubigen oder ungläubigen Heiden nicht dem neuen Christentum angeschlossen haben und dies auch fürderhin nicht tun werden, greifen in den kurzen Gleichnissen gewaltige Rachevorstellungen eines rächenden Christus Platz, welche wiederum in Folgewirkung die bekehrten Leute bestätigen und die unbelehrbaren Menschen in Höllenangst versetzen sollen! Der geschichtliche Religionsreformer Jesus beschied sich mit Hinweisen auf ewiges Heil oder Unheil; worin auch schon ein gewisser Drohcharakter vorhanden liegt, dem sich kein Mensch in der Wahl zwischen Recht und Unrecht entziehen kann. Der kirchlich figurierte Christus - erstaunlich kurz nur 50 Jahre nach Jesu Kreuzestod - darf dann im Gefolge der Gleichsetzung des „Menschensohnes" Jesus mit dem „Gottessohn" Christus als alles durchschauender, unbestechlicher, tiefensichtiger Weltenrichter strengstens und hierbei unbarmherzig formulieren: „Der Menschensohn wird seine Engel aussenden und sie werden aus seinem Reich alle zusammenholen, die andere verführt und Gottes Gesetz übertreten haben, und werden sie in den Ofen werfen, in dem das Feuer brennt. Dort werden sie heulen und mit den Zähnen knirschen. Dann werden die Gerechten im Reich des Vaters wie die Sonne leuchten." Der in ihrer Schrecklichkeit nicht mehr zu überbietenden Drohung mit der ewigen Feuerqual gegen die Glaubensverweigerer und Übeltäter steht die schönst mögliche Aussicht auf glücksverheißende Belohnung für die Christen und Idealisten gegenüber. Verurteilung und Rechtfertigung demonstrieren die Polarität von Gut und Böse samt den Folgen des Verhaltens auf Erden für Wohlgefühl oder Dauerqual in der Ewigkeit. In der Einseitigkeit der Glaubensideologie der 80er Jahre wird allerdings eine Verweigerung des Übertritts zum Christentum mit dem moralisch Bösen gleichgesetzt. So wie diese Zuordnung bereits im ersten nachchristlichen Jahrhundert falsch war, so ist sie heute völlig fehl am Platz. Es ist höchste Zeit dafür, das moralisch und metaphysisch Wertvolle in anderen Religionen und sowieso in den Konfessionen aller Religionen zu entdecken! Nicht anders ist es um den liturgischen Reichtum in aller Verschiedenartigkeit bestellt. Im Fremden steckt weitgehend Gleiches – man muss allerdings bereit sein, die guten Intentionen und Inhalte wahrzunehmen. Die fortschreitende Globalisierung ruft nicht nur nach Toleranz; dies ohnehin. Die Begegnung mit dem Anderen fordert auf zur Offenlegung und Anerkennung des ganz Ähnlichen oder gar im Kern Gleichen.

15 Speisenwunder und ihre Symbolik

Das Pseudo-Mt-Evangelium kennt zwei Speisenwunder; eines mit 5000, ein zweites mit 4000 hungrigen Leuten, die mit sehr wenigen Broten und Fischen wundersam ernährt wurden, so dass noch Essen übrig blieb, das 12 Körbe füllte. Solche Erzählungen boten Anlass, um die Überlegenheit bereits des geschichtlichen Menschen Jesus über die Naturgegebenheiten zu preisen. Ein (angeblicher) Heiler der physisch und psychisch Kranken könne schließlich mir nichts dir nichts die Ernährung für die Gesamtbevölkerung einer Großstadt des Altertums zauberhaft herbeiwünschen. Die orientalische Märchenwelt lässt grüßen. So konnte man Glaubenswerbung betreiben: Weil der Religionsreformer nach Belieben über Wunderkraft verfüge, wenn man ihm dies nur glaube und ihn als göttlichen Boten anerkenne, dann löse er im Vorbeigehen neben den Problemen einer Krankheit (einmal musste nur Jesu Gewand gläubig angefasst werden!) ein riesiges Versorgungsproblem. Da konnten Jesu Jünger selbstverständlich vor der regulär zu erwartenden großen Hörerschar für eine Predigt des schon gut bekannten Religionskritikers, der sich zu diesem Zeitpunkt im Jahr 29 n. Chr. (eigentlich müsste es n. J. heißen, da Jesus als neugeborenes Kind von Maria und Josef noch nicht als Christus definiert war) schon als „Menschensohn" gedeutet hat, auf eine Logistik der rechtzeitigen Beschaffung einer riesigen Menge von Nahrungsmitteln und ihrer reibungslosen Verteilung verzichten. Der Inhalt seiner Ansprachen vor den behaupteten großen Menschenmassen, die Tage vorher Bescheid wissen und lange Anmärsche in Kauf nehmen mussten, spielt in diesen Wundergeschichten überhaupt keine Rolle. Die behauptete Wunderkraft des verehrten Gottesmannes überwuchert den Anlass seines Kommens, ohne dass dies heute einem fromm Gläubigen aufgefallen wäre. Nun ist es an der Zeit, die übertrieben dargestellten Vorgänge im Umfeld von Jesu Auftreten genauer anzuschauen, um Hinweise zu finden, die eine Symboldeutung dieser ansonsten unglaubhaften Wundergeschichten ermöglichen. Und siehe da, es kommen doch einige versteckte Ansätze, dass es sich um ursprüngliche Allegorien (=bildliche Erzählungen, die nur im übertragenen Sinn zu verstehen sind) handelt, zum Vorschein: Jesus segnet zunächst die wenigen bereits vorhandenen Speisen. Es handelt sich bezeichnenderweise um Brote und Fische. Jesus versichert sich durch Blick zum Himmel der Unterstützung des göttlichen „Vaters". Er bricht die Brote in der Art eines frommen Rituals. Er beauftragt schließlich die Jünger, die vermehrten Speisen zu verteilen. Es kann am Ende des feierlichen, ruhig verlaufenden Sättigungsmahles ein Rest in genau 12 Körben einbehalten werden. Dies alles muss hellhörig machen. Der Vorgang bildet den Ritus des jüdischen Abendmahles und die Feierlichkeit des letzten Abendmahles ab, wie es dann in den Eucharistiefeiern an den Sonntagsgottesdiensten der neuen Christengemeinde andächtig nachvollzogen wurde. Die heilige Zahl der Juden (12 Stämme, 12 Apostel, 12 Tore der metaphysischen Stadt Jerusalem u. v. m.) ist in der Aufbewahrung restlichen Essens verwertet. Die Ernährung der vielen Gläubigen – es sind keine feindseligen Pharisäer und Sadduzäer in diesen Menschenmengen, die sich an Berghängen und im freien Feld versammeln; keineswegs im üblichen Treff- und Belehrungsraum einer Synagoge – geschieht mittels der liturgischen Materialien eines heiligen Mahles, also durch feierlich gesegnete Brote und Fische. Frühchristliche Dokumente zeigen, dass Brot und Fisch bei religiösen Feiern regulär als Symbole für Jesu Hingabetod verwendet wurden. Die Brotvermehrungstexte greifen also auf die liturgische Basis und erste Sakramentalität des heiligen Erinnerungs- und Vergegenwärtigungsmahles zurück. Dazu ist am Beginn des 16. Kapitels des Pseudo-Mt-Evangeliums von einer schroffen Korrektur der sprachlich-direkten und unsymbolischen Auffassung von „Brot" und „Sauerteig" bei den Jüngern die Rede. Jesus weist sie zurecht, weil sie nicht in der Lage seien, die körperliche Ernährung als Bild für die geistig-seelische Erhellung aufzufassen. All dies sollte uns heutzutage Anlass geben, auf Jesu Eigendeutung zu achten und das oft verborgene symbolische Nebenmaterial zu berücksichtigen, um nicht bloß fasziniert auf staunenswerte Wunder zu starren. Es ist erforderlich, den Inhalt von Jesu Worten bewusster zu überdenken - die Spur zum historischen Jesus führt hin zur Bergpredigt, die dann schon viel Ethos und Metaphysik in komprimierter Form bietet - und die neue liturgische Verbindung mit Gott einzukalkulieren, die zur Schreibzeit der Texte in den Christengemeinden froh praktiziert wurde.

16 Historisierung des Wiederkunfts- und des Auferstehungsglaubens

Im 17. Kapitel des Pseudo-Mt-Evangeliums wird der Wunderglaube, der sich angeblich an Hand von Jesu Taten geäußert hat, direkt auf die Personalität Jesu erzählerisch übertragen. Die Grundvorstellung der Hagiographen über wörtlich aufzufassende Wiederkunft ersehnter und traditionell gepriesener Heilsgestalten, an denen sich Religion und – bei konformen Ideologien – israelische Staatsmacht festmachten, hat Pseudo-Mt auf den lebenden Menschen Jesus übertragen. Auf einem hohen Berg - Gipfel und Gebirge sind wichtig, da unbesiedelt und dem Himmel näher - wurde Jesus körperlich „verklärt" (durchgeistigt wie ein Astralleib), so dass „sein Gesicht leuchtete wie die Sonne" und „seine Kleider blendend weiß wie das Licht" erschienen. Da bleibt den begleitenden Aposteln Petrus, Jakobus und Johannes nur Staunen und Angst übrig. Sie werfen sich dann erschrocken und demütig zu Boden, als die Stimme Gottes aus einer leuchtenden Wolke spricht - genauso wie bei der Taufe Jesu - und die Gottessohnschaft Jesu und seine Führungsrolle bestätigt. Die drei nun noch stärker auf Jesus eingeschworenen Begleiter haben Schweigepflicht bis zur bevorstehenden Auferstehung des „Menschensohnes", dessen Selbsterklärung als natürlicher, zugleich inspirierter und berufener Botschafter Gottes wieder einmal in den Hintergrund abgedrängt worden ist und der Figuration eines noch stärkeren Eindruck erzeugenden übermenschlichen „Messias", der nahezu mit Jahwe identisch und übernatürlichen Ursprungs wäre, Platz machen musste. Die „Verklärung", deren Vorgang dem Hagiographen im Jahre 80 n. Chr. durch das 10 Jahre ältere Markus-Evangelium und die Paulusbriefe parat ist, wurde also in Form eines zurückverlagerten Vorausblicks verwendet, um die Allwissenheit Jesu, seine Unmittelbarkeit mit dem himmlischen Vater und den heilsgeschichtlichen

Gesamtplan noch wirksamer abzusichern! Während ein Erzählstrang der Hagiographen die Juden als potentiell Christgläubige unrettbar abgeschrieben hat – weswegen man die Führungskräfte des Judentums als durchwegs feindselig und rachsüchtig schildern konnte -, wird auf einer anderen Erzählschiene das jüdische Volk mit Hinweisen auf die reguläre Fortführung des mosaischen Glaubens über Jesus Christus angeworben. Daher spricht sich der fiktional gestaltete Jesus nach dem eindrucksstarken „Ereignis" am Berg als Verehrer des nach alttestamentlicher Tradition in den Himmel aufgefahrenen Elija aus, der in dem von Herodes Antipas getöteten Johannes dem Täufer bereits inkarniert (=fleischliche Gestalt angenommen aus dem Jenseits heraus) worden sei. An anderer Stelle des Pseudo-Mt-Evangeliums hat sich Jesus noch zurückgehalten, diese für ihn naive, volkstümliche Vorstellung als seine eigene auszugeben; schon deshalb sind die weissagenden Worte Jesu unhistorisch. Petrus stellt in dem angeblichen Bericht die Traditionslinie vom Ursprung bis zur Gegenwart her, indem er sagt, dass er auf Wunsch Jesu für ihn und die als Erscheinungen auftretenden Mose und Elija drei Hütten bauen wolle. Die Sehnsucht, dass die hier herausgegriffenen Hauptgestalten jüdischer Religionsgeschichte zum Bleiben aufzufordern seien und diesem Angebot vielleicht folgen könnten, sitzt tief in ältester jüdischer Tradition. Demzufolge darf sich Jesus gemäß den Psalmen und Jesaja sowie Maleachi als leidenden Gottesknecht und dann als auferstehenden Messias darstellen, der unsterblich sei und am Weltenende einmal auf die Erde wiederkommen werde.

Gleich im Anschluss an diese erzählerische Hyperbel (=Aufwertung des historischen Jesus ins Höchstmögliche) treibt Jesus angeblich den bösen Geist aus einem mondsüchtigen Buben aus, dessen Vater sich beklagt, dass Jesu Jünger dies nicht fertiggebracht haben. Da muss Jesus sich sehr ungehalten über die eigenen Mitstreiter äußern: „O du ungläubige und unbelehrbare Generation". Der Hagiograph steigt hier wieder in eine Erzählbahn ein, die Jesu Identität mit Jahwe über Dämonenvertreibung und Wunderkraft beweisen will und lässt Jesus dementsprechend zürnen. Die Jünger zeigen offenbar nicht genug Vertrauen, das aus seiner ihm zugesprochenen Göttlichkeit resultieren sollte. Daher seien sie zu schwach, dieselben übernatürlichen Kräfte, wie er selbst sie innehabe, zu mobilisieren. So kommt es zu einer weiteren erzählten Hyperbel, die selbstredend als Kraft der Gesinnung und der Übereinstimmung mit Gott gedeutet werden muss. Jesus verwendet die Übersteigerung als Ansporn für die noch zu laschen Nachfolger: „Wenn euer Glaube nur so groß ist wie ein Senfkorn, dann werdet ihr zu diesem Berg sagen: Rück von hier nach dort!, und er wird wegrücken. Nichts wird euch unmöglich sein." Die Evangelisten treiben die Bereitschaft von Lesern und Hörern von der Bereitschaft, Jesu Predigt zu beherzigen, auf die Entschlossenheit hin, Jesu angeblich behauptete persönliche Göttlichkeit zu integrieren! Damit hat sich innerbiblisch ein halbes Jahrhundert nach Jesu Bekehrungs- und Liebesaufruf die religiöse Tendenz verändert. Der Glaube des jüdischen Religionsreformers Jesus aus Nazaret hat sich unter dem mitschreibenden Einfluss des offensichtlich fest geformten Auslandschristentums gewandelt zum Glauben an den weltenthobenen Christus. Man war der Überzeugung, dass `Nachfolge´ allein auf die Worte der Botschaft hin nicht genüge, man musste den natürlichen Menschen zum übernatürlichen Gottessohn stilisieren. Das appellative Gewicht eines Gottmenschen sollte die nicht als ausreichend wahrgenommene Überzeugungskraft seiner Predigt machtvoll unterstützen. Es braucht deshalb nicht zu verwundern, dass häufig noch heute die Anbetung des Erlösers das eigene Handeln der Gläubigen ersetzt. Die von Jesus angemahnte Nachfolge seiner selbst durch praktizierte Barmherzigkeit, allgemeine Menschen- und Friedensliebe und die eminent wichtige soziale Aktivität blieben weitgehend, jedoch nicht immer und überall, auf der Strecke. Erst als die Bürger auch die Menschenwürde, die Menschenrechte und die demokratische Struktur - leider oft erst durch Revolution - verstehen lernten, erwuchs der durchwegs innerhalb von christlicher Religion praktizierten Karitas der noch universaler wirkende Impetus des Friedens- und Sozialdienstes als eine sogar politische Aktion. Die bloße Anbetung würde heutzutage Stillstand bedeuten – Jesus rief auf zur tätigen Nachfolge in seinen Spuren.

17 Zum Ehrgeiz der Apostel und ihrer Nachfolger

Pseudo-Mt schildert im 18. Kapitel seines Evangeliums den so gen. Rangstreit der Jünger. Darin werden die Mitstreiter Jesu kurz als eitel charakterisiert, so dass sie einander in der Anerkennung ihres Meisters übertreffen wollen und sich bereits zu Lebzeiten darüber Gedanken machen, wer dann im Jenseits der Beste sein werde. Jesus weist alle ehrgeizigen Strebungen der Apostel zurück und mahnt am Beispiel eines rasch herbeizitierten Kindes die zwölf, sich genau so offen und ehrlich zu verhalten wie die kleinen Kinder. Einander übertrumpfen zu wollen, bedeute eher die Verweigerung des Eintritts in die ewige Seligkeit. Ein mustergültiger Apostel solle sich durch Bescheidenheit und

Hilfsbereitschaft auszeichnen. Als Petrus noch einmal nachfasst und doch genauer wissen will, worin der Lohn für eine treue Nachfolge bestehe, bekommt er von dem zum Ende des 19. Kapitels als himmlischem Personalchef figurierten Jesus die Antwort, dass er die Apostel für ihre zu erwartende Haltung der Treue und des Hintansetzens ihres Familienclans zu Richtern (auf 12 goldenen Thronen) über die zwölf israelischen Stämme bestellen werde. Die gewiss nicht historisch echte Textstelle zeichnet hier ein Jesusbild, in das diese vorweggenommene Postenvergabe wirklich nicht passt. Dahinter steckt ein von der Christusverweigerung der Juden frustrierter Erzähler, der durch die beschriebene Verurteilungsdrohung gegen die israelischen Stämme die Strafe gegen sein eigenes Vätervolk wegen dessen Beharrung im traditionellen Judentum vorwegnimmt! Das junge Christentum ist unter der strengen Leitung von solchen Gemeindevorstehern, die Linientreue und Corpsgeist fordern, sogar derart intolerant und einseitig, dass liberal denkende Christen gar nicht aufkommen können. Konservative Juden, welche den nun etablierten Messiasglauben für Jesus nicht mitmachen, werden als Verführer bezeichnet, die fürchterliche Strafe für ihre lauten Zweifel erwarte. Für solche Naturen sei es besser, „wenn sie mit einem Mühlstein um den Hals im tiefen Meer versenkt worden wären". Da wird äußerst grobe Abschreckung betrieben; als Glaubenswerbung kann man derlei dem geschichtlichen Jesus unterlegten Verurteilungen nicht bezeichnen, zumal Jesus den Glauben in diesen Verwerfungsworten des Kapitels 18 - historisch fragwürdig - ganz auf seine eigene Person bezieht. Da geht der für den geschichtlichen Jesus typische Mitleids- und Sozialaspekt derselben Episode geradezu als Nebensache unter: „Und wer ein solches Kind um meinetwillen aufnimmt, der nimmt mich auf". Der Religionskritiker aus Galiläa hat nicht seine eigene Verehrung im Sinn; sondern er legt die Praktizierung von Liebe und Hilfsbereitschaft unermüdlich in seinen Predigten und Gleichnissen nahe. Der Opferkult des jüdischen Tempeldienstes richtet sich in der kritischen Wahrnehmung des Wanderpredigers und inspirierten „Menschensohnes" zu sehr auf die Verehrung Jahwes, statt auf unmittelbar tätige Hilfe eines jeden für jeden. Jesus verabscheut den Umweg über die etablierten und selbstgewissen religiösen Amtsinhaber. Er möchte die Nähe und Wärme von Mensch zu Mensch. In dieser Richtung hätte eigentlich Pseudo-Mt nachfassen müssen, statt die nie vorhandene Egomanie eines geschichtlichen Jesus zu betonen. Da hat sich der Gehorsamsgeist des Pseudo-Mt gegenüber seinem ungenannten

Gemeindevorsteher eingeschlichen und die Forderung des echten Jesus nach persönlicher Umsicht und helfender Tat, anstelle von Kult, Anbetung und Glaubenstreue, in den Hintergrund geschoben. Zum Glück tritt Jesu höchstgeschätzte Gewichtung des aktiven sozialen Handelns ohne Umwege über Priesterhierarchie und Synagoge in der Mitte des 19. Kapitels wieder klar und einfach heraus. Als ihn ein Bürger Israels fragt, wie er sicher das ewige Leben erlangen könne, erwidert Jesus im Sinne seines übernatürlichen Auftragsbewusstseins, das Handeln vor Anbetung stellt, kurz und deutlich: „Du sollst nicht töten, du sollst nicht die Ehe brechen, du sollst nicht stehlen, du sollst nicht falsch aussagen! Und: Du sollst den Nächsten lieben wie dich selbst!" Als der Fragesteller noch einmal nachfasst, weil er sich hierbei keines Fehlverhaltens bewusst ist, verdeutlicht Jesus konsequent und radikal: „Verkauf deinen Besitz und gib das Geld den Armen. So wirst du einen bleibenden Schatz im Himmel haben; dann komm und folge mir nach." Für die frommen Pharisäer unmöglich positioniert Jesus die Nächstenliebe an erster Stelle, und die Nachfolge meint er nicht als Verehrung seiner selbst, sondern als Fortführung seiner aufklärenden Predigt in seinen Fußstapfen. Bei der Nennung des Dekalogs verzichtet er sogar auf die ersten drei Gebote, welche die Gottesverehrung und den Kultdienst am Sabbat fordern. Auch der später in Koppelung mit der Nächstenliebe auftretende Hinweis auf die Gottesliebe fehlt bei Jesu krasser Belehrung. Der geschichtliche Jesus ist von seiner Kernidee durchdrungen, dass der Dienst am hilfsbedürftigen Mitmenschen die zentrale Botschaft seines Auftretens als „Menschensohn" bildet. Er erwähnt nicht extra, dass die Ehrung Jahwes selbstredend dafür die Basis bildet. Für Jesus ist Arbeit zugunsten Leidender jeder Art der wahre Gottesdienst. Gott ist ihm kein selbstgefälliger Satrap, dem es am wohlgefälligsten ist, wenn alle Leute vor ihm verehrend auf die Knie fallen. Gerade diese Umkehrung des religiösen Denkens von der huldigenden Gottesanbetung zur unmittelbaren Güte, Pflege und Fürsorge darbender und bedrängter Mitmenschen ist den Vertretern des zu sehr in kultischer Routine erstarrten Judentums – gewiss durchaus bei einiger Sorge um die Armen; allerdings eben über die Instanzen der Religion – nie einsichtig gewesen! Solche Radikalität und Direktheit war ihnen nicht zu vermitteln. Sogar Jesu Apostel haben sich sehr besinnen müssen, Nachfolge nicht primär als neue kultische Verehrung zu deuten, statt als Armen- und Bedrängtenhilfe. Die Verirrungen ins Leichtere und das selbstsichere Ruhen in wohlbereiteten Positionen sind auch heute noch feststellbar.

Im „Gleichnis vom verlorenen Schaf" deutet Jesus auf den Wert jedes einzelnen Menschen, eben auch des erst spät einsichtigen Sünders, mit dem man in Geduld verfahren müsse, aber den man keineswegs aufgeben dürfe. So entwirft der Prediger aus Nazaret ein Bild aus dem bäuerlichen Leben, in welchem sogar ein guter Hirt seine 99 Schafe eine zeitlang – gewiss wohlverwahrt in einem Rutenzaun oder Steingehege – allein lassen dürfe, während dieser dem verirrten Tier nachspüre. Über jede Umkehr eines schuldigen Menschen sei der Himmel hoch erfreut.

Das „Gleichnis vom unbarmherzigen Gläubiger" demonstriert die verzeihende Güte Gottes gegenüber einem reuigen Sünder, der jedoch seinerseits in der eigenen Rolle eines Vergebers gegenüber ihm selber verpflichteten Leuten Vergebung zeigen müsse. Es gelten für die Menschen untereinander dieselben Maßstäbe, die Jahwe für sie zu ihren Gunsten anwende.

Im „Gleichnis von den Arbeitern im Weinberg" wird vorgeführt, wie schwer es einsichtig zu machen wäre, wenn jene Arbeiter, die nur kurz tätig waren, denselben Lohn bekämen wie die Erntehelfer, welche die volle Zeit Trauben gepflückt haben. Das natürliche Gerechtigkeitsgefühl widersetzt sich der Darlegung in dieser bildlichen Rede, die sich ganz für das absolute Recht des unabhängigen Weinbergbesitzers zur Verfügung stellt. Für die Ansicht des historischen Jesus dürfte sprechen, dass er den Inhaber des Betriebs mit Gott gleichsetzt, der seine Gnade nach eigenen, oft für die Menschen nicht überblickbaren Maßstäben verteilt. Über die Eigenerklärung des Gleichnisses hinaus wird der Leser und Hörer ins Feld führen, dass der himmlische Lohn für alle noch zu Lebzeiten umgekehrten Sünder gleich sein müsse, da man vom ewigen Glück nichts abziehen könne (wenn man an einer einzigen himmlischen Ebene festhält). Ferner wird man zu berücksichtigen haben, dass jene Leute ihr weltliches inneres Glück verkürzen, die sich erst spät zur Umkehr und zu einem Leben in der Nachfolge Jesu entschließen. Daher wäre ihr Lohn im Bereich des Irdischen tatsächlich geringer; womit unser Gerechtigkeitsgefühl hergestellt ist.

Der Verständnisschlüssel für die Gleichnisreden des Predigers aus Nazaret liegt in der Bereitschaft, die bekannten Dinge und Vorgänge des Alltags als Symbole für die naheliegende Umsetzung in die religiöse Sphäre zu betrachten. In dieser sind Gott und das himmlischen Weiterleben stets das Hauptziel, Jesus ist der

Bote Jahwes, und die störrischen Leute müssen lernen, dass alle diesseitigen Vorteile wenig bringen und nur kurz andauern im Vergleich zur ewig währenden vollen Erfüllung in Gottes und Christi Nähe.

Der Religionsreformer Jesus erinnert unverdrossen das israelische Volk an das oberste Ziel der ewigen Glückseligkeit. Außerdem maßregelt er die allzu ehrgeizigen Jünger, die im irdischen Bereich schon groß herauskommen wollen und dann noch dazu in der überirdischen Welt in höheren Positionen sitzen wollen, indem er ihr Sinnen und Trachten hinlenkt auf die zunächst unbedeutende Rolle des Dienens. Jesu scheut sich in der Schilderung des 18. Kapitels des Pseudo-Mt-Evangeliums nicht, auf das üble Verhalten der Herrscher dieser Welt aufmerksam zu machen, die „ihre Völker unterdrücken und [...] ihre Macht über die Menschen missbrauchen". Es ist als beachtlich mutig zu bezeichnen, dass ein Prediger in einem hierarchisch organisierten Gottesstaat, der ja eine totalitäre Monarchie unter Leitung eines Königs und eines Hohenpriesters darstellt, in der Art eines Propheten vor der babylonischen Exilzeit die Mächtigen in schlechtes Licht zu stellen wagt. Dabei ist Jesus durchaus so fair – was die Historizität der Worte bestätigt – sich selber keineswegs aus der Anweisung zur Bescheidenheit und zur tätigen Hilfsbereitschaft herauszuhalten: „Denn auch der Menschensohn ist nicht gekommen, um sich dienen zu lassen, sondern um zu dienen und sein Leben hinzugeben als Lösegeld für viele." Nach Ende der Ablehnungs- und Verfolgungszeit für die Christen außerhalb Israels seit der Konstantinischen Wende im Jahr 313 n. Chr. ergab sich allerdings im Laufe der Jahrhunderte ein konträres Bild zu Jesu Dienst-Vorstellung an geistig und seelisch oder materiell armen Menschen. Da trumpften Päpste und weltlich fest verwurzelte Fürstbischöfe mit oder gegen die Kaiser und Reichsfürsten auf, sahen auf die Völker als unwissende und letztlich rechtlose Untertanen herab und ließen es sich in ihren Palästen und Herrschaftsgebieten prächtig gehen. Durchwegs scheuten sie sich, Macht abzugeben und sich in die Karten schauen zu lassen. Jesu Grundidee – eigentlich Menschenwürde und Menschenrechte für jeden in Perspektive auf das Metaphysische bei Bewertung irdischer Existenz als Bewährungsfeld für den Himmel gerade durch Niedrigmachen und Beistehen in Not und Bedrängnis durch die Natur oder eroberungslüsterne Machthaber – war eigentlich einfach: Tue Gutes in Ausrichtung auf Gottes Wollen! Seine Reduzierung der großen Opferfeiern an den israelischen Synagogen und vor dem Jerusalemer Prachttempel zugunsten einer unmittelbar durch jeden

Menschen an jedem Leidenden direkt zu praktizierenden Ethik wurde gewiss in der unteren und mittleren Gesellschaftsschicht des jüdischen Gottesstaates gerne gehört und verstanden als Mobilisierung des sozialen Gewissens unter Eigenregie. Die mittelbare staatliche und kirchliche Gängelung und verwaltungsmäßige Steuerung der Geld- und Sachopfer für den aufwändigen Tempelbetrieb sollte zurückgefahren werden. Die Oberschicht des weltlichen und kirchlichen Adels setzte sich erwartungsgemäß gegen Jesu Herabstufung oder Unnötig-Erklärung zur Wehr. Im Christentum der römischen Staatsreligion gewannen diese Haltungen von Selbstsucht und Ehrgeiz (und der damit verbundenen Duckmäuserei) wieder Vorrang bei den oberen Chargen der Hierarchie. Papst und Bischöfe wollten auch wie die weltlichen Fürsten leben, einen bestimmenden Machteinfluss auf die Verhältnisse ihrer Zeit ausüben und sich vom weltlichen Adel nicht viel dreinreden lassen. Wie die Auseinandersetzungen um den Investiturstreit im 11. Jhrd. n. Chr. zeigen, ging es um Alleinverfügung über Glaubens- und Moralangelegenheiten und stets auch um die irdischen Güter, Vorteile und Machtstrukturen. Dabei hatte sich Jesus die Aufgaben der Gemeindeleitung als Hilfestellung und Dienst vorgestellt. Man wird hinsichtlich den in Bauwerken, Pomp und Amtsführung durchaus groß auftretenden Kirchen innerhalb unserer Tage, in denen glücklicherweise – wenigstens im europäischen Raum und auf der Nordhalbkugel der Erde – Menschenrechte, Bürgerrechte und Demokratie großgeschrieben werden, Einiges zurückschrauben müssen. Dies fällt jedem glorifizierten Amtsadel und dem Verwaltungsapparat schwer. Jesu Worte sind in Sachen kirchlicher Geltungspräsentation ziemlich verschüttet worden. Die natürlichen Strebungen nach Glanz und Einfluss drangen nach der Frühzeit des Christentums wieder durch. Anpassung, Schielen nach dem höheren Amt, versteckte oder offene Rücksichtslosigkeit hatten Erfolg. Die metaphysisch fundierte unprätentiöse Dienstethik, die Jesus im Auftrag Gottes einforderte, ging vielfach verloren. Die Kirchen verstanden es allerdings geschickt, diesen Verlust zu negieren und als notwendige Darstellung von innerlicher Bedeutung nach außen zu interpretieren. Selbstkritik im Gewissen von Amtsträgern kann nicht nachgewiesen werden, würde wohl als Verrat an eigener Sache gelten.

19 Jesu Einzug in Jerusalem

Jesu Ankunft in der israelischen Hauptstadt zur Osterzeit des Jahres 30 n. Chr. ist im Kap. 21 des Pseudo-Mt-Evangeliums grundlegend als Erfüllungsaussage zu den Hoffnungen der Propheten Jesaja und Sacharja aus der Zeit vor dem Babylonischen Exil angelegt. Die Erzählbilder aus dem 7. vorchristlichen Jhrd. stellen sich die bejubelte Ankunft eines rettenden Messias, der als Friedenskönig in die Metropole des Judenstaates einzieht, sehr präzis vor: Der religiöse Heilsbringer und gleichzeitig politische Retter reitet auf einer Eselin, die von ihrem Fohlen, „dem Jungen eines Lasttiers", begleitet wird. Der Hagiograph hat es nicht unternommen, die zwei Esel als Symbole für die arme Bevölkerung auszulegen, was aber vermutlich durchaus in der Intention der alttestamentlichen Sozialkritiker lag, die damit ihre Vorstellung für eine bessere Zukunft des einfachen Volkes formulierten. Stattdessen entwirft der Evangelist ein naives, nachgestaltendes Erzählbild über das historisch sicher unprätentiöse Durchschreiten des Stadttores durch Jesus in Begleitung einer kleinen Apostelschar, als ob Jesus vorhergewusst hätte, dass in einem der Hauptstadt vorgelagerten Dorf genau diese Reittiere zur Verfügung stünden und vom Wanderprediger nun gemäß zutreffender Vorhersage entliehen werden könnten. Das Betreten des Stadtgeländes läuft in der Ausmalung des Erzählers als glorreicher, die gesamte Bevölkerung in aufgeregte Erwartung versetzender Einzug des entsprechend den Psalmen als „Sohn Davids" begrüßten „Propheten Jesus von Nazaret in Galiläa" ab. Viele Leute breiten untertänig ihr Gewand auf dem Boden aus und verstreuen ehrerbietig frisch geschnittene Baumzweige. Jesus wird also im Text des Neuen Testaments wie ein Befreier und neuer König begrüßt, so dass sowohl die durch Jahrhunderte aufrechterhaltene Messias-Hoffnung als auch die in allen vier Evangelien konzipierte Königs-Behauptung des Volkes homogen eingeführt werden konnte! In der Realität der Osterzeit im letzten Lebensjahr Jesu ist gewiss ziemlich unauffällig ein kleiner Trupp von Jesuanern aus Galiläa um ihren Meister Jesus herum innerhalb einer riesigen Menschenmenge von traditionell gläubigen Juden in die Stadt eingewandert. Die jüdischen Glaubenswächter haben sicherlich erst nach Jesu Predigt im Tempel (falls er sich überhaupt die Genehmigung für eine Rede verschaffen konnte) gemerkt, dass der ihnen mittlerweile sattsam bekannte galiläische Religionsreformer und Schmäher der Amtshierarchie in der Zeit des jüdischen Hochfestes in der Hauptstadt weilt. Da haben sie sofort Gegenmaßnahmen eingeleitet. Dies nur ein Jahr nach dem Todesurteil gegen Johannes den Täufer wegen dessen Königskritik und gewiss auch wegen dessen eigenwilliger und von der Synagoge unabhängiger Bußpredigt sowie der seelisch reinigenden Wassertaufe (die damals wohl schon als Konkurrenz des Beschneidungsrituals für Jungen gesehen wurde)! Der Hohepriester und die durch Jesus ins Abseits gestellten Schriftgelehrten und Pharisäer waren nach der problemlosen Beseitigung des Wüstenpropheten sicher sofort entschlossen, diesen neuerlichen Störenfried, der die Anhänger des Johannes durch seine Bestätigung der sündenvergebenden Wassertaufe (obwohl er sie nicht selbst praktiziert hat) in der Jordangegend um sich versammeln konnte, mit Genehmigung eines Todesurteils durch den römischen Stadtverwalter aus dem Weg zu räumen, bevor er das Osterfest nachhaltig stören und seine Religionszersetzung weiterführen könnte.

20 Jesu Tempelreinigung

Der Hagiograph lässt Jesus in Verbildlichung einer Episode, die sich nur im Ansatz wirklich ereignet haben könnte, die Händler, Käufer und Geldwechsler vertreiben. In der Realität wäre Jesus wegen Sachbeschädigung und lästerlichen Verhaltens unmittelbar vor dem jüdischen Heiligtum sofort verhaftet worden. Sicherlich hat sich Jesus über das ausufernde Geschäftsleben im Vorhof des Jerusalemer Tempels einmal empört geäußert. Wütend wirft er die Warentische um und zitiert dabei die von ihm hochgeschätzten Staats- und Kirchenkritiker Jesaja und Jeremia aus dem 7. vorchristlichen Jhrd.: „Mein Haus soll ein Haus des Gebetes sein. Ihr aber macht daraus eine Räuberhöhle." Gewiss geht in diese Schilderung eines unhistorischen Vorgangs der Respekt des christlichen Exilautors über das achtsame Verhalten von frommen Menschen vor einem Gotteshaus ein. Gleich treten in dieser Erzählung einige Lahme und Blinde auf – der Tempel ist in der vorösterlichen Woche ein Wallfahrtsort -, die von Jesus auf der Stelle wundersam geheilt werden. Dann zieht sich Jesus außerhalb der Stadt in den kleinen Vorort Betanien zum Nachtlager zurück. Gewiss wäre er nach einem tatsächlichen zerstörerischen Zornesausbruch übel beschimpft und handgreiflich von einigen Geschäftsleuten bedroht worden, bevor die Staatsmacht einen solchen Tempelschänder arretiert hätte. Der Erzähler verwertet noch passenderweise eine Stelle aus den Psalmen (als Zitat des Jesus), die da lautet „aus dem Mund der Kinder und Säuglinge schaffst du dir Lob", so dass die Bewunderer von Jesu „Tempelreinigung" und der dieses Recht dann noch bestätigenden Wunderheilungen jubelnd rufen dürfen: „Hosanna dem Sohn Davids!"

Am nächsten Tag möchte Jesus als Nach-Frühstück sich ein paar Früchte von einem Feigenbaum pflücken, fand aber nur Blätter an diesem Gewächs. Da vollbringt er angeblich ein Zorneswunder und lässt diesen Mandelbaum spontan verdorren. Über diese vom Erzähler eingeschobene übernatürliche Wunderkraft staunen seine Jünger wieder einmal, so dass ihnen Jesus erklärt, dass aus einer Glaubenskraft, die keinen Zweifel kennt, sogar die Fähigkeit erwachsen würde, Berge aus dem Felsgrund herauszuheben und ins Meer stürzen zu lassen.

In seinem allegorischen Reden verweist der Mensch und Gottesbote Jesus eindeutig auf Jahwe! Sein grenzenloses Vertrauen bezieht sich auf seinen himmlischen Vater, der als Weltenschöpfer jederzeit über die Veränderung von Naturabläufen verfügen könne. Die Evangelisten münzen den demütigen Bezug des Propheten aus Nazaret im Lichte des nunmehr erreichten Christusglaubens um und fordern von den Christgläubigen das Vertrauen in die unbeschränkte Wunderkraft des Menschen Jesus. Das geht bis heute so weit, dass alle christlichen Konfessionen Gott und „Gottessohn" bedenkenlos gleichsetzen bis zur Formel, die eine Parallele zum Dogma von der „Hypostatischen Union" bildet, dass „Gott in Jesus Mensch geworden ist"; was auf Weihnachten von jedem Kleriker in den festlich geschmückten Kirchenhallen zu vernehmen ist. Der historische Jesus blickte, gehorsam seinem innerlich wahrgenommenen Ruf für Predigt, Glaubensreform und Nahelegen eines unmittelbaren Verhältnisses zu Gott, bescheidener nach oben und adressierte das Beten und Hoffen der Menschen (und sein eigenes) nicht an sich selber, sondern an den allmächtigen Herrn der Zeiten in der himmlischen Sphäre! Seine Empfehlung an die Leute, welche die Bedeutung seiner Liebesbotschaft, die Gottesliebe und Dienst am Menschen gleichsetzt, ermessen können, lautet wörtlich: „Und alles, was ihr im Gebet erbittet, werdet ihr erhalten, wenn ihr glaubt." Sinngemäß müssen wir diese Allegorie umsetzen, dass unser echtes Flehen erhört wird, so dass Gott letztlich alles zu unserem Besten lenkt. Dazu muss natürlich noch unser eigener Beitrag kommen. Ob das erbetene Optimum im noch irdischen oder erst im jenseitigen Bereich zu finden und zu erleben ist, wissen wir nicht. Grundvertrauen auf Gottes Güte muss sein, und wenn diese Haltung zunächst `nur´ Hilfswillen und Hilfskenntnisse durch Mitmenschen bewirkt. Die Kirchengeschichte hält auf der positiven Waagschale zur Bewertung der Institution `Kirche´ anerkennenswert bereit, dass aufgrund von Gebet und Gottvertrauen gewaltige karitative Leistungen ermöglicht und von entsagenden Christen und wirklichen Heiligen unter Mühen in konkrete Hilfsmaßnahmen und wiederum in staatliche Sozialstrukturen umgesetzt wurden.

Da Jesus eineinhalb Jahre als Wanderprediger in Galiläa, hauptsächlich innerhalb seiner Heimatregion am Nord- und Westufer des Sees Gennesaret, unterwegs war, muss er über einen größeren Fundus an Gleichnissen verfügt haben. Nicht alle waren seine originalen Erzählbilder, manche stammen aus der jüdischen Tradition (dann hatten sie Gott im Zentrum des moralischen und metaphysischen Maßstabs), manche wurden von den Evangelisten abgewandelt und setzten Jesus als den geglaubten Gottessohn als inneres Ziel der allegorischen Kurzgeschichten ein. Einige Gleichnisse nehmen sich nicht nur mangelnde Übertrittsbereitschaft in eine christliche Gemeindezelle der in der althergebrachten Religion verharrenden Juden als wesentlichen Kritikpunkt vor, sondern sogar offensichtlich die Glaubensunsicherheit der Apostel. Das mag die schreibenden Hagiographen im Ausland – dem streng jüdischen Leben in Israel 50 Jahre nach Jesu Kreuzestod in Palästina bereits entfremdet – verwundert haben, so dass sie die Glaubensschwäche von Jesu Gefolge beanstanden. Die Evangelisten versetzen sich jedoch zu wenig in die Anfangssituation des erst entstehenden Christentums hinein, da sie ja alle keine Apostel waren. Allein Markus und Lukas sind wenigstens als Apostelschüler zu identifizieren, die dann noch mittelbar etwas vom echten Menschen Jesus wussten! Die biblischen Autoren verharren nicht bei der Tatsache, dass Jesus ein Religionsreformer und vehementer Prediger in der Nachfolge vorausgehender Propheten war. Sie plädieren viel tiefgreifender noch – gesteigert von Markus bis Pseudo-Johannes - für die Inkarnation (=Fleischwerdung) Jahwes ins Menschliche mittels einer Jungfrau als Zeugungspartnerin. Echte Historizität Jesu war den Autoren nur in Ansätzen parat. Das Neue Testament vertritt insgesamt eine Göttlichkeit Jesu.

Im „Gleichnis von den ungleichen Söhnen" beschimpft also ein später figurierter Jesus seine Jünger wegen ihrer Glaubensschwäche, in die er sogar die mangelnde Anerkennung der „Prophetie" von Johannes dem Täufer einbezieht. Beide Söhne eines Weinbergsbesitzers sind in der Parabel nämlich schlechte Abkömmlinge ihres Vaters, weil der eine seinen Herrn belügt, der andere zunächst offen die Arbeitsleistung verweigert und diese dann doch reumütig vollbringt. Die rätselnden Apostel halten den zweiten Sohn für besser, was ihnen der von Pseudo-Mt als zornigen Anführer dargestellte Jesus arg verübelt. Da erscheinen ihm die reuigen und von den Juden übel beleumundeten Zöllner und Dirnen gar frömmer als seine Mitstreiter.

Im „Gleichnis von den bösen Winzern" verweigern die Pächter eines großen Weinbergs dem Inhaber die Pachtzahlung. Dazu misshandeln sie die Schuld-Eintreiber und töten diese sogar. Dasselbe geschieht dann genauso mit dem Sohn des Weinbergbesitzers, der schließlich mit der Absicht auf noch gütliche Regelung vom Vater zu den Pächtern geschickt worden war. Die verbrecherischen Lehensnehmer, die in Spekulation auf den Besitz des gesamten Weinbergs zu hinterhältigen Mördern geworden sind, seien nach Meinung von Jesu angeblichen Hörern vor ein strenges Gericht zu stellen, und daraufhin könnten neue Pachtleute gesucht werden. Der von der jungen christlichen Tradition figurierte Jesus korrigiert die Ansicht der staunenden Pharisäer im Publikum, indem er eine Stelle aus den Psalmen zitiert, in der vom mächtigen Eckstein die Rede ist, den die Bauleute leichtsinnig verworfen hatten. Damit stellt die Allegorie des Gleichnisses im Sinne der jungen Kirche der 80er Jahre den Bezug zum getöteten Jesus und dann aber durch Gott erhöhten Heilsbringer Christus her, der nunmehr die Strafe für die Schuldigen vornimmt. Die Semantik (=Bedeutungslehre) der Erzählung beruht auf zwei Ebenen: Die Verweigerung der Anerkennung der Pachtforderung und das damit zusammenhängende Gewaltverbrechen. Dazu kommt der neue Blick auf die Umkehrung der Machtverhältnisse, der sich nach der schmachvollen Tötung Jesu durch sein nunmehr als Tatsache erfasstes Fortleben und die bereits recht gesicherte Kirchengründung im nichtjüdischen Ausland ergeben hat. So darf der Text dem predigenden Jesus die erst kommende Szenerie von Kreuzestod verfügbar machen und die darauf folgende Aufwertung des Erhöhten zum Richter über das gesamte mittlerweile als stur und unbelehrbar erachtete Judentum zum Ausdruck bringen. Die Juden hätten sich ihres landsmannschaftlichen Messias Jesus, zugleich dem Gottessohn des Christentums, nicht würdig erwiesen: „Das Reich Gottes wird euch weggenommen und einem Volk gegeben werden, das die erwarteten Früchte bringt." So wird durch dieses Doppel-Gleichnis erkennbar, dass die neuentstandene Religion nicht mehr auf die Bekehrung Israels setzt! Die Hoffnungen ruhen nun, nachdem die Mission von Paulus und seines Schülers Lukas und der Einsatz des neu aktivierten Petrus und seines Schülers Markus bereits merkliche Erfolge gezeitigt haben, auf den eher dem Christentum aufgeschlossenen Volksgruppen der kleinasiatischen, der griechischen und sogar der römischen Hemisphäre.

Im „Gleichnis vom königlichen Hochzeitsmahl" gelingt es einem König nicht, die Bewohner der nahegelegenen Stadt zum vorbereiteten Hochzeitsmahl seines Sohnes zu laden. Die herbeigebetenen Gäste bleiben teils mit fadenscheinigen Ausreden weg; viele sind desinteressiert und gehen lieber ihrer Arbeit nach; andere misshandeln die Boten des Königs und ermorden diese sogar. Es liegt auf der Hand, dass Gott der König dieser Allegorie ist und Jesus (nun schon als gefolterter und gekreuzigter Christus) sein Sohn. Der Ruf zum Festmahl stellt die Einladung zum Christusglauben dar. Der von Pseudo-Mt figurierte Jesus als Prediger dieses Gleichnisses rechnet indirekt mit der hartnäckigen Jerusalemer Judengemeinde ab, die aus ihrer Sicht das keimhaft Mitte der 40er Jahre aufkommende Christentum erfolgreich abgewiesen hat. Die Jesus in den Mund gelegte Erzählung verwertet dabei zu Beginn der 80er Jahre sowohl die Folterung und den Justizmord an Jesus im Jahre 30 sowie die Zerstörung des Tempels und eines großen Teils Jerusalems durch die Römer anlässlich der Niederschlagung des Zelotenaufstands im Jahre 70. Damit wird die dem Pseudo-Mt in wesentlichen Schwerpunkten bekannte Religionsgeschichte und die Zerstörung Jerusalems im Sinne der im Ausland gut fußfassenden neuen Religion durch das Gleichnis funktionalisiert! Die an der Besatzungssituation festhaltende römische Besatzungsmacht handelt als eine Art Strafkompanie jetzt nicht mehr gegen politische Revolutionäre, sondern als himmlische Heerschar gegen die als böse und arrogant charakterisierten Schriftgelehrten, Pharisäer und Sadduzäer des konservativen Judentums. Die Allegorie nimmt nach der Strafaktion gegen die Einladungsverweigerer die Wendung, dass nunmehr beliebige Leute sich an den vorbereiteten Festtischen sättigen dürfen. Unter den Zufallsgästen sind gute und böse Menschen, jedoch hat einer von denen nicht die trotz aller Spontaneität stillschweigend erwartete Hochzeitskleidung an (zweifellos ein Widerspruch im inneren Zusammenhang der Geschichte). Diesen plötzlich unwürdig erscheinenden Gast lässt der wütende König fesseln und fortexpedieren: „Werft ihn hinaus in die äußerste Finsternis! Dort wird er heulen und mit den Zähnen knirschen. Denn viele sind gerufen, aber nur wenige auserwählt." Pseudo-Mt lässt also sein Gleichnis und das seiner syrischen Gemeindetheologie mit einer massiven Drohung gegen die Christentums-resistenten Juden sowie gegen Abweichler aus der neuen, schon straff und selber abwehrend auftretenden Kirche enden. Man hat sich als die einzig wahre Religion geriert und sieht sich in der Lage, Gott für das eigene Ideen- und Liturgiegebäude zu vereinnahmen! Wer konform mitmacht, gilt als rechtgläubig, wer dagegen ist oder nur zweifelt, der muss ausgeschlossen und gar in die Hölle verdammt werden. Eine neue Institution rächt sich gegen erlittene Verfolgung mit Feindseligkeit gegen die einstigen Gegner im Stammland und gegen die Kritiker von Glaubensinhalt und Glaubenspraxis in den eigenen Reihen. Von einer Umsetzung der von Jesus selbst vertretenen Friedfertigkeit ist keine Rede mehr.

Im Gleichnis „Die Frage nach der kaiserlichen Steuer" wird ein historisch durchaus glaubhafter Jesus dargestellt, weil er konkret-unpolitisch (allgemein verstanden sind Jesu Ethik und sein Weltbild eminent politisch) auf die Fangfrage von Sadduzäern reagiert, die als kollaborationsbereit mit den Römern galten. Auf der römischen harten Währung, in welcher die Juden ihre Steuern an die Römer bezahlen mussten, war das Bild des jeweiligen Kaisers eingraviert – zur fraglichen Zeit also das des Tiberius. Die Juden durften im Tempelbereich nach Weisung ihrer Religionsoberen solch „unkoscheres" (=unrein, unpassend, verboten) Geld nicht verwenden, da das Bilderverbot streng eingehalten werden musste. Münzen mit Kaiserbild voll anzuerkennen, hätte bedeutet, dem „heidnischen" (=ungläubig, götzendienerisch) Kaiser nahezu gottgleiche Verehrung zukommen zu lassen. Als Jesus sich von seinen Kritikern römisches Hartgeld vorlegen lässt, kontert er geistesgegenwärtig mit einem Grundsatz, welcher der Besatzungsmacht und zugleich den frommen Juden die traditionellen Rechte belässt: „So gebt dem Kaiser, was dem Kaiser gehört, und Gott, was Gott gehört!" Mit dieser Auffassung kann der unbequeme Religionsreformer sowohl nicht beim römischen Stadtverweser wegen Steuerverweigerung denunziert werden als auch nicht der Ablehnung des Gebrauchs von Tempelgeld für kirchliche Zwecke. Damit war die Fangfrage gegen Jesus ins Leere gegangen. Der geschichtliche Prophet (=Künder einer Botschaft, die er als gottgewollte innere Verpflichtung wahrnimmt) aus Nazaret will sich nicht mit der langfristig geplanten Revolution der Zeloten, die erst im Jahre 70 n. Chr. in die Tat umgesetzt wird (mit üblen Folgen für die Aufständischen, die Stadt und den Tempel), identifizieren und ebenso nicht alles in Frage stellen, was die Jerusalemer Oberschicht des Judentums für wichtig hält. Allerdings zeigt die Erzählung von Jesu Zornesausbruch gegen den Geschäftsbetrieb im Tempelvorhof, dass Jesus am liebsten alles gar zu weltliche Brauchtum von jeder Gebetsstätte, die allein Ehrfurcht und Besinnung verlangt, ferngehalten hätte. Dazu kommt, dass Jesus mit dem im 22. Kapitel des Pseudo-Mt-Evangeliums überlieferten Zitat „Gebt Gott, was Gott gehört" nicht primär Münzen für den Tempelbetrieb meint, sondern an erster Stelle von der seelischen Zueignung an Jahwe spricht, die sich durchaus in einer frommen Synagogen-Liturgie zeitigen könne, jedoch auch privat als Grundhaltung jedes Einzelnen – unabhängig von der Bevormundung durch Sadduzäer und Schriftgelehrte – zu praktizieren wäre.

22 Jesu Auseinandersetzungen mit den traditionell Frommen

Pseudo-Mt übermittelt in seinem Evangelium vielerlei Dispute Jesu mit Verantwortlichen für die reine und eingeführte jüdische Glaubenslehre, u.a. auch die Fangfrage, wie es denn im ewigen Leben für eine Person bestellt sei, die mehrmals verheiratet war. Die Sadduzäer, die nicht nur verdächtig waren, ein zu willfähriges Verhältnis mit der römischen Stadtverwaltung einzuhalten, sondern auch heimlich beschuldigt wurden, nicht an das Ewige Leben zu glauben (obwohl sie selbstverständlich als oberste jüdische Priesterkaste - in ihrer Stellung vergleichbar mit heutigen Bischöfen – von einem Fortleben nach dem Tode überzeugt waren), legten Jesus das Problem vor, dass sieben kinderlose Brüder jeweils nach dem Versterben des älteren Bruders die überlebende Schwägerin heiraten, und nun die Frage nach der im Himmel vorrangig gültigen Ehe zu klären sei. Alle diese Männer könnten doch nach der Auferstehung auf ihre richtige Rechts- und Liturgieform für die weiteren Ehen verweisen. Jesus entgegnet in gewohnter Schlagfertigkeit, dass sich in der ewigen Glückseligkeit überhaupt die im Irdischen geschlossenen formellen Partnerschaften erübrigten, weil die geschlechtsspezifische Natur der Menschen in der Ewigkeit aufgehoben sei; ähnlich den Engeln, die als geschaffene überirdische Personen immer schon geschlechtslos gewesen wären. Grundsätzlich würde sich Gott mehr um die Lebenden als um die Toten kümmern. Angesichts dieser überlieferten Schroffheit Jesu bei sehr schwer zu lösenden Religionsproblemen muss der Hagiograph wohl historisch ehrlich vermelden, dass das zuhörende Volk bestürzt über Jesu radikale Worte von dannen ging. In der Tiefe dieser Erzählung kommt die hochinteressante Auffassung über das Ewige Leben zum Vorschein, worin ein Bruch zwischen den diesseitigen Bindungen und individueller jenseitiger Erfüllung angedeutet wird.

Die Pharisäer wollen, genauso wie die Sadduzäer, Jesus zum wiederholten Mal theologisch in die Enge treiben und fragen ihn, in der Absicht, dass er sich in einen Konflikt mit dem mosaischen Gesetz manövriere, nach dem wichtigsten Gebot. Da fromme Juden selbstverständlich erwarten, dass ein gelehriger und erst recht ein gelehrsamer Israelit mit der Bestätigung der alle andere Ethik überragenden Gottesliebe antworten müsse, sehen sie beim revolutionären Religionsreformer aus Nazaret eine Chance, ihn bei einem schlimmen Sakrileg zu ertappen. Jesus steht ja im Verdacht, allzu bereitwillig eine lästerliche Kult- und Tempelferne für gut zu heißen und primär die individuelle Hilfsbereitschaft nahezulegen. Und tatsächlich entscheidet sich Jesus trotz der Lebensgefahr, in die ihn seine ehrliche Überzeugung wissentlich bringt, für eine klare und die anerkannt Frommen gewiss schockierende Aussage (von Pseudo-Mt wörtlich dokumentiert im 22. Kapitel), welche sie flugs zur weiteren Anprangerung des missliebigen Predigers und Irrlehrers verwenden werden: „Du sollst den Herrn, deinen Gott, lieben mit ganzem Herzen, mit ganzer Seele und mit all deinen Gedanken. Das ist das wichtigste und erste Gebot. Ebenso wichtig ist das zweite: Du sollst deinen Nächsten lieben wie dich selbst. An diesen beiden Geboten hängt das ganze Gesetz samt den Propheten.“ Jesus streicht also die Gottesliebe nicht aus seiner Kurzformel des Glaubens und seiner Moral, aber er setzt die Sorge um die Mitmenschen unerhört gleichwertig mit der Verbindung zu Gott an! Das ist in einer Religion, welche die Liturgie im gewaltigen und prachtvollen Gebetshaus sowie die andächtige und ehrfürchtige Verehrung des Schöpfers und Erhalters als erstrangige Glaubensforderung betrachtet und die Unterstützung der Notleidenden und Bedrängten als Beiwerk, als bloße Pflicht zur Almosensteuer, auffasst, ein ungeheurer Verstoß gegen die geheiligte Glaubenstradition und gegen die Lehrmeinung des unantastbaren Priesterstandes. Der Menschensohn aus Galiläa aber sieht in seiner Aussage, die Gleichwertigkeit von Anbetung des Schöpfers und tätiger Barmherzigkeit gegenüber den Armen und Belasteten fordert, den unmittelbaren Willen Jahwes verkörpert, den er zu verkünden hat. Jesus will den ersten Aspekt des Glaubens nicht abschaffen, jedoch die zweite Forderung erheblich aufwerten. Jesus legt in einer Umwertung bisheriger Werte den Nachdruck auf die Nächstenliebe von Mensch zu Mensch (mit dem bereits im 5. Kap. des Evangeliums in der Bergpredigt niedergelegten Grundsatz sogar der Feindesliebe) über die lokalen, rassischen, staatlichen und glaubensmäßigen Grenzen hinweg! Dies stellt keine Verflachung des Glaubens ins Horizontale und Nur-Ethische dar, weil doch weiterhin die Mitmenschlichkeit aus der Verehrung Gottes und aus dessen Forderung erwächst. Diese Konnexion war den Juden der damaligen Zeit unfassbar, sie wurde als lästerlich angesehen – mit den ausgrenzenden und tödlichen Folgen für den Lästerer. Wir Heutigen können nach den mühsam erkämpften humanitären Errungenschaften von Menschenrechten und Toleranz erst jetzt kongenuin mit Jesus erahnen, was seine Kurzformel bedeutet. Er wollte, gesinnungsmäßig fest verankert im Wollen seines himmlischen „Vaters", Frömmigkeit und Humanismus unter ein Dach bringen. Glaube durfte für ihn nicht in sterile Metaphysik, in nationale Glorie, in Festzeremoniell mit karitativem Nebenaspekt münden. Er wies auf einen essenziellen Zusammenhang hin: Wer wirklich glaubt, müsse Sozialität und Solidarität pflegen. Metaphysik und Mitmenschlichkeit sind gleichgewichtig und bedingen einander. Jesus verstärkt die mitmenschliche Intention, die ihm als individuelle Tat noch wichtiger erscheint als die Almosengabe im Rahmen der karitativen Hilfsleistungen der priesterlichen Synagoge, durch den Vergleich mit der natürlichen Selbstliebe. Damit soll auf jene Kraft hingewiesen und für die Mühseligen und Beladenen des Landes und der Welt fruchtbar gemacht werden, welche der Mensch intuitiv für eigene Interessen und Notwendigkeiten einsetzt. Dieser Gedanke kann das aufzuwendende Energiepotential für die Verbesserung von schwierigen Sozialverhältnissen erheblich verstärken. Der Gläubige muss sich in die Lage von anderen Menschen, die schwer krank sind, nichts mehr zum Leben haben und ungerecht behandelt werden, hineinversetzen. Dann erst wird in vollem Umfang der nötige Tatwille angespornt, der zu unmittelbarer Hilfe bemächtigt. Da Jesus, weitschauender als es seine Zeit, die selbständiges Argumentieren noch nicht zu schätzen vermochte, an rationale und emotionale Intentionen jedes Einzelnen zugunsten der Leidminderung und Leidbehebung appelliert, setzt er früh Ansatzpunkte für die spätere Entwicklung national organisierter und sich daraus später international ergebender Hilfs- und Schutzmaßnahmen. Kirchliche Karitas wurde auf dieser Schiene der Säkularisierung mit der Gründung von sozial tätigen Institutionen wesentlich erweitert. Mildtätigkeit über nationale Schranken hinweg konnte sich zum Bestandteil von überzeugender Religiosität gerieren, und humanitäre Aktionen bei Katastrophen oder in Nachkriegszeiten wurden Ausdruck von nahezu selbstverständlicher Solidarität. Ein weiterer Entwicklungsschritt von Jesu Gleichsetzung von Kernglaube und Ethik besteht in der Planung und Einrichtung katastrophenwarnender und sogar kriegsverhindernder Maßnahmen. Jesu Glaube, inspiriert von Gottes Auftrag, trug Früchte – hundertfach und tausendfach; auf gutem Boden von Gläubigen, welche die Welt als Auftrag zum besseren Gestalten für eine einzige Gattung „Weltmensch" über Rassen und

Nationen und Religionen hinweg betrachten. Der Heilswille des Einzelnen, von den Frommen zu Jesu Lebzeiten noch arg egozentrisch aufgefasst, wird zunehmend sozial und global fruchtbringend eingesetzt. Das Ewige Leben zu erlangen, erscheint nicht mehr nur möglich über höchstmögliche Verehrung Gottes und über kirchliche Amtsbindung, sondern über Dienst am Guten in aller Welt aus einer grundlegenden und offenen Glaubenshaltung heraus! Jesus verdichtet in seiner Gleichsetzung von Gottes- und Nächstenliebe alle Moral- und Kultvorschriften (groteske Reinheitsvorschriften pflegte er zu missachten) der Thora sowie die Sozial- und Friedensappelle der Propheten zu einem kraftvollen und ermutigenden Grundsatz: Wer auf den Nachbarn neben sich und in aller Welt besorgt und tatbereit achtet, übt bereits Gottesdienst. Gott freut die Hilfe der Gläubigen auf innerweltliche Weise, seine eigene Verehrung ist ihm kein Hauptwert! Die Verwirklichung des Guten durch engagierte Menschen ist ihm wichtiger als Huldigung. Wer allen Menschen Lebensmittel, Lebensraum, Entfaltung, Freiheit und Frieden zugesteht, achtet seinen Willen.

Die im Neuen Testament wiederholt anzutreffende Messias-Frage wird im Evangelium des Pseudo-Mt in ungewöhnlicher Weise aufgetischt, indem Jesus von sich aus, umgeben von einer Gruppe der Pharisäer das Problem seiner Herkunft und Sendung einer Lösung zuführt, die in chassidistischer (gelehrter geistiger Disput) Weise seine Gegner mit Hilfe eines Zitates aus dem unantastbaren Alten Testament intellektuell ausspielt. Der dieses Mal offensichtlich vom Hagiographen gestaltete Jesus schlägt die offiziell Frommen seines Volkes mit den Waffen ihrer spitzfindigen Vorgänger aus dem 3. Jhrd. v. Chr., so dass sie wieder einmal klein beigeben müssen. Pseudo-Mt setzt als Erzähler der angeblichen Selbsterklärung Jesu vor den Skeptikern seiner Berechtigung für Religionsreform voraus, dass Jesus sich selbst bereits nicht nur als natürlich gezeugten „Menschensohn", sondern als übernatürlich gezeugten „Gottessohn" identifiziert habe. Der derart figurierte Jesus kann somit in Nutzung einer von König David formulierten Psalmen-Stelle logisch beweisen, dass der gepriesene Herrscher auf keinen Fall der Ursprung einer biologisch gedeuteten Ahnenreihe sein könne, die zu Jesus nahtlos hinführe, weil David doch nicht den späteren Gottessohn als seinen noch tausend Jahre fernen Abkömmling (der jedoch als Christus schon bei Jahwe präexistent gedacht wurde) mit dem Würdetitel „Herr" angeredet hätte. Mit solcher „Beweisführung", die als Erzählerkonstrukt dann durchschaubar ist, wenn man den geschichtlichen Jesus schlicht als echten Menschen mit

Sendungsbewusstsein ansetzt, ließen sich jahrhundertelang wortgläubige „Theologen" irreführen. Ein wörtlich verstandenes Altes Testament steht für solche schlichten Leute im Dienste eines ebenso wörtlich rezipierten Neuen Testaments – und letzteres wird noch dazu als real aufzufassende Vorankündigung des Alten Testaments dargestellt. Im Grunde kämpft Pseudo-Mt im Syrien der 80er Jahre für das inzwischen von der jungen Kirche erarbeitete Christusbild (so die Präexistenz des Gottessohnes unmittelbar zur Rechten des himmlischen Vaters thronend) und ein Jesusbild der reinen Übernatur, also für die Auffassung von Jesu Zeugung durch den Heiligen Geist unter Nutzung der bisher und nachher unversehrten Körperlichkeit einer frommen Jungfrau. Da die Pharisäer der geschickten Argumentation dieser vom Hagiographen konzipierten Jesus-Figur nichts entgegenhalten können, gehen sie geschlagen davon und hätten den predigenden Jesus seither nie mehr mit hintersinnigen Fangfragen belästigt.

Das Pseudo-Mt-Evangelium bündelt im 23. Kapitel die Meinung des geschichtlichen Jesus von Nazaret über die Offiziell-Frommen des Judentums. Der Einzelgänger und theologische Autodidakt aus Galiläa schwört seine Anhänger auf das Ideal eines vereinfachten und individuell zu praktizierenden mosaischen Glaubens ein. Die Pharisäer sehen sich in ihrer selbstgewissen religiösen Routine in Frage gestellt, eine Reduzierung der 613 Gebote Verbote – darunter viele Reinheitsregeln – erscheint ihnen unzumutbar. Sie wollen den unbequemen Kritiker niederhalten und versuchen, ihn intellektuell und theologisch auszuspielen, wobei sie aber an einen ihnen geistig und charakterlich überlegenen Gegner geraten. Der Idealist Jesus geht umgekehrt mit den Schriftgelehrten, Priestern und religiös Konservativen nicht zimperlich um. Ihn stört deren Inkonsequenz, ihre mangelnde Übereinstimmung zwischen Reden und Tun. Das Urteil von deren Lügenhaftigkeit spricht er ohne jede feine Zurückhaltung öffentlich aus: „Sie schnüren schwere Lasten zusammen und legen sie den Menschen auf die Schultern, wollen selber aber keinen Finger rühren, um die Lasten zu tragen." Zudem erscheinen sie dem Wanderprediger arg selbstgefällig und eitel, weil sie sich stets in den Vordergrund stellten und darauf erpicht wären, öffentlich als Rabbis (offizielle Glaubenslehrer und Gemeindevorsteher) angesehen zu werden. Jesus bemüht sich scharfsichtig, den Pharisäern ihre religiöse Oberflächlichkeit und Abseitigkeit nachzuweisen. So prangert er an, dass diese scheinheiligen religiösen Führer und Vorbilder die Menschen auf das Gold des Tempels schwören lassen, nicht auf den Tempel selbst. Genauso sei es mit dem Bezug auf jedes Tempelopfer bestellt. Das Heilige und Ehrfurcht Gebietende sei doch der Altar und nicht die Art der Opfergabe. Und schließlich wären Tempel und Altar wiederum nur Ausdrucksformen eines andächtigen Bezugs zum anzubetenden Jahwe. Weil die Schriftgelehrten und Synagogenvorsteher ihm durchwegs als religiös danebenliegend und persönlich heuchlerisch vorkommen, kann er sie als Hemmschwelle für das Himmelreich darstellen: „Ihr verschließt den Menschen das Himmelreich. Ihr selbst geht nicht hinein; aber ihr lasst auch die nicht hinein, die hineingehen wollen." Die offiziellen Vertreter des Judentums wirken auf den zornigen Jesus wie ein rotes, bewegtes Tuch auf den Stier in der Arena. Sie lehren Falsches, sie übergewichten die Äußerlichkeiten und vernachlässigen sträflich die persönlich zu vollziehende ethische Seite von Religion: „Ihr gebt den Zehnten von Minze, Dill und Kümmel und lasst das Wichtigste im Gesetz außer Acht: Gerechtigkeit, Barmherzigkeit und Treue. Man muss das eine tun, ohne das andere zu lassen." Wieder einmal macht eine Textstelle sichtbar, worum der selbstgeschulte Thora-Kenner aus Nazaret kämpfte. Er befürwortet durchaus die elementaren Pflichten des mosaischen Glaubens, doch er lehnt aufs Schärfste die Verlagerung ins Äußerliche, in die liturgische Überfrachtung und in die persönliche Amtseitelkeit ab! Ebenso widert ihn im wahrsten Sinn des Wortes an, dass die Pharisäer zwar die Denkmäler der Propheten schmücken (es sei daran erinnert, dass die staats- und kirchenkritischen Propheten der vorexilischen Zeit im 7. vorchristlichen Jahrhundert, voran Jesaja und Jeremia, seine Vorbilder waren), doch sich einbilden, dass sie selber – falls damals lebend – keineswegs diese Pazifisten und Sozialreformer bekämpft hätten. Jesus durchschaut die Scheinmoral der selbstgefälligen Synagogenvertreter, die wie Blinde die Wahrheit nicht sehen und erkennen wollen, und scheut sich also nicht, sie als „Söhne der Prophetenmörder" anzuprangern. Er verheißt ihnen im Zorn des Gerechten die ewige Verdammnis: „Ihr Nattern, ihr Schlangenbrut! Wie wollt ihr dem Strafgericht der Hölle entrinnen?" Diese vernichtenden und die jüdischen Religionsoffiziellen desavouierenden Urteile werden vom Hagiographen erzählerisch abgerundet mit unhistorischen, dem radikal predigenden Jesus 50 Jahre später in den Mund gelegten Ankündigungen über die Verfolgungssituation der ersten Christen im jüdischen Stammland Juda: „Jerusalem, Jerusalem, du tötest die Propheten und steinigst die Boten, die zu dir gesandt sind." Der Evangelist schließt im Jahr 80 n. Chr. mit dem inzwischen vom Judentum ins Christentum integrierten Glaubenshinweis auf die „Wiederkunft" des Messias, nunmehr Christus, beim „Jüngsten Gericht". Die vom geschichtlichen Jesus zur Zeit seiner Wanderpredigten derart übel bloßgestellten Religionsoffiziellen holen bald nach Jesu Tiraden zum rächenden und vernichtenden Gegenschlag aus. In ihrer unwandelbaren Selbstgefälligkeit waren sie der Überzeugung, dass Lehre und aggressiver Stil diesen neuen Propheten als Synagogen- und Gotteslästerer erweise und er – nach Denunzierung seiner angeblichen staatszersetzenden Gefährlichkeit vor dem Hohenpriester, dem jüdischen König und dem römischen Stadthalter – dem gerichtlich ausgesprochenen, schmählichen Kreuzestod zu überantworten sei. Sie warten so lange ab, bis sich der angebliche Gotteslästerer zu Ostern aus dem fernen Galiläa herauswage und bei seinem verwegenen Betreten Jerusalems festgenommen werden könne.

23 Reden über die Endzeit

Jesus sagt in allen Evangelien die Zerstörung des Tempels voraus. Dabei handelt es sich selbstverständlich um rückverweisende Gemeindetheologie zur Schreibzeit der Texte, wo eben die Schleifung dieses Riesengebäudes und das Wahrzeichen eines die Römer herausfordernden selbständigen Staatswesens und straff organisierten Judentums bereits im Jahre 70 n. Chr. Tatsache geworden ist. Wie jeder normale Mensch konnte der geschichtliche Jesus nicht einzelne Vorgänge 40 Jahre nach seiner Lebenszeit vorauswissen, höchstens ahnen, dass später einmal die römische Besatzungsmacht einen eventuell stattfindenden Aufstand der heimischen politischen Widerständler nachhaltig niederschlagen würde. Da jedoch der historische Jesus im Glaubensbegriff der jungen Kirche mit dem jüdischen allwissenden Messias gleichgesetzt wurde, erscheint es den Hagiographen sinnvoll, rückwirkend den Menschen Jesus über seine eigene Identifikation als begnadeten „Menschensohn" hinaus mit der göttlichen Eigenschaft der präzisen Zukunftskenntnis auszustatten. Auf dem Weg zum Ölberg soll Jesus nach Wiedergabe von Pseudo-Mt auch gemeint haben, dass sich nach seinem Tod noch viele Propheten als Messiasse ausgeben würden, weshalb er die Apostel vor derartigen Scharlatanen warnt. Dieser Erzählereinschub ist eigentlich unnötig, weil Jesu Gefolgsleute eh nur auf den ihnen mittlerweile als einzig legitim erscheinenden Messias eingeschworen waren. Daneben wird unbeabsichtigt Zeitkolorit sichtbar, weil in dieser unruhigen Zeit der Fremdherrschaft unter den „heidnischen" Soldaten des „gottlosen" Rom erhebliche Zukunftsangst herrschte, die wohl einige Leute hervorbrachte, die laut ihre düsteren Befürchtungen verbreiteten. Der Evangelist stattet nun seinerseits den geschichtlichen Jesus ziemlich unglaubhaft (aber sein eigener Glaube kommt darin zu Wort) mit einem dementsprechenden Horrorszenario aus, wie es später in der Apokalypse eines weiteren Johannes umfassende Gestalt annimmt. So prophezeit der Jesus seiner Schilderung einen Weltkrieg (in der allernächsten Zukunft) sowie Hungersnöte und Erdbeben als Anfangszeichen für den bald bevorstehenden Weltuntergang. Die schrecklichen nächsten Jahre seien außerdem gekennzeichnet durch die Bedrängnis für die Glaubenszeugen, die dann auch Glaubensabfall von schwachen Christen mit sich brächten. Die Gesellschaft gerate in Zerfall, was sich in einem Unmaß an Gesetzesübertretungen und damit einhergehenden Gefühlserkaltungen zeige. Aber nach dem beharrlichen Überstehen solcher Schwierigkeiten durch die Christen erhalte der neue Glaube die Chance weltweiter Ausbreitung. Den Standhaften könne Jesus Rettung im Diesseits und Jenseits zusagen. Nach Gefährdung, Reinigung und endgültigem Sieg des Christentums würde sich der alles Dasein beendende Weltuntergang ereignen. Zur weiteren Illustrierung der fiktionalen Abschiedsrede Jesu greift der Hagiograph eine Vermutung des Propheten Daniel zur Zeit des Babylonischen Exils auf (dies wird als Prophezeiung betrachtet!), der die Bedrängnis für die Juden (im christlichen Text also nun Judenchristen) mit einer Tempelschändung eingeleitet sieht und den Bewohnern Judas zur Flucht ins Gebirge rät, wo die in Not geratenen Glaubenstreuen gerade noch überleben könnten. Doch käme es schon nach kurzer Zeit zur endgültigen Rettung der betenden Christenschar, weil der nun siegreiche Gottessohn alles Zeitliche für beendet erklärt und ins Erlöst-Dauerhafte überführt. Die Dichtung des Pseudo-Mt im 24. Kapitel, welche apokalyptische Vorstellungen der Zeit nutzt, lässt die voraussagende Jesus-Gestalt 50 Jahre nach dem Tod des Religionsreformers von einer die Wiederkehr Christi begleitenden Lichterscheinung sprechen, die „wie der Blitz zum Westen hin leuchtet, wenn er im Osten aufflammt". Zur Verängstigung der im traditionellen Judentum festhaltenden Leser des Evangeliums müssen angebliche Drohworte des um seine Wiederkunft wissenden Jesus herhalten, die deren unwürdiges Absterben beschreiben: „Überall, wo ein Aas ist, da sammeln sich die Geier". Die glorreiche Rückkehr des Menschensohnes, identisch gesetzt mit dem machtvollen Gottessohn Messias, wird anschließend noch einmal stichpunktartig zusammengefasst: 1. Große Not, 2. Sonnen- und

Mondfinsternis, 3. Zusammenbruch des Kosmos, 4. Das Zeichen des Menschensohnes am Himmel, 5. Das Klagegeschrei aller Völker, 6. Die Ankunft des Menschensohnes „mit großer Macht und Herrlichkeit auf den Wolken des Himmels", 7. Vereinigung aller Auserwählten unter dem Posaunenschall der Engel. Am Schluss dieses Kapitels über die (erfundene) Abschiedsrede ermahnt der prophezeiende Jesus, der jedoch durchaus zugibt, trotz sonstiger Allwissenheit den genauen Zeitpunkt des „Jüngsten Tags" im Gegensatz zu seinem himmlischen Vater nicht zu kennen, seine Anhänger noch einmal zur Wachsamkeit unter Hinweis auf die leichtfertige Arglosigkeit zur Zeit der Sündflut. Man könne die Stunde des Endes eben nicht ausrechnen oder abschätzen. Daher sei stetes Bereithalten (also gottgefälliges Leben gemäß Jesu Interpretation) geboten. Solche Christen würden dann Rettung ins Ewige erwarten dürfen. Wehe aber den „untreuen Knechten", die unbedacht leben, die Tage mit Fress- und Trinkgelagen verbringen und lieblos und roh mit den anderen Menschen umgehen. Solche Leute werde der Herr „in Stücke hauen" und unter die verdammten Heuchler (also die Pharisäer) werfen, damit sie dort „heulen und mit den Zähnen knirschen". Glücksverheißung und Verwerfungsdrohung sind die Stilmittel zur Aufrüttelung der Hörer und Leser des Evangeliums gegen Ende des 1. nachchristlichen Jahrhunderts! Die Vorstellung vom Ewigen Leben ist Kernbestand jeder Religion. Die Sorge über dauerhafte Glückseligkeit oder unumkehrbaren Jammer intensiviert die Anstrengung für eine Lebensweise gemäß den Vorgaben jeder Weltanschauung und institutionalisierten Gesinnung. A-Nihilation (Vergehen, Verlöschen) statt Verdammnis in einer Hölle gehörte noch nicht zum Programm frühchristlicher Theologie, daher hält sich das dualistische Bild von ewigem Glück oder Unglück in den Utopien der alten und neuen Religionen. Geistig und seelisch empfindliche Naturen werden darauf im Sinne der Grundintention reagieren und sich weitgehend anstrengen, sich systemkonform zu verhalten. Verhärtete Gemüter und Materialisten bleiben unbeeindruckt. Starre theologische Systeme schwören ihre Anhänger auf Treue und Unbeeinflussbarkeit ein! Fanatiker werden verbal und physisch gewalttätig entweder zugunsten des Alten oder für das Neue, je nachdem hinter welcher Ideologie die schützende Staats-Legitimation steht. So drängt die in den so gen. „Offenbarungstexten" vorzufindende Wahrheitsfrage zu einer Lösung, die nur bei vereinbarter Gewaltlosigkeit der Religionen und Konfessionen sowie unter Mitwirkung der jeweiligen Staatsorganisationen befriedigend zu lösen ist. Die religiöse Ethik behauptet Frieden, muss aber auf den Prüfstand der Menschenrechte. Die Metaphysik sollte allseits auf Glück und Geborgenheit für alle verweisen.

24 Weitere Gleichnisse im Blick auf das Weltende

Das „Gleichnis von den 10 Jungfrauen"

Die 5 klugen Mädchen legen zusätzlich zu ihren Lampen die nötigen gefüllten Ölkrüglein parat, damit sie auch des Nachts auf die unerwartete Ankunft des Bräutigams (es handelt sich nur um einen) vorbereitet sind. Und tatsächlich – der Ersehnte kommt unberechenbar in der Dunkelheit, nachdem alle Bräute ihm eine Wegstrecke entgegengegangen sind. Die gescheiten können sich nun auf den Bräutigam hin orientieren, den törichten ist dies in der Finsternis nicht möglich. Diese leichtfertigen Bräute müssen, nachdem die vorsichtigen ihnen von ihrem Öl nichts abgeben können, weil sonst für alle zu wenig Brennstoff zur Verfügung stünde, zum Ölhändler ins nächste Dorf, um sich jetzt erst geeignet auszurüsten. Deswegen versäumen sie den rechtzeitigen Zutritt zum alsbald verschlossenen Hochzeitssaal. Auf ihr Klopfen hin weist sie der Bräutigam barsch ab mit den Worten „ich kenne euch nicht". Die ausdrücklich als Gleichnis für das Himmelreich bezeichnete Erzählung im 25. Kapitel drückt die Mahnung an die neuen Christgläubigen aus, sich durch ihre Gesinnung und die geforderten guten Werke auf das unvorhersehbare Weltende einzustellen, damit die Waagschale des Richters Christus zu ihren Gunsten sich neigen werde. Den zögerlich glaubenden und in lascher Lebenshaltung oder gar Sündhaftigkeit verharrenden Menschen wird vor Augen geführt, dass es für Reue und Umkehr einmal zu spät sein könne, so dass ihnen der Zugang ins Ewige Leben vom Herrn persönlich versagt werde. Von der eigentlich noch tröstlichen Aussage des „Gleichnisses von den Arbeitern im Weinberg", dass auch späte Einsicht noch den Lohn dauernder Glückhaftigkeit im Jenseits mit sich bringen könne, ist in diesem ganz offensichtlich von der jungen Exilgemeinde verfassten Erzählbild nichts mehr zu spüren. Man entscheidet scharf zwischen Gut und Böse, zwischen Jenseits- oder Diesseitsorientiertheit. Die standhaften Mitglieder erfahren größtmöglichen Lohn, die Zauderer und Abweichler entgehen ihrer harten Strafe nicht; sie sind endgültig von der Jubelschar beim Herrn ausgeschlossen. Die sensiblen Hörer und Leser des Evangeliums werden betroffen und geläutert davongegangen sein, mit dem Vorsatz, sich gemeindekonform zu verhalten. Das Symbol des Bräutigams für Jesus zeigt, dass die Erinnerung an den lebendigen Menschen Jesus dem metaphysischen Christusbild Platz machen musste! Der Messias bietet das Heil für viele an, aber nicht alle reagieren auf sein Angebot. Verheißung und Drohung dienen der Einschwörung der Anhänger auf das christliche Ideengebäude und die Moral. Der fortlebende („auferstandene") Christus agiert eigenständig als Hoffnungsziel und als unbeugsamer Richter wie Jahwe.

Im „Gleichnis vom anvertrauten Geld" erhalten drei Diener von ihrem verreisenden Dienstherrn unterschiedlich hohe Geldbeträge, um diese bis zu seiner Rückkehr gut zu verwalten. Zwei Angestellte wirtschaften geschickt mit dem geliehenen Kapital, so dass sie den Grundbetrag (5 und 2 Talente) bis zur Wiederkunft des Gutsbesitzers verdoppelt haben. Diese beiden Knechte erfahren jeweils großes Lob: „Du bist im Kleinen ein treuer Verwalter gewesen, ich will dir eine große Aufgabe übertragen. Komm, nimm teil an der Freude deines Herrn!" Der ängstliche Diener, der die Münzen (1 Talent) aus lauter Furcht vor Spekulationsverlust und aus Angst vor Beschimpfung bei Falschanlage nur vergraben hatte, wird barsch abgeurteilt: „Darum nehmt ihm das Talent weg und gebt es dem, der die zehn Talente hat! Denn wer hat, dem wird gegeben, und er wird im Überfluss haben; wer aber nicht hat, dem wird auch noch weggenommen, was er hat." Aus dem ebenso von der Urgemeinde erfundenen Gleichnis ist zu schließen, dass beim neuen Christusglauben nicht einfach nur Bewahrung zählen soll, sondern dass höchster Einsatz für die Glaubensverbreitung gefordert wird! Glaube ist nicht einfachhin stille Privatsache. Aktivität hinsichtlich Begeisterung und Mitgliederwerbung ist jetzt gefordert. Heutzutage verfahren durchaus die kleinen Glaubensgemeinschaften christlicher Provenienz im Wortsinn dieser Erzählung. Die großen, etablierten und staatlicherseits gestützten Konfessionen verlagern die Interpretation auf persönliche Entfaltung von Begabungsanlagen der Menschen hin. Es liegt ja auch im Sinne Jesu, das nötige Gute in der Gesellschaft z.B. beruflich fleißig zu vermehren. Die Exilgemeinde der 80er Jahre zur Abfassungszeit des Evangeliums denkt bereits über Jesus hinaus schroff und radikal. Die Juden sind als Beitrittsaspiranten mittlerweile aufgegeben. Die „Heiden" in türkischen, griechischen und italienischen Landen sind nicht leicht als Neuchristen zu gewinnen. Infolgedessen wird vehement mit eigener Propaganda für den monotheistischen Gott- und den neuen Christusglauben geworben, gekämpft und gedroht! So schließt der selber strenggläubige Hagiograph Pseudo-Mt mit der als Jesuswort unglaubhaften groben Verdammung des ängstlich-introvertiert Gläubigen: „Werft den nichtsnutzigen Diener hinaus in die äußerste Finsternis! Dort wird er heulen und mit den Zähnen knirschen." Für viele Hörer und Leser dieses Gleichnisses von der Schwelle zum Eintritt ins Himmelreich ist gewiss befremdlich, dass die ideale Person in dieser Handlung zusätzlich mit dem Geldbetrag des Verfemten ausgestattet wird. Es soll damit offensichtlich die Verheißung noch einmal kulminiert und die Bestrafung um eine abschreckende Härte intensiviert werden.

25 Der Ablauf des Weltgerichts

Alle von Pseudo-Mt wiedergegebenen Reden über die Endzeit sind auffällig abstrakt gehalten. Die Formulierung durch die Evangelisten der jungen Kirche, die bereits ein festes Lehrprogramm hat, das aber weitgehend von den Vorstellungen des Judentums mitgeprägt wurde, ist durchgängig spürbar. So genau über alle Einzelschritte der Abrechnung mit der gesamten Menschheit am wohl bald bevorstehenden „Jüngsten Tag" (=Ende aller irdischen Tage) hätte der wirklichkeitszugewandte Jesus von Nazaret nie gesprochen. Jesus hatte die Verbesserung des Zusammenlebens im Sinn. Er predigte für eine menschlich wärmere Welt in Blickrichtung auf den Willen seines himmlischen „Vaters". Spekulationen über eine abschließende Strafprozessordnung waren ihm fremd. Der Hagiograph schöpft aus vorhandenem jüdischen Mythenbestand! Als Weltenrichter fungiert dann allerdings nicht mehr Jahwe persönlich, sondern sein Messias (ehedem Jesus), aufgewertet zum allwissenden Kenner jedes lebenden oder bisher in der Unterwelt ausharrenden toten Menschen. Der Ehrentitel „Menschensohn", den der Religionsreformer aus Nazaret bewusst nur als Bezeichnung für seine göttliche Sendung als Künder und Mahner verwendet hat (als natürlich gezeugter Abkömmling eines Menschenpaares, erleuchtet und angespornt vom Himmelsgott) ist mittlerweile in missverständlicher Verwendung zum „Gottessohn" assimiliert. Der am letzten irdischen Tag also auf die Erdenwelt rückkehrende Christus rechnet am „Jüngsten Tag" mit der gesamten je dagewesenen Menschheit ab und sammelt unter Anwesenheit aller himmlischen Engel wie ein Feldhirte die weißen Schafe (die braven Menschen) zu seiner Rechten und die schwarzen Ziegen (die schlechten Menschen) zu seiner Linken. Als Maßstab für die Scheidung zwischen Gut und Böse werden die sieben Werke der Barmherzigkeit genannt: Lebenserhaltung, Würde-Ermöglichung, Schutz, Fremdenakzeptanz, Gastfreundschaft, Krankenpflege, Gefangenenbetreuung. Die Bewertung der moralischen Qualität eines jeden

Menschen läuft also auf Äußerung von Mitgefühl und Fürsorge hinaus! Alle diese Werke der Mitmenschlichkeit gelten auch in der Aufwendung für die gesellschaftlich Geringsten, nicht nur gegenüber Jesus (der als Lebender nur wenigen Israeliten im Vergleich zur abzuurteilenden gesamten Weltbevölkerung bekannt sein konnte). Wohl hat der geschichtliche Jesus in seinen letzten Lebenswochen bereits gemerkt, dass seine Anhänger sich um ihn die eigentlichen Sorgen machen. Daher mahnt er indirekt, dass sich die Jünger stärker um die Probleme in der je eigenen Umgebung kümmern sollen und zieht den verständlichen Heilsegoismus und die wichtigere heilschaffende Tätigkeit zusammen: „Was ihr für einen meiner geringsten Brüder getan habt, das habt ihr mir getan." Vorausgesetzt wird ferner, dass sich die Leute als „Brüder" betrachten und damit die natürliche Verwandten- und Stammesliebe ethisch ausweiten. Der Sinn des Gleichnisses stellt also in der Anwendung von Jesu Grundsatz der Nächstenliebe - die der Gottesliebe gleichzusetzen ist - die apokalyptische Szenerie vor, welche Verhaltensweise zum Eintritt ins ewige Paradies berechtigt und welche zur Verdammung führt. Wer Mitmenschlichkeit ohne Ansehen von Staat, Rasse, Stand und Lebensart geübt hat, wird gerettet; wer sozial untätig, gleichgültig und gefühlskalt war, erhält ewig dauernde Strafe in der Gottes- und Christusferne. Bemerkenswert ist in dieser Phantasmagorie über ein totales Weltgericht unter streng gehandhabtem Vorsitz eines ehemals im Diesseits auftretenden Propheten, der nunmehr mit allen Detailkenntnissen über jeden toten und lebenden Menschen ausgestattet ist, dass hier nicht der Glaube den obersten Maßstab über Glück und Verdammung bildet. Nicht einmal die ansonsten in den Vordergrund gestellte Christusverehrung rechtfertigt, sondern das mildtätige Handeln an Mittellosen, Kranken und Entrechteten! Bei der Gefangenen-Fürsorge wird nicht unterschieden, ob sie zugunsten Kriegsgefangener, Strafgefangener, politisch Verfolgter oder Krimineller stattfindet. In dieser Schilderung der Geschehnisse am „Jüngsten Tag", die ganz zentral von Jesu ethischer Hauptforderung getragen ist, zählen die soziale Aktivität, die erwiesene Barmherzigkeit und die allgemein an den Tag gelegte Menschenfreundlichkeit mehr als das verbale und liturgische Glaubenszeugnis und die passive Anbetung! Es deutet sich in dieser Verheißungs- und Drohepisode des Pseudo-Mt bereits der Unterschied zwischen den der exilierten Urgemeinde vorliegenden Paulusbriefen, die auf seiner Gnadenlehre basieren (die wiederum auf den Empfang der Taufe und den Auferstehungsglauben gründet), und den so gen. „katholischen Briefen"

(Briefe angeblich von Jakobus, Petrus, Judas und Johannes) an, die vorrangig das in dieser Endzeit-Szenerie im auffälligen Mittelpunkt stehende Ideal des karitativen Engagements nahelegen. Diese derart zielgerichtet aufs Ethische hin strukturierte Darlegung weist gewiss auf die vorbildliche Praxis der Christengemeinde hin, die Jesu Hauptlehre altruistisch praktiziert.

26 Die letzten Tage von Jesu Leben

Im 26. Kapitel des Pseudo-Mt-Evangeliums wird ein Jesus geschildert (weil der Erzähler der achtziger Jahre das inzwischen existierende Bild vom allwissenden Messias integriert hat), der angeblich auf den Tag genau vorhersagen konnte, wann er den Häschern der Religionsoberen seines fundamentalistischen Gottesstaates ausgeliefert werden würde. Dass ein so radikaler und konsequenter Priester- und Religionskritiker wie er in der Höhle des Löwen auf massive rächende Gewalt stoßen müsste, dürfte dem Prediger aus Nazaret mit dem Ruf eines neuen großen Propheten oder des wiedergeborenen Johannes des Täufers ziemlich klar gewesen sein. Als er zwei Tage vor dem Paschafest (=Ostersamstag) die Hauptstadt im Kreise seiner engsten Anhängerschar aus Galiläa betrat, rechnete er gewiss noch mit einer geeigneten Verbreitungsmöglichkeit für seine neue Auffassung des Judentums und einer größeren und gewandteren Hörerschar, als er sie in den Dörfern am See Gennesaret je hatte. Seine Überstellung an die römische Stadtverwaltung und sein Verhör vor dem Jerusalemer Synedrium (=Ratsversammlung der Stadtrabbiner) konnte er keineswegs genau vorherwissen. Die Folgen seines Auftretens im Zentrum der politischen und kirchlichen Macht waren dem von seiner göttlichen Sendung durch und durch überzeugten Jesus gleichgültig, obgleich er wohl Furcht vor dem Gegenschlag der oftmals von ihm beleidigten Priesterschaft spürte. Er war auch in der Lage abzuschätzen, wie ihm seine Vereinfachung der religiösen Vorstellungen, Vorschriften und Zeremonien übel ausgelegt werden würde. Sogar mit der Todesstrafe wegen Volksaufwiegelung und völlig unüblicher sowie unerwünschter Religionskritik war zu rechnen. Vom Schicksal des bereits durch staatliches Gerichtsurteil durch Enthauptung beseitigten Johannes, der es ein Jahr zuvor gewagt hatte, eine Bußtaufe zu praktizieren und den jüdischen König wegen der Ehelichung seiner Schwägerin anzuprangern, ließ er sich nicht abschrecken. Sein Auftragsbewusstsein überwog alle Bedenken und ließ ihn die gewiss von seinen Anhängern angeratenen Vorsichtsmaßnahmen zurückweisen. Die Stadtältesten, die

Mitglieder des Synedriums und der unantastbare Hohepriester Jerusalems waren sicherlich von der Ankunft des Störenfrieds und untragbaren Religionszersetzers sofort informiert worden. So planten sie zu denselben Stunden des vorösterlichen Donnerstages, in denen sich Jesus noch auf eine große Reformpredigt einstellte, seine Ermordung oder seine Tötung mittels eines raschen und regulären Gerichtsverfahrens durch Synagoge und römische Stadtverwaltung. Sie hatten von der Popularität des Wanderpredigers genug erfahren und wollten ihn möglichst ohne großes Aufsehen vor dem österlichen Hochfest endgültig beseitigen. Es sollten aber noch rasche Verhöre vor dem Hohenpriester Kajaphas und dem römischen Stadtverwalter Pilatus durchgeführt werden, um den offiziellen Verurteilungsweg einzuhalten.

Die Schilderung der Szenerie von den letzten beiden Lebenstagen Jesu wird vom Erzähler (und vom Leser unerwartet) unterbrochen durch eine Episode, in welcher sich Jesus, der kurzzeitig im Hause eines Anhängers, also Simon des Aussätzigen, unterkam, sich das Haupthaar mit edlem Öl gelen lässt. Jesus verteidigt nach Vorhaltungen der anwesenden sparwilligen Apostel das Tun dieser Frau, indem er anführt, dass sie seinen Leib bereits für das bald bevorstehende Begräbnis gesalbt und damit ein gutes Werk an ihm vollführt habe. Ziemlich unglaubhaft wirkt die abschließende Prophezeiung des Gesalbten für die künftige Verbreitung seiner Lehre (die hier bereits mit dem Pseudo-Mt-Evangelium gleichgesetzt wird), dass die Liebestat der verschwenderischen Ölspenderin dauerhafte lobende Erwähnung fände.

Der Erzähler der Ostertage schiebt einerseits zwecks Spannungsgestaltung, andererseits zwecks Einbindung alttestamentlicher Vermutungen für einen Angriff des Bösen auf den in ferner Zukunft zu erwartenden Messias (stets als Weissagung ausgelegt) den Verrat des abtrünnigen Apostels Judas Iskariot ein, der beim Synedrium der Jerusalemer Rabbinerschaft anheischig wird, für 30 Silberstücke (so schon beim Propheten Sacharja) den störenden und verhassten Religionszersetzer und Priesterkritiker Jesus aus Nazaret zu verraten.

Danach konzentriert sich Pseudo-Mt wieder auf die Hauptbahn der Geschehnisse, indem er Jesus den Auftrag an seine Begleiter erteilen lässt, das am Donnerstag zu feiernde Paschamahl in einer dafür geeigneten Wohnung vorzubereiten. Pseudo-Mt hat dafür keinen Namen eines Jerusalemer Anhängers Jesu parat (was vielleicht damit erklärbar ist, dass sich solche Bekenner einer sich erst im Groben abzeichnenden, vom Glaubens-Mainstream abweichenden Reformlehre noch nicht in der Hauptstadt herauskristallisiert hatten), so dass es blass heißt: „Geht zu dem und dem". Der neue Prophet aus Galiläa hat sich jedenfalls selbst an das allgemein übliche, jüdische Brauchtum des Sedermahles gehalten, mit dessen feierlicher Begehung im erweiterten Familienkreis des erfolgreichen, letztlich von Jahwe persönlich geführten Auszuges aus der Ägyptischen Gefangenschaft unter der Leitung des Mose seit über drei Jahrtausenden bis heute dankbar gedacht wird.

27 Die Umdeutung des Paschamahles zum Hingabe-Opfer Jesu

Der Hagiograph lässt zunächst Jesus zu den um ihn herum versammelten Aposteln sagen, dass sich sein Verräter in ihrer Schar befinde, aber der göttliche Erlösungsplan den Ablauf über eine Schurkerei gemäß Psalm 22,7, Jesaja 53,8 und Sacharja 11,12 vorsehe, worauf jeder Apostel naiv fragt – nur Judas Iskariot fragt tückisch -, ob er der Hinweisgeber auf Jesus sei. Die wichtige Szene im 26. Kapitel dieses Evangeliums führt wieder einmal einen scheinbar allwissenden Jesus vor. Der geschichtliche Jesus hat klares Vorherwissen über jeden Einzelvorgang der nächsten vier Tage weder haben können, noch konnte er über eine Jahwe vorbehaltende Allwissenheit gar nicht verfügen! Auch ohne diesen narrativen kriminalgeschichtlichen Einschub wäre es zum erzählerisch anvisierten Ziel einer erstmaligen christlichen Eucharistiefeier gekommen. Doch konstruierte Prophetie vom Alten Testament ins Neue hinüber erschien den Evangelisten unverzichtbar, um den zurückhaltenden Juden die Beweisführung, dass dieser Mann aus Nazaret der rettende und seit dem siebten vorchristlichen Jahrhundert (also vor den abzuschätzenden Bedrängnissen durch die aggressiven Babylonier) erhoffte Messias sei, besser annehmbar und logisch begründbar zu machen! Die christliche Durchprägung des jüdischen Erinnerungsmahles an den glückhaften, von Jahwe selbst bewerkstelligten Auszug aus Ägypten mit den Einsetzungsworten einer Eucharistie, die erst durch den Missionar Paulus so ausgeformt wurde und in den Urgemeinden des neuen Christentums frühestens ab den 50er Jahren des ersten Jahrhunderts n.Chr. praktiziert werden konnte, wurde vom in den 80er Jahren schreibenden und die Eucharistie bereits gläubig mitvollziehenden Pseudo-Mt rückverlagert in den Ritus am vorletzten irdischen Lebenstag Jesu! Die heilige Formel, die hier also der in der historischen Wirklichkeit das karge Sedermahl als gläubiger Jude feiernde „Menschensohn" Jesus - angeblich auf sich bezogen - ausspricht, dokumentiert die Gemeindeentwicklung 20 Jahre nach Jesu Kreuzigungstod!

Der mutige und aufnahmebereite Griechenland-Missionar Paulus, sowohl den Sprachen Hebräisch-Aramäisch, Griechisch und Lateinisch samt der zugehörigen mythologischen Denkweisen mächtig und kundig, hatte aus den Eleusinischen Mysterienkulten im Dialog mit den Aposteln und Neugläubigen ab den 50er Jahren als entscheidender Initiator die in den nunmehrigen Sonntagsgottesdiensten regelmäßig abgehaltene christliche geheimnishafte Opferfeier gestaltet. Damals waren seine Briefe schon in der ebionitischen Urgemeinde im Norden Palästinas bei den aus Jerusalem vertriebenen Judenchristen und im kleinasiatischen, griechischen sowie im römischen Ausland verbreitet. Deshalb darf der historische Jesus im erzählerischen Rückgriff und dann zugleich Vorgriff auf die Bedeutung seiner bevorstehenden Verurteilung zum Tod formulieren: „Nehmt und esst; das ist mein Leib" und „trinkt alle daraus; das ist mein Blut". Mit dieser das Christentum liturgisch und sakramental begründenden und aus dem Judentum in gedacht harmonischer Entwicklung (die doch auch eine trennende war) herauswachsenden Formel war Jesu als jüdischer Messias und Gottessohn Christus identifiziert, und die Feiernden sahen sich gnadenhaft sowohl mit Gott als auch mit dem fortlebenden Jesus verbunden! Die Einsetzungszeremonie des Neuen Testaments greift zugleich noch weiter aus auf den Gedanken eines festen Bundes mit Gott und seinem Sohn unter stillem Hinweis auf die schon vorhandenen Bünde mit Noe, Abraham, Mose und David. Diese gegenseitigen Treueverhältnisse sollen sich nun auf alle Juden- und Heidenchristen, die demütig, dankbar und hoffend mitfeiern, erstrecken. Für diese umkehrbereiten Menschen gilt wie für die treuen 12 Apostel auch der erweiternde und neue Lebensgestaltung ermöglichende Bezug auf die sündenvergebende Kraft der heiligen Eucharistie. Der Evangelist macht offenbar, welches vertiefte Jesus-Verständnis 50 Jahre nach dem Tod des Menschensohnes erdacht, gnadenhaft geschenkt und diskutierend entwickelt wurde. Aus dem irdischen Geistleib Jesu heraus entsteht die erhebende und erhaltende Vorstellung von der feierlichen Konsekration von Fleisch und Blut als Leistung eines Gottmenschen und als rettendes Geschenk eines liebenden Vaters an die Gläubigen! Der realsymbolische Mitgenuss eines solchen Mysteriums verhilft den Christen zur Geborgenheit, zu Stärke im Tun des Guten und zur Zuversicht auf die Ewigkeit. Es ist als religiöser Fortschritt zu betrachten, dass heutzutage fast alle Teilnehmer an den Sonntagsgottesdiensten das Angebot, am Sakrament der Eucharistie teilzuhaben, in Anspruch nehmen. Mystik wird frommes Erlebnis.

Pseudo-Mt lässt Jesus auf den alttestamentlichen Propheten Sacharja 13,7 Bezug nehmen, der die Binsenweisheit geäußert hatte, dass sich nach dem Tod des Hirten seine Schafe zerstreuen. Der literarisierte Gottesknecht fasst in der rückblickenden Nachdichtung der letzten beiden irdischen Lebenstage diese Feststellung als Prophezeiung für die weiteren ihn betreffenden bedrohlichen Geschehnisse auf, um als Vorauswissender auszusagen, dass ihn noch im nahen Morgengrauen des Freitags seine Apostel verlassen und gar verleugnen würden – was diese aber sofort vehement verneinen. Der Blick des Erzählers aus dem Jahr 80 n. Chr. in das Jahr 30 n. Chr. geht erstmals in seinem Evangelium ins Innere der Hauptgestalt und schildert einen todtraurigen und verzweifelten Menschen, dem inzwischen klargeworden ist, dass er der Rache und dem Strafgericht der Sadduzäer und Pharisäer nicht entgehen kann und wohl auch – wegen Jahwes Heilsplan, der das kommende Übel enthalten muss – nicht soll. So steht Jesus trotz seiner Ahnung, dass die Machenschaften seiner Gegner auf die Todesstrafe hinauslaufen werden, zu seinem gottgewollten Auftrag von Reformprogramm, Botschaft und Priesterkritik! Er willigt still in das offenbar geforderte Selbstopfer ein. Er fügt sich ins nicht mehr aufhaltbare Geschehen in der zunächst noch zögernden, aber dann festen Überzeugung, dem himmlischen Vater als dessen Heilsträger zu dienen, indem er sein Leben im Interesse der Verkündigung und innerhalb einer höheren Vorstellung von Lebens- und Todeswirklichkeit hinzugeben habe: „Mein Vater, wenn es möglich ist, gehe dieser Kelch an mir vorüber. Aber nicht wie ich will, sondern wie du willst." (Mt 26,39) Der Erzähler empfindet nach 50 Jahren in einfühlender Ergriffenheit den inneren Monolog des historischen Jesus nach, indem er ausdrücklich die Differenz zwischen dem schlichten Menschsein und dem überirdischen Gefordertsein zu Protokoll gibt. Nur kurz befinden sich der Fluchtwille und die Standfestigkeit auf einer innerlichen Kippe. Dreimal ruft der in sich mit Lebenserhaltung und Metaphysik ringende Prophet und Mahner im Gebet den Allerhöchsten an unter dem Bekenntnis sowohl seiner Angst als auch der Bereitschaft zum Untergang. Dann weckt er die abseits schlafenden Apostel, weil er (gemäß der erzählerischen Konstruktion, die alttestamentliche angebliche Prophetie und Spannung koppelt) den Verräter und seine Häscher herannahen sieht. Dabei erscheint es dem rückschauenden Hagiographen wichtig, nun sogar Judas Iskariot in den göttlichen Heilsplan einzubinden, weil ein solch tückisches Vorgehen aus der nächsten Umgebung Jesu heraus seiner

Ansicht nach Voraussetzung für die Gefangennahme des Anführers dieser fremden Galiläer bilde (dabei hätten die Pharisäer selbstverständlich auch ohne einen Verräter die auffällige Anführergestalt ausfindig gemacht oder bereits gekannt). Der jetzt auch fühlend dargestellte Jesus verübelt also, eingedenk dessen Teilhabe am langfristig geplanten Vorhaben Jahwes, diesem tückischen Judas die bezahlte Identifizierung seiner Person nicht. Ein Jünger Jesu wehrt einen der bewaffneten Häscher mit einem Schwerthieb ab (was zum Verlust einer Ohrmuschel führt), worauf Jesus gemäß seiner wesentlich pazifistischen Grundhaltung mahnt, jede verteidigende Gewalt, die jetzt ohnehin erfolglos wäre, einzustellen: „Denn alle, die zum Schwert greifen, werden durch das Schwert umkommen." (Mt 26,52) Offensichtlich ging es dem Evangelisten in der als Drama strukturierten Nachdichtung einer nicht ganz so spektakulären Festnahme im Garten Getsemani um das Unterbringen eines Hauptgedankens von Jesu Predigten, nämlich der Gewaltlosigkeit, die ja ohnehin Grundbedingung für Feindes- und Nächstenliebe ist (vermutlich waren die Begleiter Jesu ohnehin unbewaffnet). Der Erzähler lässt Jesus nun noch in der Rolle des gottgesandten Messias sagen, dass der Herr der Welten ihm zur Unterstützung jederzeit 12 Legionen (kämpfende) Engel schicken würde, wenn er um seine Befreiung bitten würde. Er drückt gegenüber dem zahlen- und machtmäßig überlegenen Pharisäertrupp noch sein Missfallen darüber aus, dass man ihn derart heimtückisch im Morgengrauen festsetze, wo man seiner doch viel leichter am Vortag im Jerusalemer Tempel während seiner Predigt habhaft geworden wäre. Pseudo-Mt lässt dabei anklingen, als hätte der in der Hauptstadt von den Schriftgelehrten übelst beleumundete Prophet aus Nazaret öffentlich-offiziell sprechen dürfen und vergisst dabei, dass ihm dies vom Hohenpriester nie genehmigt worden wäre. Die Leser dieses Evangeliums hätten dann auch informiert werden müssen, was Jesus insgesamt nun in einer derart wichtigen Ansprache, faktisch ein Lehr- und Lebensresümee, verkündet hätte. Das allerdings wäre dann sicher auf die Wiederholung der Bergpredigt hinausgelaufen, in der das Entscheidende in Kürze ausgesprochen worden war.

29 Jesu manipulierte Verurteilung durch das Synedrium

Der Jerusalemer Hohepriester Kajaphas, die Stadtältesten und die jüdischen Schriftgelehrten können den von ihren ausgesandten Häschern festgenommenen und dann fortgeschleppten Jesus nun verhören und – in ferner Augenzeugenschaft durch den vorsichtig nachgeschlichenen Petrus –

verhöhnen. Die erzählerische Fiktion legt Wert auf den Anschein, als würden die bisherigen schweren Vorwürfe gegen den theologischen Autodidakten und Pharisäer-Kritiker aus Galiläa nicht ausreichen, so dass meineidige Zeugen von den versammelten Tempelrabbinern engagiert werden müssen. Als dies trotzdem nicht für die Beantragung der Todesstrafe ausreicht (eine solche Hinrichtung war erst vom römischen Stadthalter zu genehmigen), müssen noch zwei Zeugen aufgeboten werden, welche die fiktionale Ankündigung Jesu bestätigen, dass er im Gebaren des ersehnten Messias sowohl den Jerusalemer Tempel niederreißen als diesen auch binnen dreier Tage wieder aufbauen werde. Um diese dem historischen Jesus unterschobene Machtaussage weiter zu bekräftigen, setzt Pseudo-Mt noch auf die ausweichende Bestätigung Jesu hinzu, ob er sich tatsächlich für den Messias halte („Du sagst es"), dass er bald zur „Rechten Jahwes sitzen" und „auf den Wolken des Himmels" wiederkehren werde. Für den Hagiographen sind Menschensohn und allmächtiger Gottessohn identisch, so dass er die jüdischen Vermutungen und Hoffnungen über einen welterlösenden Messias dem offiziell zu befragenden historischen Religionskritiker Jesus in den Mund legt! Die 50 Jahre zurückgreifende, ein nie aufgeschriebenes Verhörprotokoll suggerierende Darstellung kann nun einen verhandlungsführenden Hohenpriester figurieren, der sein Gewand in gerechtem Zorn zerreißt und den offensichtlich an Allmachtsphantasien leidenden Angeklagten wegen Gotteslästerung – und damit zur Beantragung des schmählichen Kreuzigungstodes, wie ihn die Römer für Aufständische und Landesverräter vorsehen - an den römischen Landverweser überstellen. Indirekt wird anhand dieser dichterischen Verurteilungsszene vor der kirchlichen Gerichtsbarkeit sichtbar, dass die Juden an ein tatsächliches Auftreten eines einst erwarteten Messias trotz ihrer eigenen alttestamentlichen Schriften (Jesaja 53,7; Daniel 7,13; Psalm 110,1; Leviticus 24,16) gar nicht mehr glaubten; es sei denn Jesus hätte jetzt ein für alle sichtbares Wunder gewirkt, sich durch Engel von den Fesseln befreien und auf der Stelle den Weltuntergang beginnen lassen. Diese scheinbar offizielle Verurteilungsszene ist erzählerischer Bestandteil der vier christlichen Evangelien, jedoch nicht der auch dem Markus und Lukas vorliegenden, also der den drei Synoptikern gemeinsamen Quelle „Q", welche eher tatsächliche Geschehnisse wiedergibt. Jüdische und römische Geschichtsdokumente melden nichts von einer Sitzung des Hohen Rats und ebenso nichts von einer Verurteilung eines Religionszersetzers und Volksaufwieglers Jesus aus Nazaret.

Ausschließlich das Neue Testament schildert in einem erzählten Geschichtsdrama diesen offiziellen Instanzenweg der gewaltsamen Beseitigung dieses unliebsamen Propheten und religiösen Umstürzlers. Am Morgen des Freitags vor dem Sabbat-Pascha-Fest des israelitischen Gottesstaats war ungewöhnliche Eile geboten, um den Störenfried noch innerhalb des Freitags endgültig mundtot zu machen. Weil alle an der Todesstrafe für Jesus historisch Beteiligten sich bewusst waren, dass offene Religionskritik eigentlich nicht für die grausamste Strafform im römischen Imperium ausreichend war, wurde offenbar die ansonsten erforderliche Protokollierung der beiden Verhöre und der Urteilsbegründung durch das jüdische Synedrium und den römischen Stadtverweser absichtlich unterlassen! Damit waren auch spätere Nachweise für schlimmen Amtsmissbrauch unmöglich gemacht. Pseudo-Mt fasst also die Ansicht der christlichen Auslands-Urgemeinde seiner eigenen Zeit dichterisch zusammen - so Allmacht des Messias, Zerstörung des Herodes-Tempels, richtende und glorreiche Wiederkehr des auferstandenen Jesus - und trägt die echten Vorgänge - Anschuldigung und auf Antrag von höchster Religionsstelle durch den Landverweser sofort genehmigte Kreuzigung - dichterisch nach.

In einer Nebenhandlung widmet sich die literarische Bearbeitung des Pseudo-Mt dem Schicksal des käuflichen Verräters Judas Iskariot, der seine Schandtat bereut, das „Blutgeld" dem Synedrium zurückbringt („er warf die Silberstücke in den Tempel") und sich anschließend erhängt. Auf diese Weise kann der Evangelist wieder an Sacharja 11,12, an Jeremia 18,21 und 32,8 sowie an Exodus 9,12 anknüpfen und die darin enthaltene Zukunftslegende zum Zustandekommen eines Ausländerfriedhofs namens „Töpferacker" einfügen, der ab dem Zeitpunkt des Judas-Suizids den Namen „Blutacker" trägt. Freilich legt das Evangelium mit dieser dreimal verwendeten Judas-Handlung einen Akzent auf den größeren Heilsplan Gottes, in welchem die Schandtat des Judas als Faktor von Jesu Gefangennahme instrumentalisiert wurde.

30 Die Erzählung „Jesus vor Pilatus", das Todesurteil und die Kreuzigung

Da keinerlei außerbiblische Dokumente über eine Gerichtsverhandlung oder auch nur ein Verhör in Sachen Jesus vorliegen, muss angesichts der protokollierenden Akribie, welche eine römische Militärregierung im Auftrag des Kaisers Tiberius in besetzten Randregionen gepflegt hatte, die Darlegung einer Befragung des überstellten Gotteslästerers vor dem Präfekten der Provinz Juda als Nachdichtung einer äußerst schnell verlaufenden Anhörung betrachtet werden; wenn überhaupt dieser römische Landverwalter sich für eine derart heikle innerjüdische Querele hergegeben hat. Man kann durchaus annehmen, dass in der Turbulenz des letzten Werktages vor dem Hochfest des Jahres keine Zeit und zudem auch kein Interesse für Pontius Pilatus bestand, sich mit solchen fremdartigen Vorwürfen gegen einen missionierenden Galiläer zu befassen. Sehr naheliegend ist auch die Möglichkeit, dass der Landpfleger auf dringende Bitten des Hohenpriesters, mit dem er gewiss - im Bestreben mit den einflussreichen Männern des Stadtsynedriums erträglich auszukommen – gut bekannt war, die Erlaubnis zu einer Todesstrafe mittels Kreuzigung mündlich erteilte. Die sadduzäische Oberschicht der israelitischen Frommen stand seit Jahrzehnten beim Volk im Verdacht, mit den herrschenden Römern eng zu kollaborieren. Mit Sicherheit hat der hohe kaiserliche Beamte Pilatus sein Entgegenkommen für die schnelle Genehmigung einer Hinrichtung unmittelbar vor dem Paschafest deshalb nicht gemäß Vorschrift schriftlich niedergelegt, weil ihm bei dieser innerreligiösen Angelegenheit des besetzten Gottesstaates überhaupt nicht wohl war. Er verhielt sich nicht wegen finanzieller Leistung korrupt, sondern er arbeitete mit der Tempel-Oberschicht passabel zusammen und sah dann auch ein, dass dieser Störenfried auf rascheste Weise, um größere Unruhen in der Hauptstadt zu vermeiden, innerhalb eines einzigen Tages in scheinbarer Legalität beseitigt werden musste. In Rom sollte man von seinem außerprotokollarischen Vorgehen am besten nichts erfahren, so dass man jegliche Aufzeichnung für die Hauptstadt und die Nachwelt unterließ.

Die Dichtung über ein normales Verhör eines Beklagten, über den die Priesterschaft der Stadt die schändliche Kreuzigungsstrafe beantragt hatte, stellt durchaus die historisch glaubhaften Zweifel des Landverwesers über die Berechtigung dieser in der Provinz selten durchgeführten und ohnehin nur bei Hochverrat, bei Kaiser-Beschimpfung oder Entehrung von Götterkultstätten erlaubten Bestrafungsart in den Mittelpunkt. Da die historisch echte Anklage und Verurteilung des Synedriums auf Gotteslästerung lautete, was für den liberalen Offizier und Verwaltungsmann Pilatus auf einen arg dubiosen Vorwurf hinauslief, musste das Entgegenkommen des Präfekten unauffällig und rasch umgesetzt werden, was geschichtlich sicherlich der Fall war (sofern man den Einzug Jesu in die Hauptstadt als am Mittwoch erfolgend und das feierliche Abendmahl am Donnerstag und die Verhaftung am Freitagmorgen voraussetzt). Die literarische Gestaltung des Pseudo-Mt biegt die taktisch wohl nötige Willfährigkeit des Pilatus an den Antrag des Hohenpriesters um auf die

Erzeugung eines legalen Urteils gegen Jesus wegen politischer Unruhestiftung und Anmaßung königlicher Stellung. Mit der Bezeichnung „Messias", die Jesus angeblich mit „Du sagst es" wiederum ausweichend beantwortet, kann der sachliche Römer nichts anfangen. Der Evangelist erfindet zum Glaubhaftmachen revolutionärer Absichten Jesu den verdächtigen Königstitel.

Pilatus kommt im biblischen Geschichtsdrama über die Verurteilung Jesu besser weg, als er nach historischen Aufzeichnungen gewesen ist. Denn er zeigt im Geschichtsbild des Pseudo-Mt durchaus Gewissensregungen: „Er wusste nämlich, dass man Jesus nur aus Neid an ihn ausgeliefert hatte." Die vom Judentum heiß ersehnte Hoffnungsgestalt eines vom Himmel gesandten Messias ist ihm fremd. Der gefangene Prophet aus Nazaret sitzt gemäß Evangelientext vorwiegend schweigend vor ihm - man sollte sich auch fragen, ob der römische Stadthalter soweit der aramäischen Sprache mächtig war, um überhaupt ein persönliches Verhör ohne Dolmetscher durchzuführen -, so dass ihm nach der Gestaltung des Pseudo-Mt der Gedanke kommt, eine wartende Volksmenge über Jesu Schicksal entscheiden zu lassen, womit sein innerer Konflikt gelöst wäre: „Was soll ich dann mit Jesus tun, den man den Messias nennt?" Gerne hätte er sich einen am Tag vor Ostern üblichen Brauch zunutze gemacht, einen Gefangenen nach Volkswunsch freizulassen, um nicht einen offenbar Unschuldigen der Todesmarter auszusetzen. Also bietet er alternativ für die Akklamation der jüdischen Menge den Zeloten (=politisch gewalttätige Untergrundpartei) Barrabas zur Entlassung an. Doch die von der Priesterschaft verhetzte Ansammlung ruft angeblich zu Ungunsten Jesu: „Ans Kreuz mit ihm!" Der römische Soldat und kaiserliche Verwaltungsbeamte Pontius Pilatus war geschichtlich gewiss kein Skrupulant, er hätte als Aufsichts- und Vollzugsorgan des Kaisers lieber ausschließlich einen gefährlichen Revolutionär ausgeschaltet als einen ihm bisher völlig unbekannten Störenfried der innerjüdischen Religionsszenerie. Dass dieser bescheidene Mann sich gemäß weiterer Denunziation – damit das Synedrium die schmähliche Todesstrafe wegen politischen Aufruhrs beim Landesverweser bewirken konnte – sich als „König der Juden" bezeichnen ließ, erschien ihm ohnehin unglaubhaft, obwohl er das falsche Spiel letztlich doch mitmacht. Vom galiläischen König Herodes Antipas lag ihm keine diesbezügliche Beschwerde über derlei Würdenanmaßung Jesu und gegen eine nicht zu duldende Aufrührergruppe unter Leitung eines Religionskönigs vor, die ja sofort niedergeschlagen worden wäre. So betreibt der Evangeliumstext eine Art Ehrenrettung für den Stadthalter, der historisch sich schlichtweg aus amtstaktischen Gründen, also wegen schlauer und ausgewogener Zusammenarbeit mit dem volksbeherrschenden Synedrium des Tempels, gegen Jesus und damit für die Erlaubnis von Geißelung und Kreuzigung entschied. Die ungewöhnlich schnell erfolgende Urteils- und Vollstreckungsprozedur gegen den galiläischen Religionskritiker erklärt sich zudem daraus, dass am Vortag des Paschafestes und bei diesem selbst kein Volksauflauf durch eine eventuell anwesende Anhängerschar aus dem Nordteil Palästinas entstehen sollte. Hinrichtungen am jüdischen Hochfest-Tag waren eh verboten, so musste das gesamte Verfahren (falls es sich im Geschichtsbild des Evangeliums nicht um eine erzählerische Kompilation im Hinblick auf die angebliche 3-Tages-Prophezeiung für Tod und Auferstehung - unter Einbeziehung des Paschamahles am Donnerstag - handelt) eines zweifachen Verhörs, der Folterung und der mit dem Tod des Menschensohnes endenden qualvollen Kreuzigung an einem einzigen Tag stattfinden. Die Verurteilung des Propheten aus Nazaret geschah also aus dem Hauptgrund, dass die einflussreiche Jerusalemer Priesterschaft den religiösen Abweichler und Pharisäerbeschimpfer beseitigen wollte und aus dem Nebengrund, dass der die Tötung genehmigende Stadthalter aus taktischer Erwägung dem Hohenpriester genehm sein und das zahlreich versammelte Judenvolk ruhig halten wollte.

Die römischen Soldaten vollziehen dann, beauftragt vom römischen Stadthalter, die Verspottung und Demütigung Jesu als angeblichem „König der Juden". Dies wäre den Schergen von einer hochrangigen kaiserlichen Amtsperson nie gestattet worden und wäre ohne jeden wirklichen Anlass gewesen, da Jesus in der Hauptstadt nur wenigen Religionswächtern bekannt war und allgemein nur als galiläischer Reformprediger in der Nachfolge des bekannteren Johannes des Täufers gegolten hat. Die Evangelisten heben ihr selbst erfundenes Motiv von Jesu Königtum als Spott-Titulierung so auffällig hervor, weil damit dem römischen Landverweser ein halbwegs legales Motiv für die Genehmigung einer Kreuzigung zugeschoben werden konnte! Für einen rein innerjüdischen Glaubensstreit hätte selbst ein auf Ruhe und Ordnung im Besatzungsland bedachter Oberbefehlshaber diese im geregelten römischen Rechtswesen im Wesentlichen für Aufstand und Verrat vorgesehene Todesstrafe nicht gebilligt. Selbst wenn der von den Geschichtsschreibern Josephus und Philo übel beleumundete Pontius Pilatus allein wegen Korruptheit und staatspolitischer Taktik oder subjektiver Schläue dem auf Jesu Beseitigung drängenden Hohenpriester entgegengekommen wäre, hat sich im

Nachhinein der Schreibzeit des Evangeliums dieses nachgeschobene offiziell gültige Motiv irgendwie stimmig eingefügt. Der in historischer Sicht brutale Stadthalter wird dadurch in besseres Licht gestellt, was sich beim Vorhaben, nun auch die römische Welt missionarisch anzuvisieren, günstig erwies. Wohl in ungefähr aus zweiter Hand erfahrener Erinnerung, dass Jesus kein körperlich starker Mann gewesen ist, setzen alle Synoptiker (=Markus, Pseudo-MT, Lukas) einen kräftigen Mann namens Simon von Cyrene (den Vater zweier späteren Judenchristen namens Alexander und Rufus) als Ersatzträger zum Schleppen des schweren Holzkreuzes ein (bei den Römern war üblich, dass der Verurteilte den langen, besonders schweren Hauptbalken selber tragen musste). Die weitere martialische Durchführung des Aufnagelns und Hochhievens wird von den Evangelisten nur kurz gestreift, das Anbringen der Tafel mit der Abkürzung „JNRJ" (Jesus von Nazaret Rex Judarum) jedoch als angeblich bekannt gemachte Urteilsbegründung deutlich herausgehoben. Als erste Neugierige tauchen auf der Schädelstätte vor den drei nackt an den Schandkreuzen hängenden Verurteilten (noch zwei Räuber – wenn dann, eher Raubmörder - waren angeblich zur selben Todesart verurteilt worden. Doch die Evangelisten wollen auch den Unterschied zwischen Kriminellen, die in die Beschimpfung Jesu einstimmen, und dem Messias hervorheben) die Hohenpriester (Pseudo-Mt weiß nicht, dass es nur einen solchen gab), die Schriftgelehrten und die Gemeindeältesten auf und quälen den leidenden Jesus mit ihrer Verhöhnung: „Wenn du der Sohn Gottes bist, hilf dir selbst, und steig herab vom Kreuz!" Damit betont der Evangelist die ständig gegenüber dem Religionskritiker Jesus feindselige und rachsüchtige Einstellung der Pharisäer. Diese sind wohl der Überzeugung, sie hätten mit der erfolgreich beantragten Hinrichtung des denunzierten „Gotteslästerers" ihre heilige Religion gereinigt und dem hochverehrten Jahwe den aus ihrem Amtsverständnis resultierenden Gefallen getan! Das dahinterstehende Problem, wie mitleidlos und gewissenlos Amtsträger einer Religion gegen Abweichler oder scheinbare Gegner verfahren und meinen, hinter ihnen stehe Gottes Wohlgefallen, wird nicht thematisiert. Nach der mit der Konstantinischen Wende von 313 n. Chr. für die neuen Christen endenden Märtyrerzeit sind die ab dann durch römische Staatsreligion institutionell abgesicherten Christen mit von der offiziellen Linie abweichenden Religionsreformern, angeblichen Glaubenszersetzern, widerspenstigen sich gegen die Zwangstaufe sperrenden Heiden und denunzierten Teufelsanhängern über eineinhalb Jahrtausende hinweg genauso verfahren. Das wirft die drängende Frage auf, ob fanatisierter Glaube, also die vorherrschende Art und Weise von institutionalisiert eingebläuter Gesinnung, die Bestialität der Gattung Mensch bestärkt, anstatt diese zu mindern und einzudämmen. Es geht nach den schlimmen Erfahrungen und Verhaltensweisen auf beiden Seiten von einseitig begriffener Wahrheit um die Suche nach Ausbildung einer allseits gebilligten gewaltfreien Gewissensethik und einer tiefer als bisher verankerten Herausbildung von Humanität und Achtung der Menschenwürde. Der Spott der jüdischen Synedriumsmitglieder vor dem im Todeskampf befindenden Jesus zeigt nicht nur die rohe, selbstrechtfertigende Mitleidslosigkeit und Gewissensverhärtung von Offiziellen der Religion und des Gottesstaates, sondern auch die theologische Problematik der Macht eines „Gottessohnes", die in der weiteren Verhöhnung aufgeworfen wird: „Anderen hat er geholfen, sich selbst kann er nicht helfen." Wer den direkt von Gott abstammenden Messias in Jesus assoziiert, der darf wohl vermuten, dass Jesus diese Macht gehabt hätte, wenn er sie nur anwenden wollte. Wer jedoch der durchaus sehr berechtigten Ansicht ist, dass der Menschensohn aus Nazaret – zwar von Gott beseelt, dennoch nur biologisch und physikalisch beschränkter Mensch – dies keineswegs gekonnt hätte, selbst wenn er des Willens zum Herabsteigen war, der darf guten Gewissens dieses normale Unvermögen annehmen. Glaube ist nicht die Verwechslung von erzählten Allegorien mit historischen Tatsachen und naturgesetzlichen Gegebenheiten! Glaube ist die Überzeugung, dass Gott im Menschensohn Jesus inspirierend und beistehend wirkte, sowohl in seiner Predigt, in seiner Religionskritik und in seinem Verhalten. Daher muss man Glauben als widerspruchsfrei zur Naturwissenschaft definieren, was Traditionalisten und Amtsverantwortlichen erfahrungsgemäß äußerst schwer fällt. Lieber richten sie Sündenmauern auf und schwören auf angebliche Historie und Wunder ein. So ringt auf dem Sektor der Religion die neue Zeit ständig noch mit der alten, was auf sämtlichen anderen Gebieten – zögernd und ebenso behindert – längst seit der Französischen Revolution und der Aufklärungszeit des 18. Jahrhunderts überwunden ist. Der Blick der Religionen geht zu sehr nach rückwärts, die Verwechslung von Erzählbild und historischer Tatsache ist weiterhin übliche Praxis und geltende Lehre. Glaube muss glaubwürdiger werden – eine Frage nicht nur des Begriffsinhalts, sondern auch der Methode. Fortschreibungs- und Aufklärungsangst hemmen. Die Weitergabe von mühsam entwickelten Erkenntnissen braucht Mut. Gott rechtfertigt nicht einfachhin das Alte (und keineswegs Grobheit und

Indoktrination), Gott steht als Schöpfer von Evolution und Vernunft bejahend hinter dem Neuen, das sich seit zwei Jahrhunderten in der Bibeltheologie Bahn schaffen will. Dazu seien Samuel Reimarus, Gottfried Ephraim Lessing, David Friedrich Strauß, Albert Schweitzer, Adolf von Harnack, Günter Bornkamm, Karl Barth, Karl Rahner, Rudolf Bultmann und Edward Schillebeecks (in kleiner Auswahl) ins Gedächtnis gerufen. Exegese muss Form und Inhalt unterscheiden dürfen (so schon Vatikanum II). Ein Glaube ohne Verdächtigung vernünftigen Denkens ist voll legitim! Dies verleiht einer moralischen und metaphysischen Gesinnung größere Kraft als die diffuse und mysteriöse Vermischung von Legende und Geschichte. Der Wille, die Motive von erzählten Allegorien aufzuspüren, gibt dann einem vor dem zeitgemäßen kritischen Denken verantwortbaren Glaubensinhalt eine neue tragfähige Substanz. Jetzige Inlandsmissionarität muss mit Kritik, Logik und Psychologie – alles eigentlich Geschenke Gottes im Verlauf einer sich herauskristallisierenden Neuzeit – vorgehen. Wer Heil der Welt anstrebt und ewiges Heil anbietet, muss offen und gewandt agieren. Das Wesentliche ist unser aller Interesse, nicht die Verpackung! Moderne Exegese unterscheidet zwischen Sprachmittel, Erzählzeit und Autorintention. Es macht keinen Sinn, die Sprachgestalt zugleich als Inhalt auszugeben. Es sei erinnert, dass Jesus selbst sich „Menschensohn" nannte und Wunder als Beweisführung seiner Identität streng abgelehnt hat, die er naturgemäß ohnehin nicht wirken konnte. Trotzdem legen die Evangelisten auf Schilderungen Wert, die auf Wundertaten oder auf die latente Fähigkeit zum Wundervollzug hinauslaufen. Wunderglaube legt im Grunde Glaubenszweifel offen, weil man fragwürdige Beweise will, die ohnehin nicht zu erbringen sind. Heutiger Glaube kann sich nicht um Klarlegung herumdrücken. Gott wirkte in Jesus über dessen Gedanken, Worte, Wille und Hingabe. Die Naturgesetze des Schöpfers blieben weiterhin in Kraft. Diese sich entwickelnden Determinanten der Welt (=feste Größen und starre Abläufe) galten damals wie heute.

Während des Sterbevorgangs Jesu am Kreuz (am Freitag zwischen 12 und 15 Uhr) herrscht gemäß der Schilderung des Pseudo-Mt angeblich Sonnenfinsternis in ganz Palästina; denn die Evangelisten waren als Initiatoren dieses ein halbes Jahrhundert nach dem Tod ihres Herrn verschriftlichten Enddramas – nunmehr ganz für einen Gottessohn - der Ansicht, dass die von Jahwe gesteuerte Natur diesem Schicksalstag der Menschheitsgeschichte den entsprechenden Katstrophen-Ausdruck geben müsse. Zugleich wird auf Zeichen der Wiedergabe für die Menschennatur Jesu die historisch glaubhafte allerletzte Äußerung des derart grausam Hingerichteten nicht unterschlagen: „Gott, mein Gott, warum hast du mich verlassen?" Trotz Jesu tragender Überzeugung, dass der himmlische Vater ihn berge und rette, bleibt das Fragen – auch in diesem ungewöhnlich meinungsfesten Propheten -, ob solche Qual und Demütigung denn unbedingt sein müsse? Hier rührt die parallele Darstellung von Messias und Mensch an das Dasein der Gattung Mensch überhaupt: Worin besteht der Sinn zeitlich begrenzter Existenz? Worin besteht der Sinn von Leid und Todesqual? Worauf beruht nun eigentlich Gottes Beistand? Das Theodizee-Problem (=Leid aller Lebewesen trotz göttlicher Allmacht) wird am Ende des Lebensweges eines Überzeugten und Erwählten, der als Schmerzensmann willig und doch fragend scheidet, anschaulich thematisiert! So greift das rückschauende Erzählbild des Hagiographen, allerdings in der manipulierenden Absicht, Realgeschehen zu suggerieren, in der Art einer literarischen Hyperbel zu einer Apokalypse aus – der große Tempelvorhang im Allerheiligsten zerreißt; ein Erdbeben, das sogar Felsen spaltet, ereignet sich; jüdische Heilige werden in ihren Gräbern auferweckt (um dann erst nach der vorangehenden Auferstehung Jesu in Jerusalem zu erscheinen). Da geht der Erzähler so weit, die jüdischen Vorbild-Gestalten zugunsten des neuen Christentums zu vereinnahmen, weshalb sie als Gefolge des nunmehrigen Christus an dessen Sieg über den Tod teilhaben. Nicht wegen der Sonnenfinsternis (die ja vorhersehbar gewesen wäre, falls sie sich wirklich ereignet hätte), sondern wegen der Erdstöße bekennen die angesichts solcher kosmischen Begleitwunder beim Todeskampf Jesu als Wächter anwesenden Soldaten und ihr Hauptmann als spontane Neuchristen: „Wahrhaftig, das war Gottes Sohn!" Als weitere Zeugen für Jesu Kreuzestod werden treue weibliche Jesusjünger aus Galiläa aufgewiesen, so Maria Magdalena; dann die Mutter des Jakobus, Maria (der Apostel Jakobus wird fälschlich „Herrenbruder" genannt) und die – namentlich ungenannte – Mutter der Söhne des Zebedäus. Den Leichnam des vom Kreuz abgenommenen Jesus (der Vorgang selbst wird nicht erzählt) erbittet sich ein reicher Jerusalemer Kaufmann, der bereits Jünger von Jesus gewesen sein soll, und lässt diesen in das für sein eigenes Ableben bestimmte Felsengrab legen, welches dann mit einem großen Verschlussstein gesichert wird. Die beiden Marias sind auch dabei Augenzeugen des Geschehens. Um sicherzugehen, dass die versteckten Apostel den Leichnam nicht stehlen können, um dann zu behaupten, der Messias wäre gemäß alttestamentlicher Prophezeiung und der Jesus unterlegten Eigenankündigung auferstanden – die Schriftgelehrten und Pharisäer hätten dies nicht geglaubt –, beantragt der Hohepriester beim Stadthalter die Bewachung der Grabstätte durch römische Soldaten und die feste Versiegelung des Verschlusssteines.

31 Die Schilderung einer vollzogenen „Auferstehung"

Am Tag nach dem Pascha-Hochfest der Juden (der Sabbat verstreicht ohne weitere Erwähnung), also am christlichen Ostersonntag, dem 1. Tag der Woche für das neue Christentum, besuchen die beiden vorher genannten Marias das Felsengrab unter den Begleiterscheinungen „Erdbeben", „herabschwebender Engel, hellleuchtend wie ein Blitz, von leichter Hand den Stein wegwälzend", „in Ohnmacht fallende Wächtersoldaten". Der weiß gekleidete Engel informiert die zwei Frauen, dass Jesus eben auferstanden sei gemäß seiner exakt zutreffenden Vorankündigung: „Er ist nicht hier; denn er ist auferstanden." Diese ersten „Zeuginnen" eines leeren und ehedem absolut sicher verschlossenen Grabes sollen die frohe Nachricht den mittlerweile wieder in Galiläa sich befindenden Jüngern überbringen (die Begleiterschar Jesu war also nach dem demotivierenden Urteil gegen ihren Rabbi zurück in die Heimat geflüchtet). Zugleich weist der literarisierte Bote Gottes auf die im Nordreich stattfindenden Erscheinungen des angeblich Auferstandenen hin. Den freudig erschreckten Frauen erscheint der Auferstandene sogleich auf den ersten Metern des Nach-Hause-Weges, so dass sie ihn beweiskräftig ertasten können. Das Berühren von Christi verletzten Füßen soll die Körperlichkeit und Erkennbarkeit des Christus als ihren gut bekannten Menschensohn Jesus bestätigen (wie es ähnlich vom Abtasten der Wunden des Gekreuzigten durch Thomas im Pseudo-Johannes-Evangelium anschaulich geschildert wird). Weil nun im Blick der Schreibzeit des Hagiographen ohnehin die Messianität Jesu sicher „bewiesen" und offiziell geglaubt und als körperliches Heraussteigen aus dem Grab verkündigt wird, werfen sich im „Bericht" der Rückschau die zwei Zeuginnen ergriffen, eigentlich schon anbetend, auf den Boden. Diese Christus-Erscheinung beruhigt die tief Betroffenen mit den wichtigen Worten: „Fürchtet euch nicht." Der Erzähler versäumt es nicht, die vermittelte Tatsächlichkeit einer körperlichen Erscheinung des am dritten Tag nach der Kreuzigung (also eigentlich nach zwei Tagen) Auferweckten extra zu betonen, indem er erwähnt, dass die (es gab nur einen) Hohenpriester und die Ältesten der Jerusalemer Judengemeinde behaupteten, dass die Apostel durch den geschickt arrangierten Diebstahl des Leichnams – nach Bestechung der römischen

Wächter – eine Auferstehung nur vorgetäuscht hätten. Die Evangelisten wehren also eine Betrugs- und Diebstahls-Vermutung von Gegnern des Christentums gleich bei der Schilderung dieser eine Auferstehung „beweisenden" Erscheinung ab. Heutige Christen behelfen sich bei diesem meist wörtlich und damit physisch verstandenen Vorgang mit dem Begriff „Astralleib", womit angedeutet wird, dass es sich beim Ereignis einer „Auferstehung" (=Fortleben) nicht unbedingt um den wiederbelebten und zwei Tage schon verwesenden identischen Körper Jesu handeln müsse. Die Amtskirche bleibt konstant bei der wörtlichen Auffassung des „Wunders" Jesu.

Die Evangelien entscheiden sich beim Aufgreifen dieses entscheidenden Ereignisses des Glaubens an das naturüberlegene Verhalten des Gottessohnes für den Begriff „Auferstehung", der im Sinne des jungen und gegenwärtigen Amtschristentums die Bedeutung wiedergibt, dass hier ein Mensch wirklich tot war – dies von Freitagabend bis Sonntagmorgen (man spricht von drei Tagen, wohl damit auch religionsgeschichtlich an das Verschwinden des Neumondes anknüpfend) – und dann von Gott wiedererweckt wurde oder aus eigenem Vermögen, unbeschadet durch Fäulnis- und Vergiftungsprozesse nach Ausschalten der Körperfunktionen, sich dem Grab enthoben hat und wieder ins irdische, aber zugleich schon ins ewige Leben eingetreten ist. Die christlichen Kirchen halten seit alters her am physischen Verständnis dieses Geschehnisses fest. Etwas offener wird manchmal vom Ereignis der „Auferweckung" gesprochen. Das Neue Testament liefert für das gemäß dem Missionar Paulus essenzielle Geschehen („Wäre Jesus nicht auferstanden, so wäre nichtig unser Glaube"), das alle Evangelisten als Höhepunkt des übernatürlichen Wirkens und dann auch Wesens Jesu zusammen mit den einen „Beweis" für die „Auferstehung" liefernden „Erscheinungen" an den Schluss ihrer Botschaften stellen. Die Hagiographen des Neuen Testaments greifen damit die jüdischen Hoffnungen im Alten Testament (z.B. Jesaja 53,4 und Hosea 6,2) auf, in denen von „Auferweckung" oder „Auferstehung" die Rede ist. Die Vorstellung eines physischen Heraussteigens aus dem Felsengrab (neutestamentlich in Konkretisierung noch unterstützt durch einen Engel, der einen äußerst schweren Verschlussstein von außen wegwälzen konnte) kommt wie die Erwartung eines Weltgerichts aus dem Glaubensfundus der Juden! Für Menschen, die mit naturwissenschaftlichem Denken groß geworden sind oder die sich schon vor und während der Aufklärungszeit eines kritischen und wirklichkeitszugewandten Denkens befleißigt haben, scheint die wortwörtliche

Auffassung von 3000 bis 2000 Jahre alten Texten durchwegs unverständlich bis makaber. Es darf und muss sogar unternommen werden, für ein Geschehen, das aus einem naiven Wunderglauben heraus für viele gebildete oder scharf mitdenkende Leute nicht mehr annehmbar ist, ein allegorisches Verständnis anzubieten! Es ist nicht für jedermann zumutbar, schlichtweg zu sagen: „Für Gott ist kein Ding unmöglich" oder „Gott kann seine Naturgesetze jederzeit aufheben, und im Falle Jesu erschien ihm dies nötig". Wer von den Abläufen des Naturgeschehens ausgeht, welche der Schöpfer in die Natur hineingelegt hat, kann nach Wegen suchen, den Texten die entscheidende Essenz (=das Wesentlichste) abzugewinnen, ohne simpel, unaufgeklärt oder abergläubisch zu wirken! Der Kern einer Glaubenssubstanz für „Auferstehung" besteht unzweifelhaft in der Überzeugung, dass Jesus als „neuer Mensch", als „Erhöhter" (nicht nur am Kreuz, sondern in den Himmel hinein) weiterlebt und weiterwirkt! So dürfen auch die „Erscheinungen", welche eine physische „Auferstehung" bekräftigen sollen und die nach einigen Erlebnissen von Jüngern Jesu eh ein Ende gefunden haben, so wie auch Paulus nur einmal vor Damaskus eine Vision und Audition hatte, als er vom Christenverfolger Saulus zum christgläubigen Paulus wurde, allegorisch als innerliche Erlebnisse aufgefasst werden! „Auferstehung" und „Erscheinung" erfahren auf diese Weise eine transzendierende (ins Geistig-Seelische reichend) Begriffsfüllung als fortlebend, stärkend und sinnfüllend. Der „Auferstandene", der nur im Mythos drei Tage in der Unterwelt war, ist im Innern der Glaubenszeugen vorhanden.

Freilich wird in diesem Begriffshorizont auch das „Jüngste Gericht", welches ebenso wie die direkt aufgefasste „Auferstehung" aus der im Neuen Testament aufrechterhaltenen Erbmasse jüdischer Mythologie stammt, als Realgeschehen in Frage gestellt. Dieser „Vorgang" wird im aufgeklärten Verständnis ersetzt durch das persönliche Gericht für jeden Menschen unmittelbar nach seinem Tod. Damit befinden sich zunächst alle Religionen auf derselben Ebene, weil überall auf der Welt, und dies seit ältesten Zeiten der Menschheitsgeschichte, an das Ewige Leben der Guten geglaubt und nach einem sofortigen durch Gott oder die Götter abwägenden Gerichtsurteil über jenseitiges Glück entschieden wird! Die subjektive Sicht berechtigt dann selbstverständlich das Christentum zu einer spezifisch christlichen Akzentsetzung, was heißt, dass der bei Gott fortlebende und die glaubenden und betenden Menschen unterstützend begleitende Christus neben dem höchsten Gott, den ja Jesus respektvoll seinen „Vater" (=symbolisch in geistiger Hinsicht als Auftraggeber) nannte, eine herausgehobene Stellung im himmlischen Leben einnimmt. Auch die Vorstellung von „Himmel" wird ein geweitetes Bedeutungsfeld brauchen, weil die traditionelle Sicht eines monarchistischen Thronsaales nicht allen Menschen etwas besagt. Viele harren ihrer jenseitigen Erfüllung in einer anderen Dimension von Existenz auf emotionale oder neu tätige Weise. Die Christusgestalt hat für das Christentum weiterhin eine hohe Bedeutung als „Göttlichkeit auf Augenhöhe", als „fassliche Göttlichkeit" oder als „größtmögliche Erfüllung ethischen Menschseins". Dass im Neuen Testament Christus als der vormalige Jesus sich erschließen muss und nicht sofort als der ehemalige Rabbi erkennbar ist (sondern eben erst nach Bestätigung seiner Identität), deutet auf die Möglichkeit hin, dass im innerlichen Vorgang, dem sicheren Gespür, dass Jesus lebt und in subjektiver Wahrnehmung „sichtbar" und helfend nahe ist, eine Art „Astralleib" vom neu Lebenden, ehedem Toten, angenommen wurde. Wir alle bauen in unserem Glauben, der gewiss auch eine wesentlich uns innewohnende Hoffnung darstellt, auf die Erwartung, dass wir individuell erkennbar bleiben und andere Individuen, die ebenfalls fortleben, erkennen können! Das Neue und Übernatürliche wird uns weder an uns, noch an anderen fremd. So dürfen wir der Glaubensüberzeugung sein, dass wir Eltern, Kinder, Geschwister, Großeltern und Enkelkinder, sowie alle sonstigen geliebten Verwandten und Mitmenschen, die uns etwas gegeben haben und die für uns wichtig waren, wieder als zu uns Gehörende wahrnehmen und als Erlöste in die Arme schließen! Die Evangelien decken sich zum Teil mit den Erwartungen der anderen Religionen. Sie leisten für die Gläubigen dieses Bekenntnisses die Erhaltung der Vorstellung von bleibender Personalität in Gegenwart einer viel größeren Personalität eines Schöpfergottes und seines Mittlers, der im Mythos Menschlichkeit und Göttlichkeit in sich vereint. Dazu kommen, je nach konfessioneller Ausprägung, wie sie sich in allen Religionen in Verschiedenheit bei grundlegender Gleichheit zeigt, besonders edle und idealistische Menschen, die als Heilige verehrt werden, und geschaffene Wesen, Engel genannt, die nie als Irdische lebten, jedoch in Gottes Gegenwart als seine Helfer den guten und betenden Menschen zur Seite stehen. Es engt den Glauben ein, wenn wir „Auferstehung" (religionsgeschichtlich eine alte jüdische Vorstellung) wörtlich-real übernehmen und nur physisch auffassen oder wenn dies als Apodiktum der kirchlichen Hierarchie den heutigen Menschen vorgeschrieben wird. Wer naiv ohne jegliche historisch-kritische Textauffassung glauben will, kann dies vollführen; er wird sich nicht nur geborgen fühlen, sondern den Widerspruch zur Vernunft und den Widerspruch zu etlichen Bibelstellen fühlen. Wer abstrakter denken kann, darf im Konsens mit gottverliehener Vernunft und im Einklang mit den mühsam erstrittenen Erkenntnissen der kirchlichen Bibelwissenschaftler glauben, leben und hoffen. Die Kirchenoberen sollten die Ergebnisse der eigenen alt- und der neutestamentlichen Exegese nicht wegen des Verdachts auf Häresie unter den Tisch fallen lassen! Die Universitätswissenschaft hat durchaus einen gewissen Interpretationsspielraum in Fragen einer Glaubenslehre, welche der akademischen Verpflichtung zu wissenschaftlicher und damit sachgerechter Wahrheit geschuldet ist. Dies berechtigt deshalb die Amtshierarchie nicht, wissenschaftliche Forschungsergebnisse der historisch-kritischen Exegese kühl zu missachten und ihre Vertreter an den Universitäten unter Generalverdacht von Falschlehre zu stellen. Verantwortungsbewusst erarbeitetes Wissen darf nicht als schädlich denunziert sein; es dient vielmehr einer neuen Grundlegung.

Interessant ist das Verhalten der Führungskräfte der beiden großen christlichen Kirchen. Diese übergehen einfach und leichten Wortes die exegetischen Probleme, indem sie eine einzige Sache aus einer biblischen Erzählung ohne Kontext herausgreifen, die historische Einordnung unerwähnt lassen und dann forsch freiweg etwas Allgemein-Moralisches oder Tröstliches zur Textessenz von sich geben. Ein solches Verfahren vertuscht die enorm in der heutigen Zeit wichtige Kommentierung der Problematik von Sprachform und Bedeutung und wirft unannehmbar wortwörtliches Aufnehmen und verbindungsloses Reflektieren über religiöse Themen durcheinander! Damit hält man das Verwechseln von rückschauender Erzählkonstruktion und Suggerieren eines Protokolls zur Handlungszeit einer biblischen Erzählung, einer Legende oder eines Mythos aufrecht. Man will vom Volk der Gläubigen Zweifel fernhalten und manipuliert damit großenteils die naiven und sogar auch die denkenden Menschen der Jetztzeit. Die jungen Leser (und nur noch wenigen wirklich aufmerksamen erwachsenen Hörer) verspüren bei dieser unredlichen Methodik ein Unbehagen und ziehen sich innerlich aus den Kirchen zurück, obwohl sie an Weihnachten und Ostern oder bei Taufe, Kommunion, Firmung, Hochzeiten und Beerdigungen noch körperlich anwesend sind. Einige Festivitäten, die eigentlich nur säkular (=unreligiös, verweltlicht) begriffen werden, nehmen die Leute aus Gründen von Familienfeierlichkeiten als private Pflicht wahr. Es ist doch bedauerlich, wenn eine Frohbotschaft immer weniger beachtet wird, deren Kern, vermittelt durch Jesus, wirklich von Gott stammt.

Pseudo-Matthäus schließt mit dem 28. Kapitel sein Evangelium mit der in historischer Sicht völlig überzogenen Botschaft der Aussendung seiner Jünger in Galiläa: „Mir ist alle Macht gegeben im Himmel und auf der Erde. Darum geht zu allen Völkern, und macht alle Menschen zu meinen Jüngern, tauft sie im Namen des Vaters und des Sohnes und des Heiligen Geistes, und lehrt sie, alles zu befolgen, was ich euch geboten habe. Seid gewiss: Ich bin bei euch alle Tage bis zum Ende der Welt." Der geschichtliche gläubige und demütige Jude aus Nazaret hätte sich niemals dazu verstiegen, sich derart mit dem allmächtigen Schöpfer und Erhalter der Welt gleichzustellen, wiewohl er sich als beauftragter Menschensohn empfand und selber so definierte! Die Weltmission ist die Leistung und Forderung des Paulus und später des Petrus sowie der Mitarbeiter Markus und Lukas und der exilierten Judenchristen. Die Dreifaltigkeitsformel stellt die Entwicklung der jungen Kirche nach der Mission des Paulus in den Jahren 45 bis 55 n. Chr. dar. Die vereinfachten und intensivierten Gebote Jesu sind im Dekalog und in der Bergpredigt enthalten. Der historische Jesus weiß um sein Weiterleben im Himmel, von dort werde er die Seinen stärken. Die werden die vom Evangelisten als Forderung gestalteten Worte zuversichtlich und mutig in die Tat umsetzen, weil sie dies zur Schreibzeit des Evangeliums bereits unter Mithilfe des unsichtbaren Fortlebenden praktizieren.

III Trennung und Verbindung von Jesus und Christus

Der historische Jesus stellte sich heraus als „Menschensohn" (=gotterleuchteter Prophet), als Vermittler einer im Vergleich zum Judentum reduzierten und intensivierten Ethik, als ein natürlicher Sohn irdischer Eltern, der im Wissen der Verbindung zu seinem himmlischen Auftraggeber den Hörern seiner Predigten Gewaltfreiheit, Sorge um die Armen und Schwachen, Barmherzigkeit sowie universelle Menschenliebe nahelegte und in seinen Gleichnissen den Vorrang seelischen Heils vor den irdischen Gütern empfahl. Seine scharfe Kritik an den offiziellen Vertretern der jüdischen Religion machte ihn verhasst bei den routinierten traditionalistischen Amtsträgern und den Anhängern der Tempel-Zeremonien, so dass ihn sein hartnäckiges Reformvorhaben von Moral, Gottesdienst und der Beziehung zu Menschen und zu Gott das Leben kostete. Niemals hat er sich selbst vergottet und sich angemaßt, über göttliche Vollmachten wie selbständige Sündenvergebung, klares Vorherwissen und übernatürliche Wunderkraft zu verfügen. Er vergab auch keine göttliche

Schlüsselgewalt an seine Apostel. Innerlich empfand er sich als Ausführender eines von Gott gesetzten Botschaftsauftrags, der ihn bemächtigte, unverdrossen in den Fußstapfen der vorexilischen Propheten des 7. vorchristlichen Jahrhunderts eine einfache Heilslehre und einen individuell zu praktizierenden Bezug zu einem liebenden und zugleich richtenden Gott zu verkünden, der jedoch die Nächstenliebe in der ethischen und metaphysischen Qualität der vertikalen Verehrung gleichstellt. Sein Gottvertrauen und seine Überzeugung, dass ein ehrlich frommer und sozial tätiger Mensch das ewige Leben erlangen werde, motivierten ihn fest und doch nicht ohne jeden Zweifel, seinen Auftrag durchzuhalten und sein Leben letztlich demütig hinzugeben. Er kümmerte sich schließlich noch um die Weitergabe seiner Anliegen durch die Apostel und Jünger. Diese spürten seine Begleitung über seinen irdischen Tod hinaus und traten nach anfänglicher Furcht, mitgerissen vom Beginn der paulinischen Mission, etwa ab 45 n. Chr. die geforderte Nachfolge an.

Der kirchliche Christus entpuppt sich als Glaubensinhalt der jungen Kirche im Vollzug der weit ausgreifenden Missionstätigkeit des Paulus und der Firmierung einer bald entwickelten Lehre über den nun aufgetretenen und lange erwarteten übernatürlichen „Gottessohn", der dem jüdischen Messias – entgegen der Selbsterklärung des geschichtlichen Jesus – entsprach. Infolgedessen wurden ohne Einschränkung jüdische Vorstellungen wie göttliche Natur, Auferstehung, Weltgericht und machtvolle Wiederkehr in das neu entstehende Bild der Evangelisten über den am Kreuz und vor Gott erhöhten Christus in das Neue Testament unter Vorlage alter Hoffnungen aufgenommen, die nun zu erfüllten Prophezeiungen wurden! Der selber schlicht und kultfern glaubende Jesus aus Nazaret wurde erzählerisch figuriert zum geglaubten und bald angebeteten Christus! Seine an ihm vorbei entwickelte Identität mit dem allmächtigen Schöpfergott führte daher zu nahezu selbstverständlichen Eigenschaften von Göttlichkeit wie die körperliche Enthebung aus dem verschlossenen Felsengrab, die punktuellen persönlichen Erscheinungen an weit auseinanderliegenden Orten und die Vollmacht der Sündenvergebung samt deren Weitergabe an die Apostel! Ein durch den von junger Exilkirche und den Evangelisten – von denen kein einziger Apostel war – in Gestalt des neuen Christusbildes geformter Jesus war somit ohne Weiteres zu Allwissenheit und zu Wunderkraft, die meist zu Krankenheilungen und Geisteraustreibungen eingesetzt wurde, befähigt. Der so zum Weltenrichter für die guten und schlechten Menschen aller Zeiten hinaufstilisierte Christus-Jesus (noch nicht ausgeprägt in der Redenquelle „Q") wurde offensichtlich bereits in den ersten Evangelien der 70er (Markus) und 80er Jahre (Pseudo-Mt) an vielen Stellen ihrer angeblichen Berichte, den Legenden sowie in den als Tatsachen begriffenen jüdischen und griechischen Mythen mit Gott gleichgesetzt. Die Paulusbriefe der 50er Jahre haben entscheidend zu dieser schnellen Firmierung einer Erlösergestalt beigetragen. Über den dritten Synoptiker der 90er Jahre (Lukas) hinaus steigerte der Pseudo-Johannes des vierten Evangeliums um die Wende des ersten Jahrhunderts die Christus-Vorstellung in der Art eines neuen, griechisch geprägten Mythos (so Jesus als „Logos" Gottes). Die Apokalypse eines weiteren Johannes fügte dem Christusbild viele ältere jüdische Endzeitvorstellungen mittels gewaltiger Sprachhyperbeln über den mit dem Satan und der „Hure Babylon" kämpfenden und nach langem Ringen siegreichen und wiederkehrenden Erlöser hinzu. Die sehr rasch und meinungsfest organisierte Kirche vertrat über die großen Entfernungen von Kleinasien, Griechenland und Italien hinweg ein vorwiegend übernatürlich begriffenes Christus-Jesus-Bild, das dann die Leiter der Gemeinden berechtigt erscheinen ließ, Gottes Willen gemäß ihrer Interpretation im Namen Jesu umzusetzen und dauerhaft zu verwalten. Rasch stilisierte sich die neue Kirche selbst zu solch alleiniger heilsentscheidender Bedeutung, dass sie vermeinte, Menschen irdisch eingliedern und ausgrenzen, überirdisch belohnen und verbannen zu dürfen! Jesus selbst hatte demgegenüber die Apostel noch vor Ämtersucht, Stolz und Ehrgeiz gewarnt, was offensichtlich nur innerhalb der ersten Jünger-Generation beherzigt wurde. Dann bildete sich eine nach oben verdichtende Apparatur heraus, die gar zu bald der von Jesus abgelehnten Tempelhierarchie des Judentums ähnelte. Selbst die Adelsgesellschaft, welche die alten und mittelalterlichen Gesellschaften und Staaten weit in die so genannte Neuzeit hinein streng verwaltet hat, musste vor der machtvoll sich präsentierenden Amtskirche kapitulieren. Könige und Kaiser beugten ihre Knie vor dem das Ewige Leben und die irdische Moral sowie das Weltbild verwaltenden Papst. Das politische und bisweilen sogar militärische Ringen zwischen den autoritären, hierarchisch gegliederten Institutionen von Staat und Kirche fand erst mit dem „Wormser Konkordat" im Jahr 1122 einen tragfähigen Kompromiss hinsichtlich der Vergabe weltlicher und kirchlicher Ämter, die dann zufriedenstellend jeder Seite Macht und Besitz garantierten. Es kam sogar zur grotesken Ausprägung der Funktion von „Fürstbischöfen", die sowohl allen weltlichen Lustbarkeiten als auch den religiösen Aufgaben zugewandt waren und die Bevölkerung ihres Machtbereiches äußerlich und innerlich unter Druck halten durften. In bedenklicher Vermengung von strafrechtlicher Ordnung und kirchlichen Glaubensvorschriften kam es zu Folter und Feuertod gegen Häretiker und angebliche Teufelsanbeter. Die in die Machtkämpfe zwischen weltlichen und geistlichen Oberhäuptern stets eingebundenen territorialen Auseinandersetzungen führten dann zum Dreißigjährigen Krieg zwischen 1618 und 1648, in dessen Verlauf Zentraleuropa verwüstet und der Menschenbestand stark dezimiert wurde. Doch die Kirchen schufen sich ihren Platz nicht nur negativ innerhalb der ständischen Gesellschaften als nicht mehr zu übergehende machtverkörpernde Institutionen, sondern positiv auch als geistige Prägekräfte, in deren Kernbereich durchaus der „Seelenschatz" der Gläubigen gepflegt wurde. Die mystische Vorstellung, dass einem gläubigen und moralisch rechten Christen dieser göttliche Christus gnadenhaft innewohnen könne, erzeugte Geborgenheit und bannte Angst vor Krankheit, Tod und Katastrophen. Die ersten Christengemeinden lebten gewiss in den Spuren des historischen Jesus bescheiden, mildtätig und fromm. Sie betrieben aber gleichzeitig eine neue liturgisch vertiefte Metaphysik, so dass in den feierlich vollzogenen Sonntagsgottesdiensten die als Sakrament aufgefasste, in den Mittelpunkt gestellte Eucharistie eine bleibende Verbindung zum fortlebenden und Kraft schenkenden Gottessohn aufrechterhielt. Die Evangelisten vollzogen konform mit der bereits im letzten Viertel des ersten nachchristlichen Jahrhunderts sichtlich straff organisierten jungen Kirche einen Paradigmenwechsel (=Grundlagenveränderung) mit: Nicht mehr der Religionsreformer und Prophet aus Nazaret steht im Mittelpunkt der Darstellung, sondern ein seit Ewigkeit mit dem Schöpfergott mitexistierender und mitbestimmender Christus, der den Heilsplan Gottes für die irrenden und sündigen Menschen im Irdischen durchführt! Das Erlöserbild der Christenheit entwickelte sich im Glaubensvollzug der ost- und weströmischen Kirche und der Abweisung von so gen. Irrlehren (des Arius und des Marcion) sowie dem Erstarken zur Staatskirche nach der Konstantinischen Wende (313 n. Chr.) über die Annahme einer „hypostatischen Union" (=überwirkliche, wesensmäßige Verbindung) zwischen Gottessohn und Gottvater, weiter durch die Aufnahme des Heiligen Geistes ins neue Gottesbild, zur Vorstellung einer dreipersönlichen Göttlichkeit. Insgesamt wurde unisono von den Evangelisten und den bestimmenden Leitern der ersten Christengemeinden eine entscheidende Änderung der Perspektive vollzogen, die sich bereits früh in der Darstellungsweise der einzelnen Texte des Neuen Testaments ausgewirkt hat und dann weiter dogmatisch präzisiert und festgeschrieben wurde: Gott betrieb die notwendige Heilsgeschichte für die gesamte Menschheit selbst, indem er persönlich Menschengestalt annahm, sich inkarnierte (Fleisch, Körper wurde) und sich in der zweiten göttlichen Person selbst opferte! Das Christentum setzte Gottvater, den Weltenschöpfer und Menschenrichter, mit seinem „Sohn" gleich, den er „präexistent" (= immer schon) in allen göttlichen Seins- und Aktionsweisen in sich getragen hatte. Eine neue, tiefe Heils- und Erlösungsmystik wirkte sich in Glaubenshaltung und Glaubenspraxis aus. Die Christgläubigen wurden durch die ersten Sakramente (=Heilszeichen, Vereinigung mit Gott) zu „Gotteskindern" erhoben, erlebten Sündenvergebung, wussten göttliche Gnade in sich, die sie zu einem Leben der guten Taten anhielt und die Gewissheit verlieh, einmal den ewigen Lohn zu bekommen. Die Furcht vor den Lebensproblemen und die latente Zukunftsangst wurden eingedämmt. Dem Gläubigen standen Gott, Christus, der Heilige Geist, die „Gottesmutter", der Namensheilige und ein Schutzengel zur Seite; man durfte sich vielfach gehalten und getragen empfinden. Für den karitativen Einsatz im Sinne des historischen Jesus wurde massiv geworben. Die zunächst innerhalb der Evangelien emsig umworbenen Juden machten allerdings die Gleichsetzung ihres weiterhin erst zu erwartenden, befreienden Messias mit dem Religionskritiker Jesus aus Nazaret nicht mit und lehnten einhellig und empört die Gleichstellung eines Christus mit Jahwe ab.

Der echte Jesus aus Nazaret, leiblicher Sohn des Zimmermannsehepaars Josef und Maria, ist nicht gar so schwer vom Christus der Bibel zu unterscheiden. Der natürliche Mensch, Religionsreformer, Priesterkritiker, Laien-Rabbi, Prediger und Idealist, auch verwegener Provokateur konnte keine Wunder wirken, hat keine Kranken übernatürlich geheilt (eher vielleicht durch seine persönliche Ausstrahlung die entsprechenden Selbstheilungskräfte ausgelöst), hat sich nicht mit der Austreibung böser Geister abgetan, konnte nicht mehr voraussagen als jeder andere. Seine in ihm bis zum Alter von 34 bis 37 Jahren (Geburt ggf. 7 v. Chr.) herangereifte Überzeugung, Jahwes ihm zugemessenen Auftrag zu erfüllen – und koste es sein Leben –, prägte ihn wie einen Propheten (nicht im Sinne des Vorherwissens, sondern wegen pazifistischer Gesinnung, wegen Kritik an traditioneller Religion und Ethik sowie der Forderung nach freiwilliger Sozialtätigkeit) und verschaffte ihm nach Johannes dem Täufer große Bedeutung beim galiläischen Volksteil Israels. Nie hätte er persönlich Schuld vergeben, sich als Richter der gesamten Menschheit am Jüngsten Tag ausgegeben, sich als Auferstehenden angekündigt, geschweige denn als sprechender und körperlich überprüfbarer Erscheinender und als auf den Wolken wiederkehrender macht- und prachtvoller Sieger, der in eine von Bosheit und Verfall befreite Erdenwelt einzieht. Jesus wusste mehr als ein Durchschnittsmensch, sein Nahverhältnis zu Gott zeichnete ihn aus und erhöhte gewiss sein Selbstbewusstsein. Er war mutig und verwegen. Angstfrei trat er gegen die Pharisäer und Schriftgelehrten auf. Er setzte sich vehement für Gewaltlosigkeit, Mildtätigkeit und Sorge um Schwache und Arme ein. Er verkündete seine Botschaft über Gottes Wort und Wille und stand bis zum äußerlichen Niedergang zu seinem als unbedingtes Soll wahrgenommenen Auftrag. Seine leibliche Mutter Maria (mit der ihn kein enges Vertrauensverhältnis verband, schon weil sie ihn als Mutter gewiss zunächst von seiner lebensgefährlichen Glaubensreform zurückhalten wollte) war historisch keineswegs „Gottesmutter". Ihre Erwählung und besondere Eignung als „reine Jungfrau" wurde den Evangelisten erst nach dem Paradigmenwechsel vom Jesuanismus zum Christentum bewusst. Das Prädikat „Gottesmutter" konnte erst, nachdem Jesus-Christus selbst zunächst mit Gottvater gleichgesetzt und dann in eine göttliche Dreifaltigkeits-Union transzendiert wurde, platziert werden. Die gleich hochrangige Positionierung der Maria als unbefleckte „Gottesgebärerin" erfolgte dann (nach erster Darstellung ihrer Empfängnis durch den Heiligen Geist nach Vorankündigung eines Engels im Lukas-Evangelium 90 n. Chr.) im Jahr 451 n.Chr. beim Konzil von Chalzedon, als ihr Stellenwert im langfristigen Heilsplan Gottes tiefer erfasst worden war. Die Marienverehrung bildet neben der Christus-Anbetung den wichtigsten Kult der katholischen Kirche und die verehrende, an vorchristliche Liturgien für Muttergöttinnen anknüpfende Haltung (auch in spezifischen Grotten und ohnehin in spezifischen Marienkirchen und Marienkapellen) steigerte sich u.a. bis zum Prädikat einer „Himmelskönigin". Seit langem wird im Christentum katholischer Prägung eine festliche Marienverehrung auch in der Form von Wallfahrten (mit Statuenkult) gepflegt. Häufig wurden Kapellen und Kirchen an Orten mit behaupteten Marienerscheinungen erbaut.

Streicht man also alle Mythen, Legenden, Allegorien und Ehrentitel aus den glorifizierenden Darstellungen der Evangelisten, die ja bereits stark ausgeformtes kirchliches Glaubensgut wiedergeben, so begegnet man dem echten Menschen Jesus. Seine Vollmachten reichten nicht über gewöhnliches

Menschenvermögen hinaus; er hatte keine und konnte demzufolge keine weitergeben. Er unterlag einem ungerechten Schuld- und Hinrichtungsurteil auf Grund von Denunziation und Unterstellung der Jerusalemer Priesterkaste. Er war sterblich. Er lebte im Jenseits fort wie jeder andere gute Mensch. Die Gläubigen und Nachfolger spürten aber seine vom Himmel kommende Hilfe.

Der kirchliche Christus ist nicht Produkt reiner Phantasie oder gar eines Lügengebäudes durch die Evangelisten. Die Christusgestalt ist glaubensmäßige Folge eines bedeutungsschweren Perspektivenwechsels, der den Glauben Jesu zum Glauben an Christus wandelte! Aus dem verehrten neuen Propheten wurde der von den Juden erwartete Messias, und dieser wurde spätestens mit dem 100 n. Chr. verfassten Evangelium des Pseudo-Johannes offen zum „Gottessohn". Als solcher wesens- und machtgleich mit dem Weltenschöpfer, Weltenerhalter und Weltenrichter! Die ab 70 n. Chr. geschriebenen synoptischen Evangelien deuten bereits mit dem vorherrschenden Erzählprinzip, dass sich Jesus selber bereits durch in den Mund gelegte Vollmachtsaussagen (die wiederum alttestamentlicher Mythologie entnommen sind) als göttlicher Messias offenbare, diese Transzendierung und den seit den Paulusbriefen der 50er Jahre überhöhenden und vertiefenden Blickwinkel an. Der für sprachwissenschaftliche Forschung wichtige Unterschied zwischen erzählter Zeit – Jesu öffentliches Wirken in den Jahren 29 und 30 – und Erzählzeit (Evangelien- und Apokalypse-Produktion zwischen 70 und 120 n. Chr.) spielt für die bereits in Ortskirchen des Auslands integrierten Hagiographen keine Rolle! Die biblischen Schriftsteller übertragen den Glaubensstatus, dass mit Jesus der ersehnte Messias aufgetreten sei, zurück auf die transzendierende Beschreibung von Leben und Wirken des galiläischen Religionsreformers! Ein glaubensmäßig seit Mitte der 40er Jahre für den Heidenmissionar Paulus erwiesener Gottessohn, über den er in den 50er Jahren seine Briefe für die gegründeten Christengemeinden anfertigt (eine spätere Überarbeitung in den 80er Jahren ist wahrscheinlich) rückt in den Mittelpunkt des Erzählens – so werden Mythen, Legenden und Allegorien zu Berichten und Protokollen umfunktioniert. Die Euphorie, dass man weltwichtiges Heilsgeschehen schildern dürfe, prägt alle Texte. Das persönliche Heilserleben und Erlösungsbewusstsein bemächtigt zu Einflechtungen und Rede-Unterlegungen, welche die tragende, entwickelte Glaubensüberzeugung der Schreibzeit in die 40 bis 90 Jahre lang zurückliegende Geschehenszeit transportieren! So sehr wirkte der allmächtige Gott in Jesus und war schließlich es selber, der hier kündete, forderte, mahnte, erhellte, litt und starb, dass es nahelag, das erleichterte Jetztgefühl der Christen in den Texten durchscheinen und gar vorherrschen zu lassen. Die neuen Christen sahen sich von Schuld befreit, in einen neuen Bund mit Gott und seinem gleichwertigen Sohn aufgenommen, dass sie dem Menschen Jesus alles zutrauen, wie man es sonst nur bei Gott für möglich erachten würde. (Wobei die Veränderung von Naturgesetzen durch einen Gott, der sie so ablaufen ließ, wie sie wirken, des Öfteren von Wissenschaftlern bestritten wird.) In solch gewandelter Grundperspektive darf Jesu Lebensende sogar von einer irdischen Katastrophe wie spontaner Sonnenfinsternis und einem spontanen Erdbeben begleitet sein. Seine glorreiche Wiederkehr auf einem Richterthron kann dann mit dem Weltuntergang am Ende der Existenz des gesamten Riesenkosmos erzählerisch verbunden werden. Das vertiefte Christusbild lässt den gelernten Handwerker, Laien-Rabbi und Wanderprediger im neuen, strahlenden Licht sehen. Der Teufel und seine Geister sind überlegen ausgespielt und verjagt. Die Menschen dürfen erleichtert den Alltagsgeschäften nachgehen, wenn sie nur glauben, sich taufen lassen und beim Sonntagsgottesdienst eine mythische Liturgie mitfeiern, die in einem Transsubstantiations-Verständnis (=die Gestalten von Brot und Wein bilden in Verwandlung den hingebenden Leib und das vergossene Blut Christi ab) die Kreuzigung als Selbstopfer auffassen und den Tod durch „Auferstehung" überwunden sehen. Dann gelangten die Christen realsymbolisch in geheimnisvolle und gnadenhafte Verbindung mit Gott und Christus. Die Kommunion stellt die Gläubigen auf eine gnadenhafte Stufe des Menschseins. Das Geistig-Seelische prägt nun den biologischen und oft verunsicherten und verängstigten Menschen. Die Gläubigen ziehen innerlich Christus an und dürfen sich von Gottes Hand zuverlässig geleitet fühlen. Die persönliche und politische Zukunft muss nicht mehr beunruhigen. Der Tod birgt keine Schrecken mehr – er bildet das Eingangstor zur bleibenden Erfüllung der fortlebenden Gläubigen. Die Glücksverheißung und die Geborgenheit bei der Allmacht vermögen das Böse einzudämmen und gar zu besiegen. Mit dem Gottessohn sind die Christen auf der sicheren Seite. Die Juden seien selber schuld, wenn sie in Verstocktheit die Messianität Jesu nicht anerkennen. Die Bibel ist zweifellos so auch Drohbotschaft; doch die Frohbotschaft herrscht vor.

Der sondernde, analysierende Blick auf Jesus oder den Christus bringt für die Glaubensproblematik der heutigen Zeit erhebliche Vorteile. Das Festhalten an Wundern als Tatsachen, die Auffassung von Sprach- und Erzählbild-Symbolen als Tatsachen bringt Leute vom Glauben ab! Glaube kann nicht auf Wunderglauben basieren! Der naturwissenschaftlich geschulte Mensch, der liest, fernsieht und diskutiert, wird eine naive Position für Aberglauben halten. Kirche darf nicht für ein Protokoll-Verständnis biblischer Texte kämpfen in der Meinung, dies sei Traditionstreue und Verpflichtung Gottes. Kirche muss eine vernunftbasierte Weltsicht und ein textkritisches Verstehen religiöser Sprachform ernst nehmen und bei der Neu-Evangelisierung der in heidnisches Lust- und Luxusleben, in Indifferentismus und Materialismus zurückfallenden Menschheit in die Verkündigung der Sonntagspredigten und des Schulunterrichts integrieren! Auch die Vernunft und das nachprüfende und kritische Denken stellen Gottesgaben dar. Theologie darf sich nicht intellektuell abkoppeln von der geistig-wissenschaftlichen Entwicklung der Zeit. Diese Forderung ist keineswegs ein platter Modernismus. Die Akzeptanz von naturwissenschaftlichen und textkritischen Resultaten und Methoden – die in der eigenen Bibelwissenschaft anklingen und zum Teil schon mutig gepflegt werden - gehört zu intellektueller Redlichkeit und zu ehrlicher Verantwortung gegenüber Gott. Dem Glauben geht nichts verloren, wenn klar zwischen Jesus und Christus in jeweiliger Eigenart unterschieden wird. Im sakramentalen Erleben und der ethischen Durchdringung des Gläubigen kommen die historische Gestalt und das kirchliche Christusbild wieder zusammen. Diffusität und die Furcht vor aufklärender Wahrheit, weil diese angeblich verunsichere, schaden der Sache eines überzeugenden Glaubens. Heutiges Christentum verlangt nach einer neuen, aber die Substanz erhaltenden Grundlegung.

Nur Puristen würden von den großen Kirchen verlangen, die Wucht, die Größe, die Pracht zu reduzieren, um wieder näher an den Auslöser und unfreiwilligen Begründer des kirchlichen Christentums heranzukommen. Freilich würde Einfachheit die Nähe zum geschichtlichen Jesus fördern und die Lehrinhalte ehrlicher an ihm orientieren lassen. Durch die hochgesteigerte Fokussierung auf den schon vom frühen Lehramt figurierten Messias-Christus geriet das wirkliche Urbild des Glaubens zum Großteil aus dem Blick! Eine Leitungsriege, die den jüdischen höheren Rabbinern im Amtsverständnis ähnelt und sich zu sehr als Glaubenswächter versteht, würde gewiss ungern aus dem Glanz der Stadtschlösschen, umsorgt von dienstbaren Geistern, in ein unauffälligeres Leben zurücktreten. Nicht nur Ehrgeiz und ein Schuss Eitelkeit bei den oberen kirchlichen Chargen sind die Ursachen, dass es mit den royalistischen Gepflogenheiten der großen Amtskirchen so weitergehen wird (die katholische

Kirche ist stärker adelig-barock als die zivilere evangelische Kirche), auch das Gläubigen-Volk ist einer abgesonderten und elitären Führungsriege noch gerne untertan, die sich bei den liturgischen Anlässen in prachtvollen Gewändern sehen lässt, würdeverheißende Kopfbedeckungen trägt und eine höhere Aura betont. Auch in der Justiz wird zur Verstärkung des Eindrucks von Objektivität und Bedeutung eine spezielle Amtstracht aufrechterhalten. Die gewaltigen, trutzigen, himmelhohen Dome unterstützen die intendierte Wirkung, dass darin Gottgewolltes und Weihevolles geschieht. Da ist wohl nirgends – es sei eines Tages aus Geldmangel, doch dann helfen die Kunstrestauration und der Denkmalschutz aus – Reduktion möglich. Es bleibt der bloße Wunsch nach Bescheidenheit, Dienstbarkeit und Ansprechbarkeit. Man könnte sich auch mehr Ehrlichkeit im Verstehen des ursprünglichen Auslösers der christlichen Religion im Unterschied zur euphorischen Mythologisierung und Übermalung Jesu durch Kirche und die ihr dienstbaren Evangelisten vorstellen. Wenn schon Pracht und Hierarchie Bestand haben werden, so sollten das autoritative Amtsverhalten, die Kontrollsucht, das Schnüffeln nach vermeintlichen Abweichlern aufgegeben werden. Es täte den großen christlichen Kirchen gut, wenn sie weniger auf Behörden setzten, dafür mehr auf gut ausgebildete Prediger, warmherzige Seelsorger und karitative Kräfte. Wohl sollten in Zukunft eher die Exegeten, die Jesus kennen, höhere und höchste Posten bekleiden als doktrinäre Dogmatiker. Letztgenannte orientieren sich in ausgeprägter Gewichtung an der selber dogmatisch formulierten „Unfehlbarkeit" des Papstamtes in Glaubens- und Sittenfragen (falls „ex cathedra" formuliert, also hochoffiziell lehramtlich mit Rückhalt eines Konzils), während die Gilde der Exegeten doch die Basistexte der Bibel geistig beweglicher, den Kontext der Zeit und der Religionsgeschichte beachtend, offener für die Beachtung der Schreibzeit und Autorintention eingestellt ist und schon ansatzweise die Bibel ähnlich anderer philologischer Fächer analysiert. Das bedeutet nicht die Gleichstellung der theologischen Auswertung von „Offenbarungsschriften" mit säkular-nüchterner Arbeitsweise an Literaturtexten. Die Bibel ist durchaus legitim in den kirchlichen Gebrauch eingebunden – leider gibt es Unterschiede in der Handhabung durch die vielen Konfessionen -, so dass mit Recht stets Rücksicht zu nehmen ist auf die liturgische Verwendung und die mystische Auffassung. Die Diskrepanz zwischen autoritativ-systematischer Sichtweise und historisch-kritischer Bibelauslegung ist durch Rücknahme des Dogmatischen und Höhergewichtung einer freien Exegese zu überwinden. Exegeten sind keine

Schmalspur-Philologen und keine antikirchlichen Ungläubigen. Es geht um sorgfältiges Auswerten ohne inspizierende Überwachung. Textwahrheit in Unterscheidung von Erzählzeit und erzählter Zeit ist unabdingbar. Auf die Offenlegung von Jesu tatsächlichem Predigen, Auftreten und seinem Selbstverständnis darf nicht mit Argwohn und Behinderung sowie nicht mit Verschweigen durch ein ausgrenzendes Lehramt reagiert werden. Ein einfühlendes Verstehen des Religionsreformers Jesus geschieht durchaus in Verantwortung gegenüber einem wertenden Gott und sowieso in gewissem Respekt zu einer glaubensverwaltenden Kirche. Feindseligkeit und Misstrauen sind leider noch auf der Tagesordnung mancher Amtsträger, die sich als Glaubenswächter und Glaubensrichter verstehen. Man muss sich fragen, aus welcher persönlichen Unsicherheit heraus – handelt es sich `nur´ um Desinteresse an den biblischen Grundlagen oder ist differenzierendes Denken zu anstrengend? – abwägende Resultate und die sorgfältige Unterscheidung zwischen Tatsächlichkeit und Mythos von Amtsträgern als Relativismus beargwöhnt werden. Die überlieferten Schriften sind deswegen nicht umzuformulieren, aber eine ehrliche und klare Interpretation der Texte verschiedenen Alters und veränderter Autorabsichten ist im Interesse eines entwickelten Zeitgeistes dringend erforderlich! Mit simplem Fundamentalismus ist dem kirchlichen Auftrag nicht mehr gedient. Kirche muss heute Heil mit Vernunft anbieten. Die Fachdisziplin der Dogmatik muss sich jetzt eines symbolischen Interpretierens befleißigen oder gar Dogmen aus vorwissenschaftlicher Zeit neu formulieren. Das wortwörtliche Nacherzählen von Mythen, Sagen, Legenden und „Wundern" sowie deren autoritative Einzementierung als „unangreifbare Wahrheiten" ist purer Anachronismus.

Die spirituelle Sicht auf biblische Texte in der Verwendung im Kerygma (=Sprechen über religiöse Geheimnisse), in der Liturgie von Sonntagsmessen und Gottesdiensten, beim Vollzug von Sakramenten und religiösen Riten sowie im Religionsunterricht bleibt wegen des heute erforderlichen Primäranliegens, Erzählbild und Realgeschichte klar auseinanderzuhalten, keineswegs auf der Strecke. In den würdevollen Feiern des vielfältigen kirchlichen Lebens klingen tiefe Wahrheiten und existenziell zu bewältigende Schwierigkeiten des menschlichen Lebens an, die im Schwerpunkt nur mit Hilfe von Religion zu lösen sind, die im Allerinnersten als Chance und letzte Rettung begriffen wird. Wo wir nicht mit unserem Verstand (der an sich ein großartiges Gottesgeschenk darstellt) nicht mehr weiterkommen, da haben Sage, Legende und Mythos als Darstellungsweisen für innere Not, für das Durchhalten und für die Hoffnung im Diesseits und Jenseits ihre große, gar nicht zu überschätzende Berechtigung! Durch diese Sprach- und Gedankenerzeugnisse erfahren wir mittels der in ihnen aufgerichteten Bilder die ersehnten und hilfreichen Antworten für unsere äußeren Bedrängnisse und innerlichen Wünsche. Vermögens anscheinender Irrealitäten kann unser inneres Auge geöffnet werden für den tragenden Urgrund und die wirklichen Ursachen unseres beschränkten und oft durch uns selbst verstellten Menschseins und unserer Verlassenheit. Da geht es um individuelle Entfaltung, um rechtes Leben, um Vergebung von Schuld und um Neubeginn. Die Erfahrungen des Leidens und Todes, der Verzweiflung und Resignation verlangen nach Antworten und Bewältigungsstrategien. Im Religiösen öffnet sich der innerliche Raum, damit wir durch unsere Grenzen hindurch auf das vor uns Gewesene und das ferner Bleibende schauen können. Wir dürfen auch mittels nichthistorischer Erzählungen, Behauptungen und Aussagen, die im Rahmen der Religion eine existenzielle Vertiefung erfahren haben, in eine Ahnung dessen gelangen, wofür wir letztlich auf der Welt unser kurzes und doch ausreichend langes Dasein fristen. Wir können ermessen, was Gelingen und Misslingen bedeuten und worauf wir bei einem Neuanfang oder nach unserem Ende hoffen können. Im Glauben spirituellen Horizontes dürfen wir in der Situation von ungeordnet Stammelnden und formelhaft Betenden ermessen und manchmal durchaus sicher bemerken, dass wir nicht alleine sind! Während einer eher meditativen Betrachtung erfundener, jedoch wahrer Geschichten (im philosophisch-therapeutischen Sinn) werden wir in die Lage versetzt zu begreifen, dass der große Gott sich durch Jesus und dann auch über ein Christusbild gemeldet hat. Gott sandte seine Botschaft und seinen Boten. Uns wird geholfen, eine höhere Instanz steht uns bei, wenn wir glaubend antworten und selber helfend tätig werden, soweit wir das mit unseren individuellen und solidarischen Mitteln können. Im sakramental vermittelten, existenziell erlebbaren Eucharistie-Geheimnis dürfen wir die Verbindung, die durch die Taufe schon hergestellt wurde, zur himmlischen Welt wunderbar vertiefen. Wir Christen brauchen dieses Kraftfeld zur erfolgreichen Bewältigung der Alltagsprobleme und zur befriedigenden Meisterung unserer ganzen Lebensspanne. Mehr als bei einem Wellness-Tag erfahren wir beim Mitmachen der Sonntagsliturgie mit Kommunion die für unser Innenleben nötige Stärkung und Zuversicht. Diese unsichtbare, aber spürbare Verbindung mit dem Christus des kirchlichen

Glaubens, mit dem überzeitlichen Vermittler der göttlichen Heilsgeschichte, können wir über die Messfeier hinaus durch das tägliche Gebet pflegen und weiter festigen. Wir äußern vertrauensvoll unsere Sorgen und Hoffnungen. Wir beziehen dabei auch unser Umfeld ein. Wir bemerken, dass unser Energiepotential für ein Engagement zugunsten einer guten Sache wächst. Wir staunen über vermehrte Ausdauer und erweiterte Phantasie. Wir bleiben dran und halten auch bei Schwierigkeiten durch. Wie die zunächst nach dem Tod Jesu erschütterten Apostel haben wir im Eucharistie-Sakrament und durch die Firmung an einem subjektiven Pfingsterlebnis Anteil und gehen froh und kraftvoll der Bewältigung unserer Aufgaben nach. Wir sind positiv sensibilisiert.

IV Die Glaubensquelle im Inneren der Menschennatur

Neben dem alt- und neutestamentlichen Offenbarungs-Fundus kommt eine zweite Quelle für den religiösen Glauben und die Lebenseinstellung moderner, der wissenschaftlichen Psychologie aufgeschlossenen Menschen hinzu – nämlich die Tiefenerfahrung der eigenen Seele. Die Theologen und Mönche der mittelalterlichen Mystik, wie Meister Eckart und Johannes Tauler, haben diese dem ruhig nachdenkenden Menschen offenbar werdende Eigenschaft als „Seelenfünklein" entdeckt und mutig gegen inquisitorische Verdächtigungen, die auf „Pantheismus" (=Naturglauben) hinausliefen, vertreten. Jakob Böhme hat diese Erkenntnisse im 16. Jahrhundert im Gefolge des Renaissance-Humanismus neu betont, und schließlich haben hochempfindsame Dichter im 19. Jahrhundert, wie Novalis und E.T.A. Hoffmann, die feine Stimme der Seelenkräfte in den Kunstwerken der literarischen Romantik verbreitet und endlich der allgemeinen Anerkennung zugänglich gemacht. In wissenschaftlich-säkularem Gewand taucht die Macht der sensitiv wahrnehmbaren inneren Impulse für das Gute, Angenehme und Zarte bei den Tiefenpsychologen des Unbewussten im 20. Jahrhundert neu auf. Dabei schließen sich das qualitative Gespür für Gut und Böse auf Grund von Bibelworten und auf Grund von Empfinden inmitten der eigenen innersten Natur, nicht mehr aus. Schließlich hat der Schöpfergott bei der Entwicklung des Menschen auch positive Emotionen in die moralische Basis hineingelegt, die der harmonischen Entfaltung und dem wünschenswerten, friedvollen Kontakt unter den Menschen dienen! So weist die Analytische Psychologie Carl Gustav Jungs in der gar nicht zu überschätzenden Betonung eines in jeder Person vorhandenen

„Archetypus des Selbst" (=zentrale tief verborgene Anlage zum Entfalten der Individualität), der ein appellatives und wertendes Gewissen einschließt und auf den persönlich besten Weg zum Guten deutet, auf Kräfte hin, die in der Natur des Menschen von Haus aus enthalten sind und der Entdeckung und behutsamen Ausfaltung harren. Dabei wird der Argwohn von Anhängern einer einzigen Bibelmoral entkräftet, weil die Existenz einer metaphysischen Sphäre, die ihrerseits positive Einflüsse ausübt, gar nicht bestritten wird. Hierbei soll, interreligiös gesprochen, die Tatsache nicht verschwiegen werden, dass der fernöstliche Buddhismus durch gelassenes, meditierendes Begreifen der eigenen Personmitte ebenso seine Anhänger zur Besinnung auf das wirklich Gute und Förderliche, auf das Reine und letztlich Gültige ausrichten will. Der von der Jugend weltweit geschätzte Dichter Hermann Hesse hat schließlich in einer eigenwilligen und gerade deshalb lesenswerten literarischen Synthese in seinen Romanen – hier seien die Werke >Demian<, >Siddhartha< und >Das Glasperlenspiel< hervorgehoben – Psychologie und überkonfessionelle Religion miteinander vereint, indem er den schwierigen Entwicklungsprozess des heranwachsenden Menschen bis zur personalen, gereiften Identität schildert. Schon im 13. Jahrhundert hat der in Sachen Literatur und Religion bilateral und integrierend schaffende italienische Dichter Dante, ein Zeitgenosse der deutschen Mystiker, in seiner >Comedia Divina< den überdenkenswerten Satz formuliert: „Glaube ist die Substanz unserer Hoffnung." Damit sind sowohl die Problematik unseres Offenbarungsglaubens und die sublime Aufforderung, den innerlichen Heilswünschen Raum zu geben, auf eine Kurzformel gebracht.

Wer hat nun diese Integration der von Gott geschenkten inneren Kräfte und der Impulse aus einer biblischen Wortoffenbarung nicht nur theoretisch vertreten, sondern sie auf die stets neuen Bedingungen der Lebenssituation angewendet? Zuallererst stellen Jesu Lebenswerk und besonders seine Bergpredigt mahnend die Sorge um die Armen, Schwachen, Kranken, körperlich und geistig Behinderten sowie die Unterdrückten und durch ungerechte Verhältnisse sozial und gesellschaftlich Benachteiligten in den Mittelpunkt seiner ausgeprägten Gesinnungsethik. Dann hat der Missionar Paulus in seiner mutigen, aufs nichtjüdische Ausland gerichteten Nachfolge Jesu vorgelebt und in seinen Briefen gefordert, dass auch die von ihm wesentlich entworfene metaphysische Richtung des Christusglaubens in eine irdisch tätige Menschenliebe münden solle. Weiter sind es die von allen Religionen und allen christlichen Konfessionen besonders hervorgehobenen, vorbildlichen Personen (katholischerseits die Heiligen), die in der Hingabe für außergewöhnlich gute Ziele lebten und ihre individuellen Ideale mit den ethischen Richtwerten ihrer Religion in Übereinstimmung gebracht und sich mit empfindlichem Gewissen für humanitäre und friedliche Anliegen eingesetzt haben! Zu den berühmten Vorbildern zählen wir z. B. die Gründerin der >Missionaries of Charity< Mutter Teresa, den Mitbegründer der >Bekennenden Kirche< Dietrich Bonhoeffer, den Pastor und Urwaldarzt Albert Schweitzer, die Pazifistin Bertha v. Suttner sowie den Forscher Werner Floßmann, der den von ihm erfundenen Herzkatheder vor der medizinischen Anwendung zunächst an sich selbst getestet hat.

Glaube ist also sowohl gelebte Überzeugung von der Existenz einer höheren Welt, die Berührtheit vom übernatürlichen und gleichermaßen natürlichen Hineinsprechen überirdischer, personaler Wirklichkeiten in unseren Lebenslauf und unser ethisches Empfinden; verbunden mit der Gewissheit über deren im Gebet herabgerufenen Beistand! Zum Glauben gehört dann auch die beharrliche rationale und individuelle Umsetzung dieser religiösen Erkenntnis zur Verbesserung des menschlichen Zusammenlebens und der Erleichterung der Lebensbewältigung in handwerklicher, wissenschaftlicher, technischer, politischer und wirtschaftlicher Weise. Damit können und müssen wir auf Erden das hiesige „Reich Gottes" (=friedliches Leben ohne Not und Zwietracht) errichten. Wir erfahren Hilfe durch die in den Sakramenten enthaltenen Gnadengaben, die uns Gott zukommen lässt, und auch durch die geistig-seelischen Trost- und Aktivierungselemente in den liturgischen Texten. Die wöchentlichen Gottesdienstfeiern als persönliches Festigungselement und als Form der Gemeinschaftsbildung gehören unbedingt dazu. Die Erde ist in der Optik aller Religionssysteme ein Bewährungsraum für das erahnte und versprochene ewige Leben für die guten Menschen. Diese Prüfung bestehen wir nur, wenn wir nicht allein Gott bitten, seine Weltverhältnisse doch selbst zu regeln, sondern vielmehr uns als denkend und zupackend gefordert auffassen! Wer diesen Appell spürt, weiß, was Charisma und Berufung bedeuten: Einsatz für eine endlich friedfertige Eine-Welt-Gesellschaft aus individueller Einsicht und aus religiöser Moral heraus! Gott nimmt uns die zugemessene Eigenleistung für Selbstentfaltung, Frieden, Wohlstand und Gesundheit nicht ab. Dies sollten uns die andauernden, vielfaltigen Nachrichten über zwischenmenschliches Versagen, Naturkatastrophen, Seuchen, Unglücksfälle, Kriege und Gräueltaten lehren. Leider wurde schwerste Schuld auch von Christen trotz Taufe, Kommunion-Abendmahl und Firmung verübt.

V Ökumene: Gelingen in Begegnung, Misslingen im Glaubensbegriff

Der freundlich-entgegenkommende Disput beim Ökumenischen Kirchentag 2010 in München zwischen dem versiert-glatten katholischen Erzbischof Zollitsch und dem kantig-selbstbewussten evangelischen Ratsvorsitzenden Schneider beim Forum >Woran wir glauben< brachte es wieder einmal sonnenklar an den Tag: Katholiken und Protestanten vertragen sich sehr gut bei gemeindlichen und sozialen Aktivitäten, bei Schulgottesdiensten und Einweihungen. Der Konfessionsproporz in den politischen Parteien gehört der Vergangenheit an – jetzt ist eher die Präambel „Vor Gott" bei den Vereidigungen auf Verfassungen gefährdet –, genauso passé ist die verpflichtende öffentliche Konfessionsschule. Die Bürger begegnen sich innerhalb ihrer politischen Gemeinde, im Betrieb und in der Behörde, in Vereinen und Lokalen sowie beim Freizeitsport, ohne dass die Zugehörigkeit zu einer bestimmten Konfession oder überhaupt einer Religion (oder gar keiner) eine Rolle spielt. Glaube ist mittlerweile bei uns in Mittel- und Nordeuropa fast überall tolerabel privatisiert. Religion wird außerhalb von Gebetsstätten und internen Veranstaltungen durchwegs ausgeklammert. Die mit großem Jubel von Laienvertretern auf beiden Seiten der großen Konfessionen vorgebrachten Dauerforderungen nach Abschaffung des Zölibats, nach Frauen-Ordination ins Priesteramt, nach gemeinsamer Abendmahl- und Eucharistiefeier und nach kirchlicher Wiederverheiratung von Geschiedenen mussten ohnehin auf der katholischen Seite abprallen, weil deren Erfüllung einem faktischen Beitritt ins evangelische Lager gleichkäme. Es ist den Kritikern der >Kirche von unten< verborgen geblieben, dass sich der Katholizismus nicht von seinen eigenen konfessionellen Schwerpunkten abwenden kann, wie dasselbe auch bei den Protestanten als unzumutbar empfunden würde. Die katholische Kirche kann ihr mystisches Verständnis vom übernatürlichen „Leib Christi" nicht einfachhin preisgeben zugunsten wenig durchdachter Forderungen von Schwärmern, welche leichthin die Einmaligkeit der Eheschließung und den Sakramentsbegriff für fünf kirchlich-liturgische Akte wegzuwischen bereit sind. Umgekehrt kann sich die evangelische Kirche nicht entlutherisieren (was sowieso niemand zurzeit auf katholischer Seite zwecks Vereinheitlichung fordert). Die Bischöfe der katholischen Kirche wären eh nicht reformberechtigt, es käme ohnehin keine einstimmige Ansicht zustande. Der Papst hält an jeglicher Konfessionstypik fest; was im Werdegang der Weltkirche seit alters her auf dem Grundsatz basiert, dass die Einheit von Bibel und höchstem Lehramt entscheidend sei. Dort spiele auch Gottes geheime Führung mit, so dass die Sakramentalität von Priesteramt, Beichte, Firmung, Ehe und Letzter Ölung verbunden mit dem metaphysischen Kirchen-, Gottesdienst- und Wandlungsbegriff (Transsubstantiation = Wein und Brot werden nicht bloß symbolisch, sondern tatsächlich umgesetzt zu Christi Fleisch und Blut) keineswegs in Frage gestellt werden dürfe. Ebenso steht es mit der Auffassung beim Priesterberuf nur für ledige Männer trotz des Rückgangs an Aspiranten. Eine Wiederheirat von schuldig oder unschuldig Geschiedenen würde die staatlicherseits abgeschaffte, unerquickliche Erörterung über Erstanlässe der Trennungen wieder aufflammen lassen und die schon von Jesus angemahnte Einmaligkeit des Eheversprechens gefährden. Eine beträchtliche Erhöhung der Scheidungsziffern mit neuem Unglück für den schwächeren Teil in einer Familie und vielen psychischen Schäden bei den betroffenen Kindern wäre absehbar.

Den Ökumenikern, die nicht nur rhetorisch fordern, sondern die Einheit faktisch leben möchten, bliebe dann nichts anderes übrig, als den Sonntagsgottesdienst abwechselnd in jeweils der anderen Konfession zu besuchen, und dies auf eigene Faust und Verantwortung! Dazu käme noch das selbständige Verhalten beim Kommunion- oder Abendmahlsempfang; wo doch die Auffassungen zu Vergegenwärtigungs- oder Gedächtnismahl bei den beiden Kirchenführungen unüberbrückbar verschieden sind. Voll ausgelebte Ökumene kann also nur bei freimütigem Hinwegsetzen über die theologischen Differenzen auf der unteren Ebene der Mitglieder funktionieren! Es wäre schon viel gewonnen, wenn die Verpflichtung der katholischen Christen zum regelmäßigen Besuch der Sonntagsmesse so tolerant gelockert würde, dass die Teilnahme an den Feierlichkeiten der Evangelischen (und gar an einem Gottesdienst der 10 anderen kleineren christlichen Glaubensgemeinschaften) auf die katholische Sonntagspflicht angerechnet würde! Die Beobachtung lehrt hingegen, dass selbst jene Leute, die laut und oft nach „Ökumene" rufen, sich sonntags ausschließlich in das Kirchengebäude ihrer eigenen Konfession bewegen. Der Massenjubel bei solchen Kirchentagen ist also eher als punktuelle Euphorie zu betrachten und betrifft ein theoretisches Amts- und Kirchenverständnis ohne Bereitschaft zu substanziellen Umstellungen und Verhaltensänderungen bei den Kirchenleitungen und vielen Gläubigen. Sogar für bekenntnisgemischte Ehen gibt es noch keinerlei Anerkennung für abwechselnde Teilnahme an den wichtigsten kirchlichen Feiern des Ehepartners, obwohl bekannt sein sollte, dass ein gemeinschaftliches Erleben die Bindung der Liebenden stärkt und eine sonntägliche Trennung das Verhältnis eher schwächt. Die Kinder werden eh von einer Seite ganz vereinnahmt; wodurch ein Elternteil weitgehend religiös ausgegrenzt wird, falls sich die Erzeuger nicht schon auf Gleichgültigkeit geeinigt haben. Auf diesem Sektor bestünde also rascher Handlungsbedarf, den man aber bei der Obrigkeit negiert, weil das dazu erforderliche Grundverständnis über Sakraments- und Liturgiedefinition weder auf höherer, noch auf unterer Ebene nicht zustande käme. Ökumenische Kirchentage vermeiden auch eine offene Diskussion zwischen Teilnehmer-Volk und Kirchenleitungen. Das vorbereitende Gremium setzt stets nur ausgewählte Leute höheren Ranges auf die Podien. Die Besucher klatschen ohnehin zufrieden über die wenig besagenden ausgetauschten Bekundungen und Freundlichkeiten. Über wichtige Auffassungen hinsichtlich einer wissenschaftlichen Exegese der Bibel wird nicht gesprochen; es könnte ja sonst zu Verunsicherungen im Glauben kommen! So wird sogar die Verwechslung von Erzählbildern und wirklicher Historie munter am Leben gehalten. Man möchte hinsichtlich des Verschweigens von historisch-kritischen Erklärungen schon fast Geheimabsprachen auf höchster Ebene vermuten. Dem Anspruch, dann aus Historie und nachträglicher Darstellung das Wesentliche und Typische im Erfassen des Hintergrundes heraus zu schürfen, stellt man sich bequemer-, aber kaum verantwortlicherweise, nicht. Es ist nötig zu fragen, ob unsere Zeit, nicht eher eine grundlegende theologische Erörterung über Einheitliches, Gleiches und Verschiedenes verlangt als eine disziplinierende und dann von eigenen Versuchen abschreckende Maßregelung der vereinzelten Abweichler. 95 % der Protestanten und 75 % der Katholiken gehen nicht regelmäßig zu den Sonntagsgottesdiensten ihrer Konfession. Die Jugend ab dem 14. Lebensjahr ist fast nicht, ausgenommen brave Ministranten und Kinderchor-Sänger, in den Kirchen trotz Kommunion und Firmung oder Abendmahl und Konfirmation anzutreffen. Es ist heutzutage doch mehr Arbeit für Jesu Kernanliegen nötig, als sich mit Scheinanläufen für Vereinigung aufzuhalten! Gleichheit und Einheit sind wegen des Beharrens auf dem Eigenen und einmal Neuen, das unter bestimmten geschichtlichen Gegebenheiten errungen und erkämpft worden ist, nie zu erreichen. Da wird letztlich auch das Gebet um Einheit zur frommen Farce, weil wenig Inhaltliches angepackt wird und nichts Wesentliches geändert werden kann. Die Überzeugungen sind fest eingehämmert und im institutionellen System verankert. Zudem gibt es je eigene Führungspositionen in den Körperschaften der Konfessionen, die wegfielen, wenn eine Richtung in der anderen aufginge. Wir müssen uns also damit abfinden – und die meisten haben sich längst und gerne damit abgefunden – dass Ökumene primär ein Phänomen der nun endlich gewaltfreien, weitgehend rechtlich gleichgestellten und toleranten persönlichen Begegnung ist! Es ginge im Christentum unserer Tage, in der Wissenschafts- und Spaßgesellschaft, gekennzeichnet durch religiösen Indifferentismus (=Gleichgültigkeit, untermischt von Relativismus), eigentlich um das Substanzielle am christlichen Glauben. Die Führungsspitzen hätten zu klären, was unter essenziellen Glaubensphänomenen zu verstehen ist, also insbesondere bei den dogmatisch fixierten Wörtern „Gottes Sohn", „leeres Grab", „Auferstehung", „Himmelfahrt", „Wiederkunft", „Weltgericht", „Erlösung", „Jungfrauengeburt", „Dreipersönlichkeit" u.a.! „Ein Begriff muss bei dem Worte sein" lässt Goethe daher seinen Mephisto im >Faust<-Drama sagen. Man darf und muss sich heute an Aussagen, die einen Mythenkern in sich tragen, theologisch behutsam heranwagen, darin liegt nichts Verwerfliches. Nur Mut, Gottvertrauen und Verantwortungsgefühl sind nötig. Was steht in den Texten, wann und warum geschrieben? Wie können wir Altes neu für uns entdecken? Machen wir uns ans Glaubhaftmachen von Lebensorientierung für die Menschen in unserem wissenschaftlich-technischen Jahrtausend beim Wissen um gleichzeitige Gebundenheit an unseren wachsenden und vergehenden biologischen Körper und unseren ahnenden und hoffenden Geist!

VI Christentum muss sich in einer Weltfriedenspolitik zeigen

Angesichts unserer globalisierten Welt, die auch in Deutschland in der Weise größerer Zuwanderungen Gestalt gewonnen hat, stehen große Probleme zur Bewältigung an, die nicht auf die lange Bank geschoben werden dürfen. Neben Unterbringungs-, Versorgungs- und Bildungsfragen, die einer Sozialethik nicht gleichgültig sein sollten, geht es um das schwerwiegende Problem des ebenso in nicht zu übersehender Weise importierten religiösen Fanatismus, meist Fundamentalismus (=basierend auf wörtlich aufgefassten alten Texten, deren Parolen mit hemmungsloser Gewalt durchgesetzt werden) genannt. Um diesen Gefahren – von Terroristen durchwegs islamistischer Provenienz geplant und ausgeführt – vorbeugend zu begegnen, genügen die üblichen Mechanismen der Beobachtung durch Geheimdienste, Polizei, Rechtswesen und wachsame Politiker nicht. Den militanten Islamismus isoliert zu stoppen und seine glühenden Anhänger, denen Allahs Lohn im 7. Himmel mit entsprechenden Sexfreuden verheißen wird, von außen her umzuerziehen, kann nicht gelingen. Wir brauchen in Europa und sogar überall auf unserem Globus die Entwicklung und Betonung eines allen Religionen gemeinsames ethisches Gedankenguts mit dem Schwerpunkt einer Ächtung religiösen Terrors und der damit zusammenhängenden mörderischen Gewalt. Ein solches Projekt von einem mit gleichberechtigten Stimmen der sechs größten Weltreligionen erarbeiteten Friedfertigkeitskonzept wäre als wichtigstes Vorbeugungsinstrument in der Lage, den religiös-politischen Irrationalismus zu bekämpfen und sogar im Ansatz zu verhindern! Allein mit gelegentlichen Appellen für Vernunft klappt es nicht, die fanatischen religiösen Querköpfe von Bombenanschlägen abzuhalten. Diese Irrläufer erweisen sich in juristischer Hinsicht als Einzeltäter oder kleine Terrorgruppen. Doch deren Gewalt- und Zeichensetzungswahn entsteht auf dem Nährboden von solcher Religiosität, die als einzig seligmachende Welterlösung von radikalen Predigern eingeimpft und Tag für Tag verbreitet wurde! Diese verrückten Massenmörder gedeihen in einem Sumpf und Umfeld, das ihre latente und dümmliche Gewaltbereitschaft freigesetzt und zielgerichtet gebündelt hat, um technischen Fortschritt (der als Voraussetzung für soziale Entwicklung nicht erkannt wird), wirtschaftlichen und geistigen Liberalismus sowie den westlichen Konsumismus auszurotten. In dieser Zielsetzung hat sich ein militärisch organisierter Islamismus (Taliban, Al Qaida) gerade gegen Staaten mit hochentwickeltem Status an persönlicher Freiheit, höherem privaten Wohlstand und weitverbreiteten, unzensierten medialen Informations- und Unterhaltungsmöglichkeiten gerichtet. In nennenswertem Umfang wandten sich gesteuerte Fanatiker mit Sprengstoffattentaten gezielt gegen ein Christentum, das sich mit liberaler Marktwirtschaft arrangiert hatte, weltanschaulich zu einem beträchtlichen Teil indifferent geworden war oder den Verfall ethischer Bindungen als Freiheits- und Lustgewinn hingenommen hatte. Ein gemeinsames Moralkonzept wäre allerdings sowohl inländisch als auch international nur überzeugungsbasiert von den Religionsspitzen her zu verbreiten. Eine globale Ablehnung jener Gewalt, die als Instrument des Kulturkampfes auftritt, benötigt die Bereitschaft, den ideologischen Hintergrund der Attentäter zu benennen und die geistigen Wegbereiter der Mordtaten öffentlich zu belangen. Neben dem strafrechtlichen Vorgehen, das im Vorfeld parlamentarisch zu erörtern ist, müssen die Hauptvertreter der Weltreligionen sich auf ein Konzept von Gewaltfreiheit und aktiver

Friedfertigkeit einigen. Echte Toleranz funktioniert nur bei gleichem Verständnis der Gewichtung von Gewaltfreiheit und Friedenserziehung. Die Religionen sollten sich also darauf konzentrieren, aus ihrem eigenen religionsgeschichtlichen und ethischen Fundus Freiheit, Menschenwürde und Gewaltächtung als Hauptbestandteile irdischer Bewährung herauszuheben! Es darf und kann keiner einzigen Religion gestattet und möglich sein, wegen ihres Missions- und Siegesverständnisses eine andere Religion zu bekämpfen – das auch nicht mit geistigen Waffen – oder still zu majorisieren. Ein Anti-Gewalt-Programm setzt voraus, dass die Führungspersonen der Weltreligionen sich regelmäßig treffen und sich gegenseitig beraten, wie die ihnen untergeordneten Ränge ihrer Hierarchien, zu überzeugen und zu kontrollieren sind, so dass weltweit nur Friedensliebe gepredigt und Gewaltanwendung eingedämmt wird. Manches Ethikkonzept wird umgestellt werden müssen: Nicht dem Glaubensfanatiker ist der himmlische Lohn zu verheißen, sondern dem Friedensstifter! Das Christentum muss sich ebenso selbstkritischer und toleranter geben. Die Menschen können auf verschiedene Weise selig werden. Die indoktrinierte egozentrische Metaphysik jeder einzelnen Religion hat ausgedient, die Pflege des Übernatürlichen muss auf Frieden zentriert sein.

Es ist untragbar, dass heutzutage durch Religionen noch Hass und Alleingeltung sowie Kulturkrieg gegen Menschenrechte befördert werden. Angesichts einer solch betrüblichen Sachlage müssen sich die höchsten Repräsentanten der Weltreligionen im Anliegen notwendiger Friedenserziehung in der Art einer Religionen-UN zusammensetzen! Diesen Wunsch beispielsweise nur an Israel und Iran heranzutragen, würde derzeit zu keinerlei Erfolg führen. Wo an Angriffskrieg und Totalvernichtung, sogar an atomaren Erstschlag (welch krimineller Wahnsinn!) gedacht wird, da ist die Aufforderung zu bilateralem Gespräch vergeblich. Nur eine größere Runde kann in solch verfahrener Situation, die vorrangig dem Palästina-Problem geschuldet ist, für bilaterale Gespräche und die Einleitung entspannender Maßnahmen sorgen. Im Vorfeld ist abzuklären, wie die einzelnen Konfessionen der Weltreligionen, die wiederum innerhalb des Islam (Sunniten, Schiiten) besonders verfeindet sind, miteinander ins Gespräch kommen und eine Gesamtvertretung wählen können. Das gesamte Spektrum aller Konfessionen der Religionen dieser Welt wäre ein übergroßes Gremium, das sich dann wegen der unübersichtlichen Vorstellungen und Animositäten seinerseits blockieren würde. Dazu kämen ja noch die einzelnen nicht leicht zu überbrückenden Unterschiede in den regionalen völkischen Ausprägungen ein- und derselben Konfession. Es handelt sich wirklich um ein weites Feld, das hier beackert werden muss. Doch die aggressiven Verhältnisse derzeit gerade zwischen Judentum und Islam sind nur zu ändern, wenn das vorgeordnete Denken verändert wird. Die verschiedenen Ideologien schüren die Feindschaft, die jederzeit in Krieg und dann wegen der diversen internationalen Bündnisse in den Weltenbrand münden können. Fanatische Kriegstreiber im Rang von Staatspräsidenten müssen zusätzlich von der politischen UN an die Kandare gelegt werden. Ganz ohne Drohung für ein übergeordnetes Eingreifen vor dem regionalen oder globalen Wahnsinn kommen die vernünftigen und in der schlimmen Erfahrung der Weltkriege des Zwanzigsten Jahrhunderts gereiften Nationen nicht aus. Selbstverständlich war das Verhältnis zwischen Christentum und Islam nie gewaltfrei, was in ehrlicher geschichtlicher Rückschau zugegeben werden muss. Sogar die beiden großen Richtungen des Christentums, also Katholiken und Protestanten, bekämpften sich in ausufernder Blutrünstigkeit, parallel zu den Blutgerichten der Inquisition und dem natürlichen Massentod bei den Pestseuchen, bis aufs Messer, mitleidlos alles Leben in Mitteleuropa vernichtend. Später waren Ausgrenzung der regional unterlegenen oder die Bevorzugung der vorherrschenden Konfession über Jahrhunderte hinweg an der Tagesordnung. Reste dieses Wettbewerbs an Herrschaftsteilhabe und Unterdrückung finden sich noch in Nordirland oder im Baskenland; auch in Staaten, die fast vollständig von einer bestimmten Religion beherrscht werden. Dies wirft die Frage auf, wieweit die Ankoppelung einer Religion an das jeweilige nationale politische System von Schaden für die nötige Toleranz und dann für die Humanität im Allgemeinen ist. Allzu gern schlüpfen die nutznießenden hohen Repräsentanten einer Religion unter den sicheren Schutz der Staatsfittiche, selbst wenn es sich um eine menschenverachtende und kriegstreibende Diktatur handelt! Es ist eine tragische Groteske ohnegleichen, dass gerade das Christentum ohne größeren Widerstand dem Weltkriegsunternehmen Adolf Hitlers und der verordneten Ausrottung einer Menschenrasse zugesehen hat! Man staunt im Nachhinein darüber, dass getaufte und gefirmte Christen zum militärischen Überfall auf andere Nationen zur Verfügung standen und durchwegs ohne (eigentlich folgenlose) Verweigerung für Misshandlungen und Erschießungen von Menschen bereit waren. Dieses himmelschreiende Faktum von Unrecht, Gewalt und Mord kann einfach im Bereich Religion nicht in behaglicher Unschuld unausgesprochen bleiben. Man muss sich unter Hintanstellung von reinen theologischen Zwistigkeiten, die relativ belanglos sind, der absolut drängenden Frage aussetzen, warum ethische Hürden, sogar für Massenmord, Totschlag und Folter, mir nichts dir nichts von der Religion der Nächstenliebe (gar der Feindesliebe) fallengelassen wurden. Da sitzt doch gerade das Humanitätsprogramm, für das der historische Jesus predigte und starb, nicht tief genug! Die Ausrede, dass die Diktatur eben Widerstand verunmöglichte und alle den Befehlen der politischen und militärischen Obrigkeit zu folgen hatten, darf nicht besänftigen und befriedigen. Wäre der vom Christentum an sich gelehrte Humanismus fest genug verankert, hätten solche Ausfälle aus einer modernen Kultur nie geschehen können. Eine totalitäre Gruppe von Verbrechern wäre gar nicht an die Macht gekommen trotz der wirtschaftlichen Schwierigkeiten in Deutschland gegen Ende der 20er Jahre des 20. Jhrds.. So ergibt sich in der Analyse von Gewaltanwendung trotz eingetragener Christlichkeit der Gewaltanwender, die mit ausufernder roher Bestialität zu hemmungsloser Massen- und Städtevernichtung führte, die Forderung, die Bedeutung theoretischer Glaubensinhalte zurückzustufen, um damit das Gewicht und die Tiefenverankerung von Humanität zu erhöhen! Nicht derjenige ist ein guter Christ, der Glaubensartikel aufsagen kann, sondern jener, der nicht mordet. Da sich Kriege immer schon aus politischer Indoktrination, aus wirtschaftlich-imperialistischen Interessen, aus Rassen- und Religionsgruppenhass entwickelt haben, ist zurzeit besonders der ideologische Hintergrund für religiöse und zugleich politische Manipulation in den Blick zu nehmen. Von den zündenden Ideen her gelingt es den Volksverhetzern und Kriegstreibern in den aggressiven Diktaturen der Welt, gerade die ungebildeten Massen zu beeinflussen und für ihre Zwecke einzuspannen. Ehrgeizige und zugleich hemmungslose Naturen stellen sich für die nötigen brutalen Maßnahmen und Einschüchterungen der harmloseren Leute zur Verfügung. Die Verlockungen durch Geld, und hohe Posten lassen oft restliche moralische Vorbehalte bei den Ausführern und Mitläufern vergessen. Großveranstaltungen unter geschickter Nutzung der technischen Massenmedien und die Vorführung militärischer Stärke vermögen die zunächst unpolitischen Volksmengen zu manipulieren und auf Hass gegen die „Feinde" einzuschwören. Wer moralisch umfunktioniert ist, schreckt nicht mehr vor Menschenrechtsverletzungen an gegnerischen Soldaten und Zivilisten zurück. Folter, Mord und Entwürdigung scheinen dann erlaubte Mittel im Kampf für die eigene, stets positive Sache zu sein. Im Vorfeld der geistig-politischen Korruption muss eine zeitgemäße, im guten Sinn `politische Religion´ auf den Plan treten! Die Christenheit kann angesichts des derzeitigen Droh- und Vernichtungsszenarios - Israel, Palästina, Iran, Afghanistan, Pakistan, Indien, Nordkorea, Südkorea, Taiwan und China betreffend - nicht mehr den Kopf in den Sand stecken und so tun, als gingen einen die weltlichen Vorgänge nichts an. Es hat den Anschein, als hätte das Reichs-Vatikan-Konkordat von 1933 weiterhin böse Früchte getragen, weil die Kirchen sich auf die Lehre harmloser Glaubensartikel und die religiösen Feiern beschränken wollen, wohingegen die Staatsmacht auf dem politischen und militärischen Feld moralischen Freiraum für alle Gräueltaten habe. Durch einen solch ängstlichen und taktischen Rückzug – auch wegen Institutions-, Macht- und Privilegienerhaltung – verraten die christlichen Kirchen ihren behaupteten, von Gott kommenden moralischen Anspruch! Nächsten- und Feindesliebe sind ethisch-gesellschaftliche Kategorien. Kriegstreiberei und die folgenden brutalen Vernichtungen von Menschen und Sachwerten sind Hohn gegen die stets betonten und oftmals exklusiv für das Christentum in Anspruch genommenen Grundsätze eines weltweiten fürsorglichen Zusammenlebens. Gewiss konnte gerade wegen der karitativen Leistungen von solchen Christen, die sich im In- und Ausland bei persönlicher Entsagung für die Behebung von Armut und Not einsetzten, erst ein funktionierendes institutionalisiertes System verschiedener Hilfsorganisationen wie Caritas, Rotes Kreuz, Malteser-Dienst u.a. auf den Weg gebracht werden. Zudem besteht in den christlichen Ländern sehr große Spendenbereitschaft, so Adveniat zu Weihnachten und Misereor zu Ostern. Doch soziale Tätigkeit und Almosengeben reichen leider nicht aus. Es fehlt der zielgerichtete und wirksame Einfluss auf die Weltpolitik. Es genügt nicht, in Ruhe gelassen zu werden, das 5. Gebot auszuklammern und die eigenen Anhänger durch schwer zu beweisende, angeblich heilsnotwendige Glaubensartikel zu infiltrieren! Theologische Konstruktionen, Gründermythen und Legenden sowie die Heilsmystik erfüllen ihre Primärzwecke und helfen vielen Leuten für ihre Lebens-, Leidens- und Todesbewältigung. Doch beim Bau des hiesigen „Reiches Gottes" und bei der ethisch zu leistenden Einstiegsberechtigung für das jenseitige „Reich Gottes" versagen die maßgeblichen vatikanischen und nationalen Hierarchien der Christenheit so lange, als dass nichts Nennenswertes für den Weltfrieden getan wird. In Sachen Kriegsverhinderung, Entspannung und Friedenssicherung können die christlichen Kirchen nicht weiter im Konkreten absent bleiben! Die Zwei-Reiche-Lehre Martin Luthers hat mit dem Ende der Kaiserzeit ausgedient und hätte schon vorher nie Usus werden dürfen. Bei Weltfriedens-Initiativen gehört die Vertretung des offiziellen Christentums an die vorderste Front. Weil die katholische Kirche nach oben hin bei einer sakrosankten Person (so gen. „Heiliger Vater") endet, geziemt es und gehört es sich vorrangig für den Papst, die absolut notwendigen Schritte für politisch einhellige Friedensinitiativen einzuleiten. Wenn die christlichen Konfessionen unisono sprechen, haben die anderen Weltreligionen bereits Vorreiter, denen sie bei der ihrerseits nötigen Einigung folgen können. Es wird doch für alle Religionen, die den `Frieden´ auf ihrem Banner tragen und Gottes Glücksbotschaft von ihren Gründern und Reformern empfangen haben, möglich sein, gleichlautend – ohne jede Glaubensdifferenz – massiv für Gewaltlosigkeit und Frieden einzutreten! Das ist nicht Einmischung in schnöde Weltlichkeit und Parteiengezänk oder Nationalinteressen. Es handelt sich um das Hauptgebot für `Menschlichkeit´ des Geistwesens `Mensch´ überall auf diesem Globus. `Weltfriedenspolitik´ ist nur durch die Zurückweisung aggressiver Ideologien zu machen. Federführend und charakterbildend auf diesem Sektor sind eben die Religionen. Hassprediger sind zu stoppen, Friedensprediger müssen stattdessen auf den Kanzeln der Religionen sprechen! Die bisherige religiöse Praxis wird dadurch nicht eingeschränkt. Die Predigten werden `nur´ um die notwendige Friedensintention erweitert. Ein durchaus wichtiger Aktivismus der Gläubigen wird damit angeregt zu politischer Betätigung, die im Dienste gut nachbarlichen Auskommens und vor allem im Blick auf den noch wichtigeren, kriegsverhindernden außenpolitischen Frieden zu geschehen hat. Interreligiös gesprochen, wird Weltfriedenspolitik auf dem engeren Sektor der Religionen bedeuten müssen, die eigenen Anliegen vernünftig (Vernunft ist eine Eigenschaft und ein Geschenk des Schöpfers) zu interpretieren und die Wünsche der meisten Menschen auf Glück zu betonen. Gelebte Toleranz heißt: Betreiben eigener religiöser Individualität bei grundsätzlicher Anerkennung anderer Existenzformen von Religion! Bei der Umsetzung besagter Friedensbotschaft, die als nur seelische Größe eine beschämende Verharmlosung von Gottes Wort wäre, müssten alle Religionen, unbeirrt von Glaubensvarianten, am selben Strang ziehen. Man sollte sich zum Erreichen welterhaltender Humanität regelmäßig treffen und über die jeweils neuen Friedensstörungen und die Problem-Behebungen durch die moralischen Impulse der Religionen reden. Alle Kirchen agieren letztlich auf gleicher Basis!

VII Die Weltreligionen: gleiche Ethik, ähnliche Metaphysik, ähnlicher Kult

Wenn man es sich leicht macht – und dies wurde Jahrhunderte lang so gehandhabt -, dann kann man sagen: in jedem Erdteil eine andere Rasse, eine andere Kultur, ein anderer Geschichtsprozess; infolgedessen gibt es ganz verschiedene Religionen. Wenn man zusätzlich völlig egozentrisch denkt und argumentiert – was ebenso in der bisherigen Menschheitsgeschichte praktiziert wurde -, dann kann man auf dem Standpunkt beharren, dass einzig die eigene Weltanschauung die richtige und die von Gott gewollte sei. Doch diese Haltung hat bei genauerer Betrachtung klar erkennbare Schwächen: Kann der eine Gott (Monotheismus wird letztlich überall angenommen) wirklich so divergent wahrgenommen werden, muss man nicht überall kraft Menschseins und ähnlichen Denkvermögens auf ein übereinstimmendes Gottesbild kommen? Haben die Menschen in allen Gebieten dieser Erde dieselben Erwartungen an die anderen Mitbürger und an das eigene Verhalten? Verehrten die verschiedenen Völker ihren obersten Gott nicht überall demütig bittend und dankend durch gemeinschaftliche Feiern mit festgelegten Abläufen? Es lohnt sich, wegen dieser Maßgaben von hier behaupteter Gleichheit und Ähnlichkeit genauer hinzuschauen. Dies ist auch Voraussetzung für die dieser Analyse zugrundeliegenden Forderung, mit den anderen Weltreligionen in konstruktive Verbindung zu treten, um überhaupt gemeinsame Friedenserziehung und echte Friedenspolitik betreiben zu können. Die Existenz dieses Planeten hängt vom Weltfrieden ab. Es gilt, die bisher übliche Abgrenzung oder gar Überheblichkeit - dies gilt für jede Seite - zu überwinden durch Information, zielführende Diskussion und gemeinsames Agieren für die gleichen humanitätserhaltenden Maßnahmen. Wir müssen Gegnerschaft und Unwissen umschmieden in Gemeinschaft und Bereitschaft für Wissen! Fast alle Menschen, da und dort, wollen schließlich im Grunde Aufbau statt Zerstörung, Entwicklung statt Stillstand; Glück im Diesseits und Hoffnung für ein Fortleben im Jenseits.

Nach den als primitiv geltenden Naturreligionen, die Fruchtbarkeitsgötter und Gestirngottheiten verehrten und magische Zeremonien mit Menschen- und Tieropfern pflegten, ist die hinduistische Religion als die älteste der jetzt praktizierten Weltreligionen zu betrachten. Das heilige Schrifttum, bestehend aus den vor 4000 Jahren als Gebetssammlung formulierten Veden und der kosmischen Philosophie der 1000 Jahre danach entstandenen Upanishaden, bildete die Basis für die Ansicht, dass es eine universelle Weltseele (Brahman) gibt und - ihr zugeordnet - die unzerstörbare, individuelle Seele des Menschen, das Selbst (Atman). Als Unteraspekte des Brahman existieren die konkreten Gottheiten für Aufbau (Vishnu) und Verfall (Shiwa, Gattin Kali), deren Einzelakte sich wiederum in einer Großzahl von speziellen Gottheiten manifestieren, die allesamt in prachtvoll gestaltet und geschmückt Tempeln täglich verehrt werden. Für den Hinduismus ist dazu typisch die Wiedergeburten-Vorstellung, die besagt, dass die unsterbliche Einzelseele nur dann die Wiedervereinigung mit der umfassenden Weltseele schaffe, wenn sie sich veredele mittels Askese (=Verzicht auf Bequemlichkeit und übermäßige Sättigung sowie ausschweifende Triebbefriedigung), Meditation und Yoga. Gelinge diese Reinigung nicht, müsse die menschliche Person im Kreislauf der Wiedergeburten verbleiben und neue Anläufe zum Nirwana unternehmen.

Der vor 2500 Jahren aus dem Hinduismus heraus entstandene Buddhismus (=Lehre von einem Buddha, dem Erleuchteten), als dessen Gründer Gautama Siddhartha bezeichnet wird, intensiviert die Wiedergeburten-Drohung des Weltgesetzes für den Einzelnen und kommt infolgedessen zur Anschauung, dass der Lebenslauf des Menschen von Grund an durch das Leidenmüssen gekennzeichnet sei; besonders in Gestalt von Krankheit, Alterung und Tod. Nur der Weise könne sich aus dem Kreislauf der Wiedergeburten, in den alles Lebendige einbezogen ist, freimachen, weil es diesem gelänge, auf übermäßiges Begehren zu verzichten und alle Willensakte und Alltagshandlungen bedachtsam auszuführen (8-facher Pfad). Askese ist zur Veredelung der Seele nicht zwingend notwendig, wohl aber die tägliche Meditation, so dass die buddhistische Kunst bei Buddha-Figuren gerne den Bauchnabel als Körpermitte und Konzentrationspunkt betont. Beim Tod des Gereiften bleibe die unsterbliche Einzelseele erhalten und gehe ins bergende Überweltliche ein. Die vielen buddhistischen, mit filigranen Schnitzarbeiten ausgestatteten Klöster pflegen die Tugenden des Nicht-Wollens, der Körperbeherrschung und des strengen Verzichts für ihre Mitglieder entweder auf Zeit oder für die gesamte Lebensspanne. Durch die Gruppe wird die angestrebte Erleuchtung unterstützt. Die auf Erwerb verzichtenden Mönche werden von Menschen, die Gutes vollbringen wollen, durch tägliche Spenden ernährt. Der Mitleidsgedanke gegenüber jeder Kreatur wird großgeschrieben, Almosengeben trage bei zur Verbesserung der eigenen Seelenqualität (=Karma). Die Kaste der Brahmanen befindet sich am nächsten hinsichtlich des Übergangs zum erlösenden, alle Seligen vereinigenden Nirwana.

Der Jahrtausende alte chinesische Universismus, basierend auf der Komplementarität der Gegensätze Yin und Yang und der Zuordnung aller Grundelemente der Natur, errichtete das Bild einer übergeordneten Weltharmonie, deren Abbild das irdische Sinnen und Trachten des Menschen sei. Weil die Philosophen des alten China merkten, dass sich die Lebenswirklichkeit des Menschen und des kaiserlichen Staatsbetriebs von der vom Weltgesetz eingerichteten Harmonie entfernt hat, entwickelten sie die Lehre des Taoismus (=einigende zentrale Ursprungskraft), welche die Menschen wieder in sich entdecken sollen, da sich Gut und Böse als nicht ausgleichbar und nicht zum einigenden Ursprung gehörend herausgestellt hätten. Man predigte also auf Seiten der Religion das Prinzip des Wu-Wei (=Nichthandeln), damit sich niemand mit Schuld gegenüber dem gewaltlosen Weltgesetz belade. Der wichtigste Vertreter der politischen und militärischen Abstinenz war Lao-Tse. Vor 2500 Jahren kristallisierte sich unter Konfuzius, dem jüngeren Zeitgenossen Lao-Tses, alsbald eine konträre Weltanschauung heraus, die konstruktive Mitarbeit eines jeden Bürgers am Staatsganzen zur Vorschrift machte. Seither stehen sich in der weiten Hemisphäre Chinas religiös geprägte Grundhaltungen von passiver Weltferne oder aktiver Weltteilnahme diametral gegenüber. Der Staatskommunismus fördert wachsam und autoritär in Betonung seines rigorosen Solidaritätsprinzips die Mitarbeit am Staats- und Wirtschaftsbetrieb mit allen persönlichen Anlagen und Kräften. Die Kontemplativität des Klosterwesens ist verboten, öffentliches Yoga wird als Unterminierung des Systems und der sorgenden Parteiführung betrachtet.

Das Judentum, das Christentum und der Islam werden häufig unter dem Oberbegriff „Offenbarungsreligionen" zusammengefasst. Alle drei stehen, religionsgeschichtlich auseinander hervorgehend, durch ihre textlichen Grundlagen, die als unmittelbar von einem einzigen personalen Gott inspiriert betrachtet werden und von herausgehobenen, hochverehrten Gründern (Abraham und Moses, Jesus-Christus, Mohammed) initiiert sind, miteinander in Verbindung. Dieser an sich einigende Umstand hat diese Religionen aber nie von Feindschaft und Krieg gegeneinander abgehalten.

Das durch Abraham vor 1600 Jahren im Zuge der Rückwanderung der Semiten aus dem götzenverehrenden Babylon in die vorväterliche Heimat Palästina begründete Judentum, als Volks- und Glaubenstruppe durch den aus der Ägyptischen Gefangenschaft herausführenden Mose firmiert, als Gottesstaat mit der gegen die Kanaanäer eroberten Hauptstadt Jerusalem unter König David weiter befestigt, zeichnete sich nach einer Phase von Henotheismus (=ein eigener Stammesgott bei Existenz anderer Götter für andere Völker), durch einen konsequenten Monotheismus (=ein einziger Gott für alle Menschen auf Erden) aus. Der Offenbarungstext der >Thora< umfasst die gesamte auf die Israeliten als bevorzugtes Volk Gottes ausgerichtete Religionsgeschichte seit der Erschaffung der Welt bis zum Tod des Mose, dem fünf Bücher mit geschichtlichen Erzählungen und den streng einzuhaltenden Geboten und Reinheitsregeln (u.a. das absolute Ruhe- und Festtagsgebot für den Sabbat) – insgesamt 613 Vorschriften – zugeschrieben werden. Zur Erklärung der Thora und ihrer Einzelbestimmungen gibt es dazu den >Talmud<. Hohe Bedeutung für den Glauben der Israeliten haben die Schriften der so gen. Propheten (keine Wahrsager für die Zukunft, sondern kritische Verkünder von Jahwes Willen auch gegen König und Priester) und die vermutlich von König David stammenden >Psalmen<. Die Jahresliturgie greift auf die alten Festzeiten der Agrar- und Fruchtbarkeitsreligionen zurück und hat also – wie später das Christentum – die wichtigsten Jahresfeste auf Frühjahr, Frühsommer, Herbst und Wintersonnenwende gelegt. Die Abfassungszeit der 46 Bücher des >Alten Testaments< (=christliche Bezeichnung) betrug in der Spanne von 1000 v. Chr. bis zur Endredaktion 800 Jahre. Man nimmt an, dass unter frühestem Einfluss des persischen Dualismus (=Gegeneinander zweier Urmächte) die Teufelsgestalt als Antipode Jahwes große Bedeutung für das jüdische Weltbild bekam; desgleichen dann dessen zahlreiche Helfer, welche die Menschen befallen und Geisteskrankheiten auslösen konnten. Die Ethik der >Thora< ist vorwiegend gekennzeichnet durch den >Dekalog< (10er-Wort), der sich in drei Vorschriften zur Gottesverehrung und sieben Gebote zum Verhalten des Gläubigen gegenüber seiner Familie und seinem Stamm gliedern lässt. Die Juden meinen, in einer besonders engen, historisch manifestierten Beziehung zu Jahwe (=Ich bin der für euch Da-Seiende) zu stehen, was in den vier Bünden Jahwes mit Noe, Abraham, Mose und David als gegenseitiges Treueverhältnis versprochen wird. Manche Episoden verbrämen allerdings mit religiösen Motiven eine vorwiegend politische Nationalgeschichte. Besonders streng wird Götzendienst verurteilt und mit Todesstrafe bekämpft; womit die Vielgötterei der anderen phönizisch-kanaanäischen Volksgruppen sowie der Babylonier, der Perser, der Griechen und der Römer ferngehalten wurden. Eine äußerst prägende Funktion haben im Judentum die Vorstellungen von der Erwartung eines allgemein das Volk befreienden Messias, einer Auferstehung der Toten und die Beurteilung aller Menschen beim Weltgericht sowie die Rückkehr des Messias. Die Zeremonien am riesigen und prachtvollen Jerusalemer Tempel waren Ausdruck der nie vernachlässigten Jahwe-Verehrung und der festen Installierung einer hierarchisch gegliederten Priester-Religion innerhalb eines diesen Glauben privilegierenden Gottesstaates. Heutzutage lebt die Hälfte der Menschen rassischen und religiösen Judentums im israelitischen Stammland oder in verschiedenen westlichen Ländern. Zögernd hat sich ein liberales Judentum in Europa herausgebildet, das nicht alle Reinheitsvorschriften traditionsgetreu befolgt, doch am wörtlichen Offenbarungsverständnis haftet.

Der Islam, von Mohammed im siebten nachchristlichen Jahrhundert aus der alten arabischen Religion und dem Judentum sowie dem Christentum herausentwickelt, indem ihm ab dem 40. Lebensjahr 22 Jahre lang bis zu seinem Lebensende private „Offenbarungen" zuteil wurden. Diese wurden in einer >Sunna< gesammelt und noch im Folgejahrzehnt seines Todes als voll von Allah (=einziger Gott) geoffenbarter >Koran< aufgeschrieben. Diese Textgrundlage des Islam (=Hingabe an Gott) umfasst 114 Artikel (=Suren), die nicht gemäß ihrer Entstehungszeit, sondern der Länge nach geordnet sind. Die Summe von Glaube und Ethik lässt sich knapp zusammenfassen: Es existiert – im offenen Gegensatz zur Dreifaltigkeitslehre der Christen – nur ein einziger Gott, dessen letzter und wichtigster Prophet eben Mohammed ist. Die Hauptgebote, als fünf Säulen bezeichnet, sind: die stete Wiedergabe dieses Monotheismus, das täglich fünfmalige Gebet, das regelmäßige Spenden von Almosen für die Armen, die einmal im Leben zu unternehmende Wallfahrt zum arabischen Mekka (=Ursprungsort des Islam) und das täglich 12-stündige Fasten (=keine Nahrungs- und Getränk-Aufnahme) im Monat Ramadan. Die Moralvorschriften decken sich mit den anderen Religionen, weil darin ebenso Lüge, üble Nachrede, Meineid, Diebstahl und Unzucht geächtet werden. Allerdings ist die Vielehe mit bis zu vier Frauen für einen Ehemann (biblisches Vorbild: Jakob) erlaubt, wenn auch sehr selten praktiziert. Häufiger, besonders in ländlichen Gegenden, ist die Ehe mit Hauptfrau (älter) und Nebenfrau (jünger) für Männer üblich, die zur Versorgung von zwei Frauen und der entsprechenden größeren Kinderzahl wirtschaftlich in der Lage sind. Die Beschneidung junger Knaben zwischen dem Kleinkindalter und dem 10. Lebensjahr ist wie bei Juden streng überwachte und vollständig eingehaltene Pflicht, sie gilt als unauslöschliches Zugehörigkeitszeichen zum Islam. Das

Kopftuchtragen oder die Verhüllung des ganzen Frauenkörpers variieren jedoch je nach Kulturgeschichte der Länder. Die Frauen müssen sich aber auf jedem Gebiet den Männern unterordnen. Da in islamischen Kernländern Staat und Religion – wie auch längstens im jüdischen Kernland und im römisch-christlichen Europa – eine engste Einheit bilden, versteht sich der Islam als politische Religion und ist einer liberalen Demokratisierung nicht aufgeschlossen. Der Koran gilt bei Verbot von Zweifel allein durch Allah inspiriert. Der Übertritt ins Juden- oder Christentum wird als schmählicher Verrat betrachtet. Für Glaubens- und Gesetzesübertretungen stellt die >Scharia< archaisch-brutale Strafen bereit. Mohammedanische Einwanderer ins moderne Europa sehen sich daher einem schwer zu lösenden Dilemma zwischen dem Verständnis von Grundgesetzen oder Traditionen ausgesetzt.

Das Christentum wurde zwar von Jesus aus Nazaret als jüdisches Reformangebot ins Leben gerufen, doch die nach Jesus seine Forderungen und seine Lebenshaltung sowie seinen Lehrauftrag Gottes weiterverarbeitenden Apostel verstanden sich zunächst als Jesuaner, als Verehrer des gottgesandten Propheten und „Menschensohnes" (=irdischer Sohn eines irdischen Elternpaares, aber auserwählt und inspiriert von Jahwe). Erst etwa 15 Jahre nach seinem Tod und seiner als Kraftquelle und Nachfolge-Appell empfundenen und erklärend zurechtgelegten „Auferstehung" (=physisch: Entheben aus dem Grab, symbolisch: Fortleben bei Gott) haben der Völkermissionar Paulus, der Apostelführer Simon-Petrus und die Apostelschüler Markus und Lukas sowie weitere biblische Autoren (Pseudo-Mt, Pseudo-Joh), und Johannes der Apokalyptiker, das Christentum in engster Verbindung mit den anonym gebliebenen ersten Vorstehern der Urgemeinden das Christentum begründet. So kam es zwischen den Paulusbriefen ab den 50er-Jahren und der Apokalypse (Geheime Offenbarung) im Laufe von 70 Jahren zum Text des >Neuen Testamentes<, der 27 einzelne Bücher umfasst. Alle wurden zunächst – bereits damals unter heftigen Streitigkeiten – als Wortoffenbarung so aufgefasst, dass die einzelnen Hagiographen nur als Sekretäre des Heiligen Geistes betrachtet wurden. Erst während des Zweiten Vatikanischen Konzils (also nach 1900 Jahren!) wurde eine zeitgemäße Auffassungsberechtigung durch Papst Johannes XXIII. und die Mehrheit der 2500 anwesenden katholischen Bischöfe und Äbte der Weltkirche erlaubt. Diese besagt, dass zwischen Sprache und Denkweise der Schriftenverfasser und dem von Gott geoffenbarten Kern der Erzählungen, Legenden, Mythen und Berichte ein

Unterschied gemacht werden darf: „Die Bibel ist nicht schon die Offenbarung, aber sie enthält diese." Damit ist ein erster Entspannungsschritt zwischen Bibelwissenschaft und Dogmatik getan. Die Diskrepanz zwischen dem geschichtlichen Jesus und dem Christus im Glaubensbild der Kirche wurde bisher – dieses Buch widmet sich u. a. dieser Aufgabe – nicht genügend klargestellt. Im Allgemeinen befleißigen sich fast alle Amtsinhaber der christlichen Konfessionen und nahezu alle Prediger einer wortwörtlichen Nacherzählung der biblischen Sprachbilder, was eigentlich nicht Exegese (=Ausdeutung) genannt werden kann. Die Moralauffassung stellt sich bei den Evangelischen, die nur Taufe und Abendmahl als Sakramente gelten lassen und keine zölibatären Geistliche haben, etwas liberaler dar: Ehescheidungen erlaubt, Frauen-Installation in Pfarrstellen, kein absolut verbindliches Lehramt, Weltkirchenrat statt Papst, kein Heiligen-Kult, nur symbolische Gegenwart Christi beim Gottesdienst statt der Realpräsenz-Vorstellung der Katholiken, keine Messgewänder, eher säkularisiertes Abendmahl statt der transformierenden Selbstopfer-Eucharistie der Katholiken, keine überstrengen Sittlichkeitsvorstellungen, Sola-Skriptura-Prinzip statt des Lehramts-Gewichts der Katholiken, Sola-Gratia-Prinzip statt der Gnade-Eigenleistung-Vorstellung der Katholiken. Die kleineren Glaubensgemeinschaften und die Katholiken verhalten sich gegenüber der lutherischen Konfession insgesamt sehr restriktiv, halten am lebenslang verbindlichen Ehesakrament fest und predigen strenge Keuschheit und Schamhaftigkeit im Umgang der Geschlechter und nehmen Altes und Neues Testament - ihre eigene exegetische Wissenschaft kirchlicherseits durchwegs missachtend - als wortwörtlich aufzufassende „Offenbarung". Geradezu als grotesk und bieder ist die katholische Moralauffassung noch nach dem Zweiten Weltkrieg zu bezeichnen, als in >Beichtspiegeln< Entblößungen sich allein ganzkörperlich betrachtender Jugendlicher und normale, aus Körperreaktionen resultierende Lustgefühle als „Todsünde" (=sofortige Höllenstrafe nach dem Tod, falls nicht gebeichtet wird) gebrandmarkt und von erwachsenen männlichen Pfarrern einer geistig unterdrückten Jugend als schwerste Schuld indoktriniert wurden. Mit solchen abwegigen Moralvorstellungen hat der zölibatäre Priesterstand seine eigene sittliche Verklemmtheit auf Jugendliche, die dadurch verbogen und vom katholischen Glauben und vom Beichtsakrament eher abgeschreckt wurden, übertragen. Der Nobelpreisträger Heinrich Böll widmete diesem für die kath. Moral typischen Problem „Verharmlosung von kriegerischer Tötung und

Aufbauschung sexueller Harmlosigkeiten" seine Kurzgeschichte >Brief an einen jungen Katholiken<. Eine katholische Besonderheit stellt das Verbot künstlicher Empfängnisverhütungsmittel auch für verheiratete Eheleute dar, denen mit alleiniger Erlaubnis natürlicher Empfängnisverhütung die eigenständige Familienplanung moralisch schwer gemacht wird (falls sich jemand überhaupt daran hält). Ansonsten betont das katholische Christentum selbstverständlich auch Wichtiges und für die eigene Charakteristik Essenzielles, getreu dem frühen urchristlichen Brauchtum, z. B. am Sonntag regelmäßig und feierlich in der geheimnisvollen Eucharistie das Blutopfer des göttlichen Offenbarungsträgers Jesus Christus ergriffen zu feiern und die Nachfolge-Forderung des Religionsreformers Jesus aus Nazaret durch Verbreitung seines reformierten Judentums (das erst 15 bis 25 Jahre nach seinem Tod zum „Christentum" wurde) ernst zu nehmen in Form einer weitgehend selbstlosen Umsetzung seines Aufrufs zu Barmherzigkeit und Fürsorge. Ein neuer Mythos über die Rolle des Religionsbegründers im Weltprozess durch den vertiefenden Blick auf Gottes Heilsweg und Heilsruf erweckte die Glaubenskraft für das Begreifen und die Bewältigung von Lebenshürden unter den schützenden Händen des fortlebenden Christus und zum solidarischen Handeln gegen Not.

Der Überblick zu den sechs charakterisierten Weltreligionen ergibt innerhalb des Sektors `Ethik´ weitgehende Gleichheit. Alle Religionen betrachten die Lebenszeit des Menschen als Bewährungsraum für das ersehnte Glück in der Ewigkeit. Daher werden dieselben Ansprüche an das Verhalten gestellt, die das Zusammenleben der Leute in Familie und Gesellschaft so regulieren, dass Treue, Leistung und Besitz der Einzelnen geschützt sowie notwendige Tugenden der Wahrheitsliebe und Verlässlichkeit gepflegt werden. Nirgends werden die moralischen Pflichten und Ordnungsmaßstäbe `nur´ als irdisch-menschliche Erfindung dargestellt. Es handelt sich um soziale Erfordernisse, die auf Gott oder ein harmonisierendes Weltgesetz zurückgeführt werden. Freilich wird das Erkenntnisvermögen über das, was recht und gut ist, der Verwaltung der Institutionen der Religion und damit einer regulierenden und sich selbst rechtfertigenden Priesterschaft überlassen. Überall gibt es Klöster, die für Mönche und Nonnen zölibatäres Leben sowie Armut, Gehorsam und oftmaliges tägliches Gruppengebet zur Vorschrift machen. Die Wissenschaft der Psychologie, die Geschichte der Philosophie und die immer schon, auch in Naturvölkern, geltende ethische Grundregel, „dass man niemand solches zumute, was man selber nicht erleiden möchte", zeigen, dass die Menschen auch einen gültigen universellen Maßstab für ethische Rechtschaffenheit in sich selbst tragen, der bereits kraft Schöpfungswort in sie hineingelegt worden ist, bevor Religionen ihre so gen. „Offenbarungstexte" vorweisen konnten. Weltweit existiert auch eine nicht primär durch Religionen verbreitete „Gewissensethik". Die Übereinstimmung der Grundnormen aus beiden Herkunftsbereichen, also religiöse Moral und menschlich-geistiges Naturgesetz, für die Beurteilung von Gut und Böse kann sicher zu den für Selbstentwicklung, gesellschaftliche Einfügung und Weltethik notwendigen Grundwerten führen.

Das Christentum bietet als einzige Religion zusätzlich eine gewaltige Intensivierung des moralischen Mühens zur Behebung von Not und Unrecht: In der Bergpredigt und auf Fragen von Hörern andernorts stellte Jesus den Grundsatz der Nächstenliebe und die weitere Steigerung zum obersten Richtwert, also die „Feindesliebe" (was noch nirgends dagewesen ist und auch noch nirgends in internationaler Hinsicht praktiziert wurde), in den Mittelpunkt seines Wirkens. Mit dieser Zielsetzung provozierte er die Pharisäer und Sadduzäer (also seine eigene Kirche) bis zur Weißglut, weil er die kirchliche Vermittlung unberücksichtigt ließ und so weit ging – blasphemisch (=gotteslästerlich) für die damalige Zeit – dieses absolute Liebesgebot mit der in der Thora am höchsten eingestuften religiösen Tugend, nämlich mit der Gottesliebe, gleichzusetzen! Daher darf ein Christentum, wo es sich um die wichtigste und zentralste Forderung des lebendigen Jesus handelt, sich nicht begnügen, dass es eben für diese Art von Glauben eigentümlich sei. Der Hauptgedanke dieses Gottesmannes verlangt nach weltweiter Umsetzung, nach internationaler Verbreitung dieser Ethik. Nicht für die unterscheidenden Glaubenssätze muss geworben werden, sondern für diese welterhaltende, als absolut unerlässlich gepredigte Forderung von Gewaltverzicht und Sozialeinsatz in jedem Land der Erde. Die Durchsetzung einer Liebesethik im interreligiösen Sektor und auf dem politischen Feld ist schwer. Da müssen aggressive radikal-islamistische Selbstmörder, Massenmörder und Kämpfer von ihren Schandtaten abgehalten werden. Da müssen Übergriffe solcher Truppen, die von ihrer Religion für militaristische und brutale Unternehmungen fehlgeleitet sind, unterbunden werden. In Afrika gibt es ethnisch und zugleich religiös bedingten Völkermord. Konfessionskriege sind reiner Anachronismus. Es ist ferner nötig, zu Attentaten und Kämpfen motivierende Hintermänner, also die Hassprediger, die sich gegen Christen, Juden, Fortschritt, Demokratie und westliche Kultur fanatisch aussprechen, zu stoppen. Diese Maßnahme macht wiederum international initiierte Gespräche für die Umerziehung und Überwachung oder Amtsenthebung von solchen Glaubenshetzern und Gewaltförderern erforderlich. Ferner müssen sich christliche Europäer mit den führenden Ayatollahs und Imamen des Islam zusammensetzen. Die obersten Vertreter der Christenheit können sich nicht länger in einen unpolitischen oder gar nur in einen konfessionellen Mantel hüllen. Dem Christentum wurde die Kernidee der Nächstenliebe zugewiesen, also hat die erste Initiative der Glaubensverständigung, die sehr stark mit Völkerverständigung zu tun hat, von ihm auszugehen! Entsetzlich wie gegen den zentralen Grundsatz Jesu von den christlichen Konfessionen untereinander durch Religionskriege und dann gegen Islam und Judentum durch Kreuzzüge, Rassenpogrome und Imperialismus verstoßen wurde. Zusätzlich ist natürlich auch planvolle Erziehung im christlichen Lager fällig, wie Gewalt und kriegerischer Massenmord in Zukunft zu verhindern ist. Mit bloßer Waffenlosigkeit wird Friede nicht gelingen, aber mit schützender Präsenz und kluger Entspannungspolitik. Religionen dienen prinzipiell dem Frieden; das muss auf alle Fälle ins Gedankengut eindringen.

Die Unterschiede der Weltreligionen, die Metaphysik betreffend, scheinen auf den ersten Blick unüberwindbar groß. Wenn man genauer hinschaut, merkt man, dass sich alles um sehr ähnliche Vorstellungen dreht, die ja zum Teil ohnehin auf Sehnsüchte zurückgehen oder auf innere Erfahrungen, die auf eine höhere Welt projiziert werden. Freilich fordert jedes Glaubenssystem, dass ihr Gottesbild und ihre Ansichten primär als „Offenbarung" des Religionsgründers, Religionsreformers oder der Verfasser der heiligen Schriften betrachtet werden. Doch die Glaubensinhalte entstammen nicht reiner Inspiration, weil doch vieles aus dem Geist der „nach Gottes Bild" geschaffenen Menschen resultiert. Sie sind keineswegs diametral verschieden. Sie kommen in offener Denkweise, die nicht völlig einer Institution in devoter Abhängigkeit verpflichtet ist, weitgehend zur Deckung. Zunächst stören sich die drei so gen. „Offenbarungsreligionen" an den fernöstlichen Religionen Chinas, Indiens, Thailands, Tibets und Japans, dass es bei denen keinen Gottesbegriff gäbe. Man sehnt sich jedoch in diesen Regionen überall danach, dem Diktat der Wiedergeburten durch endlich vollkommene Reinigung und Einsicht zu entkommen, um dann bei Erhaltung der eigenen Individualität im Verbund mit allen anderen befreiten Seelen die ewig dauernde Erfüllung zu erlangen. Freilich erlöst die nach dem Heraustreten aus der beschränkten und leidvollen irdischen Existenz lechzenden Individuen kein persönlicher Gott von oben her.

Die Menschen schaffen dieses Entkommen aus den irdischen Kümmernissen, Bedrängnissen und Begehrungen aus sich selbst heraus, durch Konzentration auf die wahren Bedürfnisse, durch Stillwerden und Gedankenarbeit. Man soll dies nicht als bloßen psychologischen Selbstbetrug abtun; denn diese inneren Möglichkeiten für Erhebung und Transzendierung hat die Schöpfungsordnung eben von Anfang an dem Geistwesen Mensch mitgegeben. Offen bleibt die Beurteilung, zu der wir fast unberechtigt sind, ob allein ein persönlicher Gott die jenseitige Beglückung als Gnaden- und Leistungsgeschenk vollziehen kann oder ob die Summe der Glückseligen wie die seelischen „Monaden" des Wilhelm Leibniz ein „Reich Gottes" bilden können, ohne dass wiederum ein höheres zentriertes Sein dies bewerkstelligt, das Voraussetzung und Subjekt aller Neugestaltung im Ewigen ist. Die Eigeninterpretation von Buddhismus, Hinduismus und Universismus vermag den anderen westlichen Vorbehalt zu entkräften, dass doch die Personalität der von irdischer Daseinsnot befreiten Menschen beim Übergang ins Ewige aufgelöst werde; denn die östlichen Konzepte über transzendente Weiterexistenz der Selbsterlösten sprechen durchaus vom Fortleben erkennbarer Individualitäten. Das körperliche Erscheinungsbild spielt allerdings nicht die wichtige Rolle wie bei den „Offenbarungsreligionen", die deshalb auf leibliche „Auferstehung" beharren. Doch auch sie können nicht bei der Vorstellung stehen bleiben, dass es sich um den wiederbelebten, alten Körper handele. Auch sie müssen in verständlicher Erklärung für „Auferstehung" von einem „Astralleib" o.ä. sprechen, womit zwar volle identifizierbare Personalität der Fortlebenden behauptet wird, nicht aber lineare, wiedererweckte Fortexistenz eines auf Erden zunächst bereits verwesten und voll ins Elementare übergegangenen biologischen Organismus.

Man kann sich also, wenn guter Wille vorherrscht – und dies ist jetzt eine Notwendigkeit –, auf grundsätzliche Anerkennung von Glaubensvorstellungen einstellen, die eine andersdimensionale Wirklichkeit für sicher halten und dann Geborgenheit im Jenseits versprechen. Deshalb wird kein Synkretismus (=Zusammenlegen) betrieben. Das Für und Wider zur Personalität des obersten göttlichen Prinzips oder konzentrierten Subjekts muss kein trennendes Hindernis darstellen. Man kann freundlich diskutieren, darf sich aber wegen Fehlens eines höheren Über-Ichs oder des Daseins eines bündelnden und integrierenden Weltgesetzes nicht verstreiten. Überall auf der Welt pflegt man Ahnenkult, so dass alle gläubigen Menschen auch darauf hoffen, die Geliebten in der Ewigkeit wiederzusehen und in harmonischer Vereinigung immer zusammenzubleiben. Der Hinduismus bietet neben der Vielfalt seiner Spezialgottheiten, die bestimmte Referate des überirdischen und irdischen Lebens verwalten, durchaus auch eine Götterdreiheit von Brahman, Vishnu und Shiwa an. Hinduistische Spezialgottheiten werden oft als Paare verehrt; womit auch den Frauen gleichartige Bezugspersonen in der Überwelt als Ansprechpartner zur Verfügung stehen. Der chinesische Universismus kennt zum Gegensatz von Yin und Yang hinzu als vereinigendes Band den Zusammenschluss dieser Pole zum größeren Ganzen. Alle Weltreligionen sind als Religionen (=Rückbindungen) Versuche, mit der übergeordneten Welt – sei sie von einer göttlichen Person eingerichtet und geleitet oder überpersönlich summiert – durch Gebet und Sakramente, dazu durch Fest- und Feiertagsliturgien eine stärkende Beziehung herzustellen, die im Leben hilft und den Übergang zur Fortexistenz gewährleistet. Doch alle Weltanschauungen koppeln den Glauben an eine transzendente ewige Welt und die Hoffnung auf den Eingang in ein solches Paradies an die Einhaltung von konstruktiven Maßstäben für die eigene positive Entfaltung und für das gute Auskommen mit den Mitmenschen! Die Religionen wollen durchwegs die Jugend so erziehen, dass keine leichtfertigen oder gar keine vorehelichen sexuellen Beziehungen stattfinden. Überall tritt man für die Dauerhaftigkeit einmal geschlossener Ehebündnisse ein. Alle Kirchen der Welt haben auch ein sublimes (=verborgenes) Konzept der Liebe zu allen Menschen – z. B. hinsichtlich Gastfreundschaft oder Hilfeleistung bei Unglücksfällen -, am deutlichsten offensichtlich das Christentum mit dem wichtigsten Gebot der Nächsten- und sogar Feindesliebe. Daher muss der Horizont für `Liebe´, die im Minimum Gewaltfreiheit und im Maximum Mitleid und Fürsorge heißt, global ins Politische erweitert werden! Vom weltweiten gesellschaftlichen Akzent unberührt, ist die schlichte nachbarschaftliche Nettigkeit von Mensch zu Mensch in allen Rassen und Nationen selbstverständlich weiterhin aufmerksam zu pflegen. Die gegenwärtige soziale Entwicklung in Deutschland legt ein Defizit offen, das sich demographisch niederschlägt. Die verheirateten und unverheirateten Paare haben durchschnittlich nur noch 1,3 Kinder. Nicht selten treffen Psychologen und Sozialpädagogen auf das Phänomen des ungeschickten und gefühlsarmen Umgangs mit Kleinkindern. Oder die größeren Sprösslinge werden über Gebühr durch überzogene Leistungsanforderungen unter Druck gesetzt. So sollten Liebe, Kommunikation und Zuwendung, durchaus zunächst in den Familien, emotional neu eingeübt werden.

VIII Resümee

Ein Christentum, das in der Moderne – dies darf kein Schimpfwort sein – als glaubwürdig angesehen werden will, muss unterscheiden zwischen den Absichten der diese Religion begründenden Gestalt, dem echten „Menschensohn" Jesus von Nazaret und dem von der jungen Kirche ab den Paulusbriefen und den Evangelien entworfenen „Gottessohn" Christus. Diese Differenzierung ist mit Konsequenzen verbunden. Für den geschichtlichen jüdischen Religionsreformer und Propheten Jesus aus Galiläa sind die Morallehre einer weltweiten Nächstenliebe und die kühne und für ihn lebensbedrohliche Gleichsetzung mit der Gottesliebe typisch. Für das Urbild einer kurzfristigen Religion eines Jesuanismus und eines 15 bis 25 Jahre nach seinem Kreuzestod gestalteten Christentums war die Verkündigung einer Mitleids- und Friedensethik der inspirierte Auftrag seines Gottes Jahwe, mit dessen Willen er sich identisch empfand. Zudem prägte diesen jüdischen Religionsreformer seine vehemente Kritik an der israelitischen Tempelreligion und ihren selbstgewissen Vertretern, den Schriftgelehrten, Pharisäern und Sadduzäern. Es gilt also heutzutage, die wesentlichen Forderungen Jesu, der sich selbst keineswegs vergottet hat, im heutigen Kirchenverständnis und im globalen Weltbetrieb der Jetztzeit umzusetzen. Daher müssen die Appelle zum Frieden, was der wichtigste Auftrag des christlichen Urbilds ist, nicht nur im Innenleben des Einzelnen, sondern unbedingt auch innerhalb der Weltpolitik umgesetzt werden! Die Religionen können nicht mehr isoliert und tatenlos, froh über den keine Mitverantwortung aufladenden Grundsatz von Trennung zwischen Staatspolitik und kirchlichen Belangen, dem brandgefährlichen Gegeneinander verschiedenartigen, religiös geprägten Gesellschaftssystemen zuschauen. Jeder Staat, der Mitglied der Vereinten Nationen ist, muss absoluten Schutz der inländischen religiösen Minderheiten garantieren! Dies wird weiterhin dazu führen müssen, dass es keine privilegierte „Staatsreligion" mehr geben darf! Derartige Bevorzugungen sind doch immer schon der Nährboden für Ungerechtigkeit und Protest gewesen. Die Festschreibung von Religionsfreiheit und Toleranz kann primär sehr gut von einer zu gründenden >Vereinigung der Weltreligionen< beantragt werden; womit ein erster Schritt für die Etablierung eines Grundrechts-Verständnisses in Nicht-Demokratien getan wäre. Die im Wesentlichen auf Nicht-Krieg, auf Gemeinschaft und auf Frieden ausgerichtete Ethik aller Religionen erfordert die Bereitschaft und die Initiative, sogar in der Weise einer ständigen >Vereinten-Religionen-Konferenz<

der Weltreligionen, für die Predigt zu Gewaltverzicht und zur einheitlichen Zusammenarbeit über die ideologischen Grenzen hinweg zugunsten der Friedensbereitung und Friedensicherung. Freilich müssen die Religionen, wenn sie von ihren moralischen Schwerpunkten her denken, zugleich ihre eigensüchtige und elitäre Haltung aufgeben, Alleinvertretung über Gottes Wort zu haben! In unseren Tagen ist ein Paradigmenwechsel verlangt, der besagt „Reduzierung und Beendigung von Dogmatismus und Indoktrination" in jeder Religion und jeder Konfession. Hier sind die so gen. „Offenbarungsreligionen" Islam, Judentum und Christentum besonders gefordert. Eine solche Maßgabe für ernsthafte und wirksame Friedensbemühung bringt die Anstrengung mit sich, dass die in allen Ländern fest etablierten kirchlichen Institutionen sich selber zurücknehmen, sich der Friedenslehre und Sozialethik ihrer Begründer besinnen und auf einmauernde sowie frontenbildende Egozentrik verzichten! Die führenden Amtsträger der Weltreligionen haben sich eine multilaterale Denkweise anzugewöhnen. Das heißt, sie brauchen die Fähigkeit, ihre eigene Weltanschauung sowohl von innen (traditionell) als auch von außen (neu) zu betrachten! Das ist für Leute, die sich ansonsten auf ihrem amtlichen und theologischen Gebiet als das Maß aller Dinge halten, sehr schwer. Gewissermaßen werden nun Subjektivität und Objektivität zugleich verlangt. Die Überzeugung von Alleinwahrheit, die Meinung, Gott hätte einer einzigen Religion die Prokura überlassen, ist aufzubrechen! Es gibt keinen einzigen Stellvertreter Gottes auf Erden. Eine tatsächliche Aufgeschlossenheit für das Verbindende aller Religionen in Ethos und Metaphysik kann allerdings nur vorankommen, wenn an einer vernünftigen Auslegung von Thora, Koran und Bibel gearbeitet wird. Dies muss zunächst für erlaubt und dann auch als förderlich betrachtet werden. Man überließe eine freiere Erklärung der Textgrundlagen von institutionalisierten Weltanschauungen schließlich nicht Atheisten. Es sind aus ihrem Glauben heraus forschende Wissenschaftler, die zunächst durchaus ihrer Herkunft und Geistesgeschichte verpflichtet sind, dann aber auch den textwissenschaftlichen Standards und generell ihrer Vernunft, die doch zweifellos auch vom Schöpfergott herrührt und die seit der Menschheitsgeschichte universell seine wichtigste Gnadengabe darstellt! Ein Verstand, der die Menschenwürde und die Menschenrechte fördert, bildet zusammen mit dem Grundgefühl für Frieden und Glück die Basis für eine einigende Textbetrachtung und weltethische Tätigkeit! Das ist nicht bloß eine so gen. instrumentelle Vernunft, wie sie sich im technischen Sektor zeigt. Es handelt sich um reife Vernunft und Verstandesanwendung, die es überall auf der Welt gibt (in Entwicklungsgebieten, in Schwellenländern und erst recht in Staaten mit industrieller Produktion) und die eben auch zur Anwendung auf die Segmente der Religion berechtigt. Mittels klaren und freien Verstandes können die Menschen mittlerweile weltweit abschätzen, ob Forderungen ihrer Religion noch zeitgemäß sind oder ob sie als überholt (und ehedem durchaus berechtigt) zu gelten haben. Manche Erwartungen der Religionen sind auf moralischem Gebiet anachronistisch und kleinlich, andere Behauptungen im transzendenten Sektor erscheinen geradezu absurd, wieder andere konservieren in ihrem liturgischen Brauchtum archaische Kulthandlungen. Als Korrektiv kann hier nur die gottgegebene Verstandesarbeit wirken. Wenn die Religionen selbst die heute nötigen Reformen verweigern, lassen die Leute ihren offiziellen Glauben auch bei laschem Festhalten an Mitgliedschaft links liegen und kümmern sich nicht mehr um Wahrheits- oder Heilsfragen. Der Apostel Petrus und der Völkermissionar Paulus mussten bald einsehen, dass ihr neues Christentum im hebräischen Stammland keine Chance hatte und nicht Fuß fassen konnte. Jesu Reform des Judentums wurde von der jüdischen Synagoge resolut ablehnend verweigert. Diese beiden Judenchristen unterlagen der Illusion, dass das Auslandsjudentum sie aufnehmen und Jesu Neuansatz akzeptieren würde. Als die kleinasiatischen, griechischen und römischen Diasporagemeinden der Juden überrascht merkten, dass von diesen beiden Predigern ein von ihnen unerwünschtes Christentum verbreitet wird, da verjagten sie ihre Landsleute ohne Pardon. Der im christlichen Glauben nicht zuletzt wegen lange erhoffter Anwerbung von Juden angebotene Inhaltskompromiss der Bibelautoren - Geburt eines „Messias" statt „Menschensohnes" in Davids Geburtsort Betlehem, Austragung durch eine Jungfrau, „Auferstehung der Toten" und ihr Erscheinen, Jüngstes Gericht, Wiederkunft des Messias, Weltgericht - wurde nicht als akzeptable Brücke erkannt und begrüßt. Die Juden waren nie und nirgends bereit, das Christentum als von Jahwe vorgesehene Fortsetzung des auf Erlösung harrenden Judentums anzuerkennen! Es ergibt sich daraus der durchaus erlaubte Gedanke, ob älteste Wünsche und Vorstellungen der Religionsgeschichte, die nicht von Jesus selbst stammen (sondern vom alten Judentum und den bereits kirchlich geprägten Judenchristen im nichtjüdischen Ausland), im heutigen Glaubensprogramm des Christentums weiterhin wortwörtlich aufrechterhalten werden müssen. Was in der Form ohnehin heutzutage von den meisten Christen als physische Vorgänge nicht mehr angenommen wird, sollte in entmythologisierter Form über Gottes Heilsplan - Glaube an das Ewige Leben, Gottes Heilsinteresse an den Menschen, Verantwortung der Menschen vor Gott, Auftreten seines Botschafters, Wiedersehen mit geliebten Menschen, Glücklichsein bei Gott und seinen unmittelbaren Heilsträgern - gedacht werden dürfen. Entscheidend sind doch Orientierung, Trost und Erlösungsgewissheit weltweit für alle guten Menschen! Manchmal drängt sich auch die Frage auf, ob sich die Apostelgemeinde des Liebespredigers und Propheten aus Galiläa gar zu rasch rückentwickelt hat zu der von Jesus barsch abgelehnten Pharisäer- und Sadduzäerkirche. Die eitle Selbstgewissheit von höheren religiösen Würdenträgern versetzte diesen streitbaren Propheten in Wut; großartigen Pomp und die Gigantomanie des Tempelkults und der Opferbräuche betrachtete er als Fehlformen. Amtshierarchie stieß ihn ab, er war absolut kein Dogmatiker und Rechtfertiger einer kirchlichen Apparatur und staatlich gestützten Institution. Die diversen Kirchen tragen auch heute auf ihre eigene reformresistente und nach wie vor streng indoktrinierende Weise zum jetzt weit verbreiteten Indifferentismus bei! Die Betonung von Alleinwahrheit vorherrschender Konfessionen verstärkt die Aggression von Religionsgruppen, die sich als nicht anerkannt wahrnehmen. Die heute erforderliche offene Sicht auf universell geltende Friedensethik und auf ähnliche metaphysische Vorstellungen ermöglicht erst wirkliche Toleranz und Annäherung. `Toleranz´ soll nicht bloß uninteressiertes Gewährenlassen sein, sondern ein begrüßtes Nebeneinander soll Aufgeschlossenheit für die vielen anderen Wege zu Gott beinhalten. Aus der Kenntnis über das bisher Fremde kann dann auch allmählich Aufnahme für anderes und sogar Korrektur des Eigenen erwachsen! Eigene Mystik und eigene Bilder von Transzendenz sowie individuelle Sakramentalität sollen und dürfen in gebotener Zurückhaltung und objektiver Relativierung weiter gepflegt werden. Die Hagiographen sind in den so gen. „Offenbarungstexten" mit ihrer persönlichen Art, mit ihrer Zeitgebundenheit, mit ihren Sprachmitteln und ihren amtskirchlichen Vorgaben gegenwärtig. Gott selbst warf keinen Text fertig formuliert aus dem Himmel auf die Erde hinunter. In demütiger und angestrengter Verantwortung müssen wir die Substanz aus den meist allegorischen und legendenhaften Texten herausfiltern. Stets ist es doch Gotteswort innerhalb des Menschenworts! Als prüfende Instanzen kommen behutsame Wahrnehmung und gereifte Wissenschaftlichkeit, durchaus auch der interreligiöse Dialog in Frage. Wir können nur an den gleichen gemeinsamen Schöpfer- und Erhaltergott glauben, dessen Heilsangebot – keine Kampf- und Streitbotschaft – uns durch verschiedene Religionsbegründer, Propheten und die Hagiographen vermittelt wurde. Es ist unabdingbar, dass wir Gott (oder eben auch den Weltgeist) in Friedfertikeit und Frieden-schaffend verehren. Regionale Verschiedenheit ist kein Hindernis für Gleichklang im Wesentlichen! Das Amtsverständnis der Repräsentanten aller Weltreligionen darf sich nicht am eigenen und gewohnten hohen Podest ausrichten. Die vorne stehenden Würdenträger haben sich als Förderer für ein überall geltendes Menschenrecht und ein tragfähiges Weltbild zu betrachten. In Bescheidenheit müssen die hochstilisierten Führer der Religionen sich selbst nach oben und nicht am Erhalt hochverehrter Positionen orientieren und trotz des Subjektiven das Gemeinsame als Zwietracht und Hass verhinderndes Ziel verkünden. Eine Art innerweltliches „Reich Gottes" braucht von allen gleiche Demut und positive Aktivität. Die Tendenz zu einer merklichen Interreligiosität zeigt sich in den Anstrengungen für eine globale Friedensethik und im universellen Üben einer bergenden Spiritualität. „Theologie" (= aufgeklärtes Reden von Gott) darf sich nicht in einseitig und totalitär durchgeführter Glaubensüberwachung erschöpfen, sondern muss sich im weltweiten Einklang als Sorge für jeden Menschen in äußerer und innerer Not gerieren. An diesem Hauptziel sollten alle Religionen arbeiten. Der Weltfrieden bildet dafür den Gestaltungsrahmen. Gebet und Sakramentalität bereiten die Tatkraft der Gläubigen aller Richtungen für gewaltfreie Zusammenarbeit und Lebenserhaltung auf diesem bedrohten Planeten vor. Gott hilft, er nimmt uns die Anstrengungen für Entspannung, die der Kriegsdrohung entgegensteht, nicht ab; er misst uns aber an unseren Initiativen! Erfahrungsgemäß sind nicht „Wunder" als Sondereingriffe Gottes in die von Naturgesetzen und gesellschaftlichen Bedingungen beherrschte Welt zu erwarten. „Wunder" sind die guten Gedanken, die seelischen Impulse, die Ideale, mit denen Gott unsere positiven Aktivitäten auslöst und unseren Hass, die Angriffsabsichten gegen Feinde und unsere Aggressionen eindämmt. Man darf auch an behutsame „Fügung" für den einzelnen Menschen, die persönliche Führung beinhaltet und Gutes auslöst, glauben! Der Kinderglaube oder gar Aberglaube setzen jedoch auf die physischen „Wunder". Echt religiöser Glaube betrachtet „Wunder" als inspirierte Bereitwilligkeit für leidmindernde und friedenschaffende Tatkraft! Wir Menschen sollten eigentätige Mitwirkende im umfassenden Heilsplan sein! „Paradies" meint demzufolge Einklang von göttlichem und menschlichem Wirken. Der Mensch soll Leben und Lebensraum schützen. „Teufelei" heißt Brutalität, Folter und Vernichtung durch Menschen. „Reich Gottes" meint Friedfertigkeit, Hilfsbereitschaft, Entfaltung und Aufbau.

Alle Weltreligionen müssen an sich arbeiten, indem sie in gegenseitiger Achtung Gemeinsames und Ähnliches betonen - voran soziales Engagement und Friedensethik. Religiöse Moral ist fest im Gottesbegriff verankert. Alle Konfessionen und Kirchen sind demselben Gott, dessen Heilsauftrag für den Einzelnen, für die Familien und für die gesamten Gesellschaften verpflichtet. Neben einem aufklärenden Verständnis für die Offenbarungstexte werden alle Theologen an heute verständlichen Formulierungen für die Liturgie und die Gebetsformeln zu arbeiten haben. Wir müssen uns dem allen Menschen auferlegten Entwicklungsprozess beugen. Die Institutionen der Religionen haben sich von Verkrustungen und Egozentrik frei zu machen. Es gibt keinen Alleinvertretungsanspruch zur Wiedergabe von Gottes Willen! Nur durch Besinnung, Geltenlassen und Humanität ist diese Welt zu verschönern.

Der historische Jesus kämpfte mutig für Sozialethos und Frieden sowie energisch gegen das elitäre Amtsverständnis seiner eigenen jüdischen Kirche. Er ist unser Vorbild in der persönlichen und gesellschaftlichen Moral und beim politischen Handeln. Der von der jungen Kirche bereits innerhalb der Kirche durch die Bibelautoren selbst figurierte Christus ist Ansprechpartner und Heilsziel in Liturgie, Sakrament und Gebet. Was `Glaube´ ist und `Offenbarung´ zu bedeuten hat, ist in ehrlicher Wissenschaftlichkeit für die Glaubwürdigkeit von Verkündigung zu erklären. Darüber hinaus müssen die Oberleitungen der Weltreligionen ihren egozentrischen Konservatismus überwinden und im organisierten Einvernehmen energisch gegen Aggressivität und Krieg eintreten. Für diese globale Friedensintention dürfen die christlichen Kirchen und alle Religionen durchaus auf Gottvertrauen bauen. Möge die Gnade des Schöpfers und Erhalters die Amtshierarchien und die Gläubigen erhellen und aufgeschlossen für die nötige Öffnung und die Friedensinitiativen machen!

Die Zitation der Bibelstellen geschieht entsprechend der >Einheitsübersetzung der Heiligen Schrift – Das Neue Testament<, hrsg. v. den Bischöfen Deutschlands (kath. u. ev.), Österreichs und der Schweiz u.a. durch die Katholische Bibelanstalt und die Deutsche Bibelstiftung, Stuttgart 1986[6]. Die wegen flüssiger Lesbarkeit des Textes nicht nummerierten und das Anliegen dieses Buches belegenden Stellen sind gemäß der Kapitelfolge im >Evangelium nach Matthäus< aufgeführt.

Dr. Friedrich Wambsganz, der Autor dieses Buches >Christentum ohne Traditionslast<, ist 1945 im oberbayerischen Peißenberg geboren. Er hat von 1964 bis 1971 an der Münchner Ludwig-Maximilians-Universität Neuere und Ältere Literaturgeschichte sowie Katholische Theologie studiert und mit dem Staatsexamen abgeschlossen. Die Zulassungsarbeit bei Prof. Leo Scheffczyk hatte das Thema >Die Lehre von der Gottebenbildlichkeit in Bibel und neuerer Dogmatik<. Nach der Referendarzeit und der Hausarbeit zum Titel >Erstellung eines curricularen Lehrplans für die siebte Jahrgangsstufe des gymnasialen Religionsunterrichts< am Städtischen Adolf-Weber-Gymnasium war er ab 1973 für 36 Jahre am Weilheimer Gymnasium mit dem Religions- und Deutschunterricht tätig. 1972-1978 war er Mitglied des Kreistages Weilheim-Schongau und konnte im Schulausschuss den Bau einer Realschule in Peißenberg und die Erweiterung des Chemietraktes am Weilheimer Gymnasium voranbringen. Aus seiner 1974 geschlossenen Ehe gingen drei Kinder hervor. Als Studiendirektor und Fachbetreuer für Deutsch promovierte er an seiner Alma Mater in seinen Studienfächern 1998 mit dem Thema >Das Leid im Werk Alfred Döblins – Eine Analyse der späten Romane in Beziehung zum Gesamtwerk< unter Betreuung der Professoren Konrad Feilchenfeldt, Franz-Josef Worstbrock, Leo Scheffczyk und Dietz-Rüdiger Moser. Von 1976 bis 2009 war er ununterbrochen an den mündlichen und schriftlichen Abiturprüfungen seiner 25 Religions-Grundkurse, 10 Deutsch-Grundkurse und 6 Deutsch-Leistungskurse beteiligt und leitete 40 Facharbeiten in Deutscher Literaturgeschichte an. Er wurde auch mehrmals zur Erstellung von Entwürfen für Abituraufgaben zum bayerischen Zentralabitur im Fach Katholische Religionslehre herangezogen. Erstmals im Jahr 2000 konnte er an seiner Münchner Stamm-Universität ein Seminar zum Thema >Unterrichtsplanung für den schulischen Religionsunterricht< abhalten. Diese Tätigkeit als Lehrbeauftragter an der LMU setzte sich nach seinem Eintritt in den Ruhestand als Gymnasiallehrer fort mit der Durchführung von Seminaren zum Oberbegriff >Religion in Literatur< an der Theologischen Fakultät im Fachbereich Religionspädagogik und Religionsdidaktik am Lehrstuhl von Prof. Stephan Leimgruber. Bis 2013 wurden im Rahmen dieser Dozententätigkeit je drei literarische Werke der Schriftsteller Thomas Mann, Hermann Hesse, Bertolt Brecht und Max Frisch im Vergleich mit biblischen und theologischen Texten untersucht. 2003 fertigte Dr. Wambsganz eine Dramatisierung zu Ödön von Horváths gesellschaftskritischem Roman >Der ewige Spießer< an. Vom Autor erschienen in den letzten 11 Jahren die Bücher >Thomas Manns `Doktor Faustus´ - das fehlgeleitete deutsche Genie< (2002), >Erzählartistik zugunsten einer deutschen Wende in Alfred Döblins Spätwerk< (2004) und >Rational glauben – der historische Menschensohn Jesus und der kirchliche Gottessohn Christus< (2004). Bei den Tagungen der Internationalen Alfred-Döblin-Gesellschaft referierte er zu den Themen >Widerstand statt Demut im Roman `Berlin Alexanderplatz´< (Berlin, 2001); >Antigone als Verdichtung des Widerstands des Individuums gegen die Staatsraison im Roman `November 1918´< (Mainz, 2005) und >Masse Mensch im Roman `Berge, Meere und Giganten´< (Berlin, 2011). Er verfasste bis 2001 vier Bibelspiele für den Gottesdienst-Einsatz zu den alttestamentlichen Textstellen >Jakob und Esau< und >Daniel und Belsazar< sowie zur neutestamentlichen Episode >Paulus und der Silberschmied< und zum Gleichnis >Der barmherzige Samariter<. Als gelegentlicher Literaturführer ist er aktiv in Polling zu Ödön von Horváths").

Nachwort

Am 17.7.1998 teilte ich meinem Professor für Systematische

Theologie, Leo Kardinal Scheffczyk, unmittelbar nach der

Rigorosumsprüfung meiner Promotion vor der Münchner

Staatsbibliothek mit, dass ich in den nächsten Jahren ein

bibelwissenschaftliches Buch schreiben wolle (aus diesem Vorhaben sind nun

zwei Werke entstanden). Prof. Scheffczyk, mit dem ich als Student,

Gymnasiallehrer und Doktorand 33 Jahre in Verbindung stand, entgegnete mir

darauf einerseits motivierend, andererseits warnend:

„Schreiben Sie, was Sie wollen, aber glauben Sie nicht, dass es die einzige Wahrheit sein wird." Ich konnte trotz dieser Worte die Kraft zu meinen beiden bibel- und Dogmatik-kritischen Büchern >Rational glauben – der historische Menschensohn Jesus und der kirchliche Gottessohn Christus< und >Christentum ohne Traditionslast – vernünftiges Verständnis von Glaube und Religion< nur aus der Überzeugung schöpfen, dass sie eine verbesserte Wahrheit beinhalten – der Evangeliumstext ist vernunftorientiert, auf wissenschaftlicher Basis (historisch-kritisch) verstanden; erneuerte Spiritualität wird gerade deshalb gefördert.

Das prinzipiell prokirchliche, aber notwendig äußerst kritische Buch soll Menschen, die naturwissenschaftliche Kenntnisse haben und die vorgegebene Wirklichkeit sowie historische Texte realistisch und von der Intention der Verfasser her wahrnehmen, für einen heute verantwortbaren Glauben zurückgewinnen und auf vernünftige Weise auch einer verständlichen Mystik aufschließen, die bei Gebet, im Gottesdienst und in Sakramenten betont wird.

Richtungsweisenden Vorschlägen steht die katholische Amtskirche nicht aufgeschlossen gegenüber. Konstruktive Kritik wird von Laien eher begrüßt. Ein eng bemessener Freiraum ist der wissenschaftlichen Theologie zugestanden.